GILLES SCHLESSER

Gilles Schlesser est l'auteur de plusieurs romans dont les polars *Mortelles voyelles* (2010), *La mort n'a pas d'amis* (2013), *Mortel Tabou* (2014), *Sale Époque* (2015) et *La Liste Héraclès* (2016) aux éditions Parigramme. Il a également publié *Le Cabaret « rive gauche »* (2006) et une biographie de Mouloudji (2009) aux éditions de L'Archipel.
Sa *Saga parisienne*, publiée en trois volumes (Parigramme, 2011 et 2012), décrit la vie d'une famille sur plusieurs générations de 1942 à 2003.

Retrouvez toute l'actualité de l'auteur sur :
www.gilles-schlesser.fr

SAGA PARISIENNE

DU MÊME AUTEUR
CHEZ POCKET

SAGA PARISIENNE

1942-1958
UN BALCON SUR LE LUXEMBOURG

1959-1981
D'UNE RIVE À L'AUTRE

1981-2003
AU RENDEZ-VOUS DE *L'HEURE BLEUE*

GILLES SCHLESSER

SAGA PARISIENNE

Tome 3
1981-2003
Au rendez-vous
de *L'Heure bleue*

PARIGRAMME

ISBN : 978-2-266-25805-0

ISBN : 978-2-7564-1530-[illegible]

1

(Samedi 6 juin 1981)

Pluie fine et froide. Sur le boulevard de Strasbourg, une aube grise et sale hésite à laisser le jour s'infiltrer derrière la gare. Silence aussi : il est encore trop tôt pour que les concierges sortent les poubelles. Quel jour est-on ? Au bout d'un moment, on ne sait plus. Ça fait trop de nuits, il aurait dû compter, faire des traits sur le mur comme le comte de Monte-Cristo.

Sur la pointe des pieds, Paul déchiffre le plan de métro. De la gare de l'Est à Châtelet, c'est tout droit. Et à Châtelet, ce sera tout à côté. Il lève les yeux, scrute le ciel : une lueur pâle et fragile semble percer malgré tout, délivrant quelques reflets scintillants sur la chaussée détrempée.

Là-bas, il apercevait la lumière par un minuscule fenestron vitré. Trop haut pour qu'il distingue autre chose que le ciel, mais il lui avait semblé entendre parfois le bruit d'un train. Il y avait une porte en fer, un lit, une table et une chaise. Il dormait enroulé dans une couverture, recroquevillé. Dormir, il ne faisait pratiquement que ça. Ils étaient deux à le garder, deux hommes, un grand et un moins grand, chacun portait un masque de Georges Marchais. Deux hommes à la fois différents et identiques, ça faisait peur. Ils se relayaient pour lui apporter à manger. Les repas, c'était toujours la même chose. Des nouilles et de la viande hachée. Sauf la première fois, où il avait eu droit à un sandwich au jambon et à un morceau de tarte. Les hommes ne parlaient pas, ne répondaient pas aux questions. Au début, il avait eu très peur. Ensuite un peu moins, mais quand même beaucoup. Peur de mourir. Est-ce que qu'on rêve encore, quand on est mort ? Est-ce qu'on voit ceux qui restent en bas, sans pouvoir leur parler, leur dire qu'on est là ?

À la hauteur du métro Château-d'Eau, une boulangerie ouvre ses portes. L'odeur. Les croissants, le pain chaud, il en défaille. Paul serre les poings et poursuit sa route. Durant sa captivité, il s'est souvent demandé pourquoi on l'avait enlevé. Pour obtenir une rançon ? Mais ils n'ont pas tant d'argent que ça, ses parents. Enfin, il ne croit pas ; quand on a de l'argent, on n'habite pas dans un petit appartement. Confusément, sans trop savoir pourquoi, il s'est senti coupable, se promettant, s'il s'en sortait, d'être très gentil avec eux. Oui, c'est sûr, beaucoup plus gentil.

Réaumur-Sébastopol. Le boulevard commence à s'animer. Paul presse le pas : il n'est plus très loin. Au milieu de la nuit – en fait, c'était il y a quelques heures à peine – un bruit de dispute l'a réveillé. Inquiet, il s'est redressé sur son lit, a cru entendre des claquements comme des coups de feu. Puis plus rien. Un homme est entré dans la pièce, un nouveau qu'il ne connaissait pas, un gros baraqué. Masqué lui aussi, un troisième Georges Marchais. Mais celui-là, il parlait : d'une voix rauque, il lui a dit qu'il était libre, qu'il allait le ramener chez lui. Il lui a bandé les yeux et l'a fait s'allonger à l'arrière d'une voiture, par terre, sous une couverture. Maintenant qu'il y pense, ça ressemblait à une aventure du Club des Cinq, mais sur le moment, ce n'était pas du tout pareil.

La voiture a roulé longtemps, s'arrêtant quelquefois, sans doute pour les feux rouges. Puis elle s'est arrêtée pour de bon. L'homme lui a demandé d'enlever son bandeau et de sortir sans le regarder. Malgré lui, Paul a quand même glissé un œil par-dessus le siège mais le conducteur a rabattu une capuche qui cachait son visage. Il est sorti et la voiture, une 4 L pourrie, a démarré aussitôt.

Rue de Turbigo. Paul tourne et retourne les mêmes questions dans sa tête. Que vont dire ses parents ? Sa mère, surtout. C'est comme s'il avait fugué. Et tout ce temps sans se laver, à dormir dans ses vêtements ! Ça doit cocotter dur, songe-t-il, pire qu'un clochard !

Parvenu rue aux Ours, Paul bifurque à gauche, puis s'engage sur la droite rue Quincampoix. Il longe le monstre d'acier bleu dont la construction a accompagné toute son enfance, contourne les hautes palissades qui enserrent le chantier.

Dong, dong, dong… Paul compte les heures au clocher de Saint-Merri. Six heures ou sept heures ? Ses parents sont-ils levés ? Devant son immeuble, il hésite un long moment puis actionne l'ouverture de la porte.

*

(Dimanche 7 juin 1981)

Ils se sont relayés tout le samedi durant pour qu'il y ait quelqu'un auprès de lui lorsqu'il se réveillerait. Paul a émergé en fin d'après-midi, il a bâillé longuement puis s'est rendormi. Une vraie marmotte. La journée n'a pratiquement pas existé. Olivier a éprouvé toutes les peines du monde à dissuader la famille de passer les voir. Demain, a-t-il dit, on se verra demain en fin d'après-midi, je vous promets. Au milieu de la nuit, Delphine a porté son fils dans son lit, s'est allongée près de lui. Ils reposent côte à côte, sur le dos, tels des rois gisants, la bouche grande ouverte.

Olivier contemple la mère et l'enfant avec tendresse puis ferme doucement la porte. Par la porte-fenêtre donnant sur la cour, on aperçoit un mince rayon de soleil lécher la petite cabane de Paul. Ce sera un beau dimanche. La perspective de la grande réunion de famille avec son cortège d'effusions ne l'enthousiasme guère. Il aimerait rester ici, bien au chaud rue Brisemiche, dans cette bulle de bonheur retrouvé. Que rien ne bouge plus.

Un petit bruit le fait sursauter. Comme un chuintement dans l'entrée. Il se retourne, baisse les yeux : un rectangle de papier blanc vient d'être glissé sous la porte. Il se penche, saisit une petite enveloppe sur laquelle est inscrit « Delphine ». Il tourne la lettre entre ses doigts, soupire et déchire l'enveloppe : sur un bristol, quelques mots griffonnés : « Tout danger écarté. *Requiescant in pace.* »

Olivier ouvre la porte, examine le couloir. Personne. Il se précipite dans la rue : pas la moindre silhouette.

Perplexe, il retourne dans l'appartement. « Tout danger écarté » : difficile de ne pas faire le rapprochement avec la libération de Paul. Quant à la phrase suivante, c'est plutôt inquiétant. Que s'est-il passé ? L'auteur de la missive serait-il intervenu pour libérer Paul ? Et Delphine ? Que sait-elle ? Que savait-elle ?

*

À cette heure, le quartier est désert. Depuis la disparition des Halles et la construction de l'usine à gaz, il ne cesse de changer. Croissants à la main, Olivier achète *Le Journal du Dimanche*. Pas le moindre fait divers pouvant se rapporter de près ou de loin à l'enlèvement de Paul. Il sort un croissant, grignote. Dès le réveil de son fils, on en saura plus. S'il veut bien parler.

— Bonjour, chérie…

Delphine a noué ses cheveux blonds à la diable, elle est superbe. Olivier surprend un sein qui tente de s'échapper de la nuisette, un sein tout chaud, comme les croissants.

— Bien dormi ? demande-t-il en tendant la main.

— Comme jamais, je crois. Un vrai bonheur.

— Il dort encore ?

— Oui. Deux fois le tour du cadran, ça ne fait pas un peu trop ?

— Je ne pense pas. Il a besoin de récupérer, ne t'inquiète pas. Il est là, il respire, c'est tout ce qui compte.

Olivier suit Delphine dans la cuisine, allume la radio.

— « … Politique : la campagne des législatives est

ouverte avec deux mille sept cents candidats. Drame à Bobigny : hier, deux hommes ont été découverts assassinés par balles dans une villa. Un homme qui promenait son chien a entendu des coups de feu et a prévenu la police. Celle-ci ne dispose pour l'instant d'aucun indice. Roland-Garros : Borg va-t-il... »

Songeur, Olivier coupe le poste. C'est clair : il y a de fortes chances pour que les deux morts de Bobigny correspondent aux deux Georges Marchais dont Paul a parlé avant de s'endormir. Son fils n'a pas été libéré spontanément, quelqu'un a employé la manière forte. Et dans l'entourage de Delphine, il n'existe qu'une personne capable d'une telle chose : son gauchiste de service affilié à la mafia, son orang-outang de Toscane.

Delphine ne semble pas avoir prêté attention au flash de la radio. Ou alors, elle fait celle qui n'a pas entendu.

— Merci Angelo, dit Olivier.

— Pardon ?

— Je dis merci. Merci Angelo.

Delphine se fige.

— Qu'est-ce que tu veux dire ?

Olivier lui tend le mot.

— C'est lui, n'est-ce pas ?

Elle parcourt les deux lignes, reconnaît l'écriture, ferme les yeux. Les deux hommes assassinés dans une villa ! C'était donc cela ? Olivier a évidemment raison : c'est lui. Angelo a tué deux hommes pour sauver son fils !

— C'est arrivé quand ?

— Il y a vingt minutes. Glissé sous la porte.

Delphine examine l'enveloppe.

— C'était à mon nom…

— Oui, je sais. Et alors ? demande Olivier.

Delphine glisse le bristol dans sa poche, rajuste sa nuisette.

— Je ne peux rien dire. J'ai promis. Mais souviens-toi d'une chose : nous lui devons sans doute la vie de notre fils.

Olivier hoche la tête. Peut-être.

— Pas question, je suppose, d'aller voir la police ?

Les yeux de Delphine jettent un bref éclair, sa mâchoire se crispe.

— Attendons le récit de Paul. Mais il est hors de question de mettre Angelo en danger !

Olivier détourne la tête. Il ne souhaite pas s'accrocher avec sa compagne. Mais cet Angelo prend parfois beaucoup trop de place.

— Je vais voir s'il est réveillé. À quelle heure doit-on rejoindre toute la tribu ?

— Seize heures. Mais je ne pense pas que ce soit une excellente idée d'y traîner le petit pour que tout le monde l'assaille de questions. Il a surtout besoin de calme. Je propose d'y aller seule, tu resteras avec lui.

Olivier sourit. « Le petit ». Cela faisait bien longtemps qu'elle ne l'avait pas appelé ainsi.

— D'accord, chérie. Excuse-moi pour l'enveloppe, je n'ai pas pu résister. Tu sais ce qui s'est passé ?

— Pas plus que toi. Tu vas le réveiller ?

Olivier prend sa femme dans ses bras, la serre contre lui.

— J'y vais, dit-il.

Delphine laisse échapper un soupir de bonheur mêlé d'inquiétude. Qu'a-t-il vécu ? Qu'a-t-il pensé durant toute sa captivité ? Quels traumatismes a-t-il subis ?

Comment l'aider ? Elle se promet d'en parler avec Aude. Aude saura.

*

— « *Chacun fait, fait, fait / C'qui lui plaît, plaît, plaît !* »

Delphine hausse le son de la radio, longe la Seine par le quai Voltaire et martèle le volant en hurlant à l'unisson, sous l'œil effaré d'un chauffeur de taxi.

— « *Chacun fait, fait, fait / C'qui lui plaît, plaît, plaît !* »

La vieille 203 a accepté de démarrer, Delphine a décapoté, le soleil de juin et l'image de son fils lui réchauffent le cœur. Après avoir ingurgité quatre croissants, Paul a raconté son aventure d'un air faussement détaché, comme s'il s'agissait d'un film. Des coups de feu ? Oui, ça y ressemblait ; il en a entendu deux, peut-être trois. Sinon, non, pas le moindre indice, à part ces deux hommes portant un masque de Georges Marchais. Quant à celui qui l'a déposé à la gare de l'Est, à part le fait qu'il était baraqué comme Lino Ventura, qu'il avait une voix rauque et une 4 L pourrie, il n'en sait pas plus.

Seize heures trente, elle est en retard. Angelo ! Dire qu'elle a vécu trois ans à ses côtés et qu'elle ne sait pratiquement rien de lui. Sauf que maintenant, outre l'Italie qui demande son extradition, il risque un maximum ici, en France, sa terre d'accueil. Comme dit Olivier, merci Angelo…

Paul a répondu à toutes les questions de ses parents puis a posé les siennes : pourquoi ont-ils d'abord essayé d'enlever Valentine quand ils rentraient chez elle ? Et pourquoi l'ont-ils pris lui, finalement ? Qu'a dit la police ? Et pour la rançon, comment ont-ils fait ?

Olivier et Delphine se doutaient bien qu'ils seraient soumis à ce feu roulant. Ils ont expliqué que les ravisseurs avaient voulu enlever Valentine pour obtenir une grosse rançon parce qu'elle était la petite-fille de Bertrand Salis, un grand capitaliste. Lorsque lui, Paul, s'était interposé et avait compromis leur plan, ils s'étaient rabattus sur lui. Voilà tout. Les kidnappeurs avaient demandé de ne pas prévenir la police et l'avaient libéré une fois la rançon obtenue.

— Et les coups de feu ?

— Comment savoir ? Ils se sont peut-être disputés au moment du partage !

— Et l'argent, c'était combien ?

— Beaucoup.

— Mais combien ?

— L'important, c'est qu'on ait pu payer. Et que tu sois là.

Delphine s'en veut, bien sûr. Elle qui a tant souffert des silences, des non-dits, des secrets de famille aux relents de soufre, elle qui s'était promis de ne jamais mentir à son fils, la voici à son tour embarquée sur le vaisseau du mensonge.

*

(Vendredi 17 juillet 1981)

Autant juin fut réfrigérant, autant juillet est étouffant. À la terrasse du Passe-plat, rue François-Miron, Delphine étend ses jambes bronzées par le soleil vendéen et fume voluptueusement une Royale blonde en fermant les yeux. Quelques jours à Noirmoutier lui ont fait un bien fou. Au port de L'Herbaudière, Olivier a repéré un bateau à vendre, un petit « canott' », comme ils disent là-bas. Bleu, en bon état, il suffit de le repeindre. Paul a demandé s'il restait de l'argent, si on pouvait l'acheter. Il a fallu mentir, à nouveau. Oui, il reste de l'argent. Non, ils ne peuvent pas lui indiquer le montant de la rançon. Et ce serait aussi bien de ne plus aborder ce sujet…

— Comment va-t-il ? demande Aude.

— Les cauchemars s'estompent. Mais lorsqu'il aperçoit Marchais à la télévision, il a beaucoup de mal à se contrôler. Dans l'immeuble, la chatte de la dame du second a fait des petits. Paul a demandé qu'on en prenne un. Je ne sais pas pourquoi, il n'a jamais spécialement aimé les animaux.

— Il a besoin d'un doudou. Tu lui as parlé de ma suggestion ?

Aude insiste depuis un mois pour que Paul consulte, qu'il se libère de ses ténèbres. Elle connaît un confrère remarquable, un psy spécialiste des enfants, il faudrait essayer.

— On verra. Et les tiens ?

Aude cherche la serveuse du regard. Ses consultations reprennent à quatorze heures, il lui reste trois quarts d'heure.

— Stanislas est encore choqué, mais cela va mieux. Quant à Valentine, tu la connais, elle est folle amoureuse de son cousin. Si Paul va, elle va. En septembre, elle entre en sixième, à François-Couperin, rue Grenier-sur-l'Eau. Pas peu fière, la gamine.

— Les deux gardes du corps sont toujours là ?

— Oui, c'est un peu ridicule, même s'ils sont très

discrets. C'était une exigence de mon père, je ne voulais pas le contrarier, mais on va arrêter ça, je crois qu'il a compris que c'était inutile.

— De toute façon, dit Delphine, avec les grandes vacances, tout ça va se tasser.

— J'espère, ma belle. Mais parle-moi plutôt de toi. Ça va ? Je me demande toujours comment tu as pu tenir le choc. Je me souviendrai toute ma vie de cette scène surréaliste où tu as pris le téléphone des mains de mon père pour dire aux ravisseurs qu'ils n'auraient pas un centime.

— Tu sais, j'étais dans un état second ; c'était moi, bien sûr, j'avais une conscience très claire de ce que j'étais en train de faire mais c'était comme si j'étais à côté de moi-même, comme si je me regardais en train d'agir. Et ça me paraît déjà à des années-lumière. Cela dit, on en parle entre nous, c'est très bien, mais n'oublie pas que personne ne doit rien savoir de cette histoire de rançon. À part ceux qui y ont été mêlés de très près, bien sûr. La catastrophe, ce serait que les enfants l'apprennent d'une manière ou d'une autre. Tu imagines ?

Aude garde le silence.

— Tu m'imagines dire à Paul : « Eh bien oui, mon petit chéri, maman a eu une impulsion, elle s'est dit que ça valait le coup de jouer la vie de son fils aux dés, qu'après tout, il ne valait peut-être pas tant d'argent… » ?

— Tu sais bien que ça ne se présente pas vraiment comme ça. Et que le silence ou les mensonges nous rattrapent toujours…

Delphine se rembrunit, saisit fébrilement une

cigarette alors qu'elle vient à peine d'éteindre la précédente.

— Il y a des choses qu'on ne peut pas expliquer. En particulier à un gamin. C'était une parenthèse, une horrible parenthèse et je veux qu'elle soit refermée. Définitivement.

Comme envoyée par la providence, la serveuse s'approche, carnet à la main. Ce sera le menu habituel : deux salades fraîcheur, une San Pellegrino. Et pour le dessert, on verra.

Delphine change de sujet.

— J'ai lu, dit-elle. Dans *Le Canard*. Ça barde.

— Je sais. Je n'en crois pas un mot.

Delphine hésite, pensive. L'article détaille les agissements de la Sefimo, une filiale de la Copradim, qui userait de moyens « énergiques » pour expulser les locataires d'immeubles vétustes du quartier Mouffetard afin de transformer les lieux en résidences de luxe.

— Ton père est cité…

Aude écarte la fumée d'un geste de la main.

— Il a l'habitude. Il ne fait pas bon être promoteur immobilier en ce moment… Tu sais, je crois qu'il regrette vraiment qu'on ne soit pas allés voir la police. Il ne parle que de ça. Avant la libération, ça pouvait se discuter, mais après, qu'est-ce qui l'empêchait ? Selon lui, le projet d'enlèvement de Valentine avait une coloration éminemment politique. Trois ans après le baron Empain, on s'attaque à nouveau aux grandes familles, on s'en prend au grand capital. Pour lui, c'est symbolique.

Delphine frémit. Le baron Empain ! Le petit doigt envoyé par la poste ! Oui, merci Angelo. Elle songe à son ancien compagnon avec une reconnaissance mêlée d'effroi. Il a tué deux hommes et ce ne sont peut-être pas les premiers. Qui est-il ? Ange ou démon ? Comme elle le pressentait, il a quitté Paris. Elle vient de recevoir une carte postale de Barcelone représentant la statue de Christophe Colomb, avec une simple phrase : « Loin des yeux, près du cœur. »

Tandis que la serveuse dispose les assiettes sur le guéridon, Aude saisit la cigarette de Delphine, l'écrase en maugréant dans le cendrier.

— Ça suffit, dit-elle, on mange. Alors, ça te fait quel effet de ne plus aller pointer ?

En novembre, Delphine a fait partie de la charrette qui a secoué la rue de Lorraine. Serge July a fait un gros ménage, plus de trente personnes.

— Même pas mal. Ce n'est plus mon *Libé*. Serge s'est fait piquer par la mouche fric-fric, il s'est laissé embobiner par Séguéla, je ne le reconnais plus. « Moi vivant, il n'y aura jamais de publicité dans *Libé* », il disait. Eh bien, on y est !

Delphine croque dans une carotte.

— Mais j'attends des réponses pour Apolline au *Matin de Paris*, reprend-elle. Au côté du Baron Noir, ce ne serait pas si mal.

Le visage d'Aude s'éclaire.

— Et Pierre, l'Académie ?

— Ça avance péniblement. Il fait ses visites, bonjour Madame, bonjour Monsieur, est-ce que vous voulez voter pour moi, siouplé. Il a honte.

— J'aime bien ton père, dit Aude.

— Je sais. Et il en a autant à ton service, répond Delphine en riant. Et comment va le Francesco ? Je ne le vois plus !

Aude fait la grimace.

— Ça va, il est toujours aussi prévenant, aimable, attentionné. Toujours aussi lisse, jamais un mot plus haut que l'autre. C'est toujours oui. C'est fatigant, les hypertrophiés du positivisme. Qu'est-ce que tu fais cet après-midi ?

Delphine ferme les yeux, imaginant par anticipation les odeurs de la colline. Le thym, le romarin, la sauge.

— Les bagages, ma vieille. Nous partons pour Villecroze après-demain. Et vous ?

— Saint-Jean-de-Luz, comme tous les ans. François viendra le week-end.

— Et Sébastien ?

— Je ne sais pas. D'après ma mère, il a rencontré une actrice de théâtre, Anne… de quelque chose. Tu viens courir avec moi demain ?

— Attends que j'arrête de fumer.

— Et pourquoi pas maintenant ? Aujourd'hui ? Tout de suite ?

Delphine saisit son paquet de Royale, l'examine attentivement, se lève et va le jeter dans la bouche d'égout.

— Voilà, dit-elle en revenant s'asseoir. Je viens d'arrêter.

— Croix de bois, croix de fer ?

— Pas besoin. C'est dit, c'est fait.

Aude hoche la tête. Sa belle-sœur est vraiment une curiosité de la nature.

*

(Mercredi 2 septembre 1981)

« Le 4 septembre, j'enlève le bas. »

Paul, ébahi, se retourne et suit l'affiche des yeux à travers la lunette arrière. La fille a les deux poings sur les hanches, l'œil coquin… et deux gros nichons vraiment arrogants qui semblent défier les lois de l'attraction terrestre. Le 4 septembre, c'est après-demain. Enlever le bas ? Non, là, ce n'est quand même pas possible ; elle ne va pas le faire ! En même temps, quand c'est promis…

La perplexité envahit l'habitacle du long break Volvo qu'Olivier a acheté après que la vieille Peugeot, attaquée par les ans et par le sel de Noirmoutier, a rendu son dernier soupir. Les dernières traversées du passage du Gois – téméraires – lui ont été fatales.

Le père et le fils reviennent du stade Charléty. Depuis l'enlèvement, il y a trois mois, Olivier s'est rapproché de Paul, il l'emmène au foot, lui apprend à pianoter du jazz, à aimer Truffaut, à déchiffrer Godard, à se méfier de Chabrol. Il se laisse traîner dans les musées parisiens, tout en rêvant de pouvoir visiter le Louvre en moins de neuf minutes quarante-cinq secondes, comme dans *Bande à part*. Paul est peinture et lui cinéma. C'est comme ça. Après sa libération, il a dispensé Paul d'assister à la fin des cours et l'a gardé auprès de lui, l'a choyé. Les vacances sont vite arrivées. Après la Provence, ils sont partis pour Noirmoutier, trois semaines radieuses : la plage, le port, la pêche. Paul a insisté pour conserver le nom du bateau : *Le Joyeux*. Ils l'ont repeint en bleu et rouge avec une pointe de vert, des couleurs pétantes qui permettent de le repérer au premier coup d'œil dans le port de L'Herbaudière. Paul s'est fait des copains et une petite copine, une fausse ingénue à taches de rousseur, particulièrement délurée, dont les douze ou treize ans tentent de faire saillir des soupçons de seins en bombant le torse. Une mijaurée, de passage heureusement.

Olivier gare le break à sa place habituelle dans un petit renfoncement rue de la Verrerie. En bas des escaliers qui courent tout au long de la rue Brisemiche, il est question de creuser un trou de seize mètres de profondeur et d'y enfouir un laboratoire musical, Icam, Orcam, ou quelque chose comme ça. Et au-dessus, d'après la mairie, il y aura un bassin ponctué de fontaines et des sculptures de Niki de Saint Phalle et de Jean Tinguely. Ça s'appellera la fontaine Prokofiev. Ou Stravinsky. Olivier soupire : les trous, ça commence à suffire. Celui du Centre Pompidou a commencé en 1972 ; dix ans de travaux !

— Alors, les Russier, crie Delphine depuis son réduit, vous avez gagné ?

— Deux à zéro, répond Paul. Fastoche.

Delphine termine un strip de trois cases à l'encre de chine dans l'ancienne chambre de Paul, qui lui sert de bureau. Elle râle, elle étouffe : pas de fenêtre, pas de lumière. Elle pose son Rotring, se lève, embrasse son fils, grimace devant le survêtement boueux. Paul se dégage, se rend dans la cour et appelle son chat, poings sur les hanches, prenant la pose de la fille de l'affiche. Sans succès.

— Il est monté chez la voisine, dit Delphine. Tu ne t'en occupes pas assez.

Antivol – ainsi baptisé en hommage à l'oiseau de

L'Île aux enfants – est un matou roublard, amateur de jambon, mettant en concurrence deux foyers nourriciers et ne dédaignant pas quelques poubelles soigneusement sélectionnées du côté de la rue Saint-Martin.

Paul acquiesce d'un signe de tête, rejoint sa chambre et ferme la porte. Scrute. Inspecte. Depuis son enlèvement, il ne supporte pas le plus léger désordre : tout doit être parfaitement rangé, chaque objet occupant sa place attribuée au centimètre près. Le moindre travers l'angoisse, de même que le noir ; il dort désormais avec la lampe allumée, diffusant une lumière bleue discrète et apaisante. Il allume sa chaîne Dual – son cadeau de Noël –, pose un 45 tours sur la platine, s'allonge sur son lit, croise les mains derrière la tête et ferme les yeux.

— « *Gaby, oh Gaby, tu devrais pas m'laisser la nuit / J'peux pas dormir, j'fais qu'des conneries... !* »

Oui, se dit-il, je ne fais que des conneries. Si ma mère savait que j'entraîne Valentine à piquer des disques à la Fnac, ça barderait sérieusement. Et la combine de Beaubourg ? En juin, il est parvenu à se glisser sans payer dans l'exposition « Fernand Léger, la poésie de l'objet », trois fois de suite ; et, s'il avait voulu, il aurait pu sans problème embarquer un des objets exposés. Pourquoi cette fringale de vol ? Cette frénésie de chapardage ? Curieusement, il ne s'agit que de produits culturels : musique, peinture, livres. Je sais, songe-t-il. Je suis pour la gratuité totale de l'art. Les artistes ne devraient pas être payés, la gloire devrait suffire.

— « *T'es belle comme un pétard qu'attend plus qu'une allumette...* »

Ça, c'est tout à fait elle. Sa mère est un pétard prêt

à exploser. Et lui, en ce moment, c'est l'allumette. Attention à ne pas se faire choper. Surtout que depuis qu'elle a arrêté de fumer, elle n'est pas à prendre avec des pincettes, la mère d'Apolline. Son douloureux sevrage tabagique se voit dans ses dessins : ça râle, ça conteste, ça n'est jamais content, ça fait la gueule à l'époque…

Après *Gaby*, Paul s'autorise un petit coup de Blondie, *Call Me*, ça ne peut pas faire de mal. Celui-là, il l'a piqué au New Rose, rue Pierre-Sarrazin. Le new-wave, c'est rive gauche, la chanson française, c'est rive droite : le monde à l'envers… mais c'est comme ça !

*

(Mardi 6 octobre 1981)

Dans le taxi qui la mène à l'Étoile, Hermine relit l'article de *VSD* consacré à Sébastien Salis. La photo d'en-tête le montre ouvrant la portière d'un cabriolet argenté à sa dernière conquête tout en souriant au photographe. À quarante et un ans, le jeune patron du groupe SBS, ex-Copradim, commence à se faire un prénom dans le milieu des affaires en exhibant son charme et ses talents de financier. Le père fonctionnait à l'ancienne, dans la discrétion voire le secret. Le fils n'hésite pas à se mettre en avant, à investir les plateaux de télévision pour promouvoir son groupe. Il roule en Bentley beige et marron glacé, se déplace en jet Corvette et envisage de s'acheter un yacht. La fortune familiale repose essentiellement sur les travaux publics et l'immobilier. Bertrand Salis a construit son empire en bétonnant les années 1950 et 1960, puis en se lançant dans la promotion immobilière au début des années 1970. Disposant d'un réseau efficace au sein des collectivités locales, il s'est peu à peu spécialisé dans les grandes réalisations, intervenant notamment dans la construction de la tour Montparnasse et de celles du Front de Seine, Beaugrenelle et Totem. Depuis trois ans, sous l'impulsion de Sébastien, le périmètre du groupe s'est déplacé vers l'ouest, investissant le quartier de La Défense pour édifier des tours de troisième génération, moins larges et moins hautes, en remodelant tout le quartier Michelet et en bâtissant le plus grand centre commercial d'Europe : Les Quatre Temps. Surnommé par la presse « le petit prince de La Défense », Sébastien Salis incarne l'entrepreneur moderne, sans état d'âme avec l'argent. Les mauvaises langues évoquent un milieu malsain, des collusions avec les politiques, des appels d'offres amicaux ou truqués, mais Sébastien Salis balaie ces rumeurs d'un revers de main : en gagnant de l'argent il crée de la croissance, en créant de la croissance il crée des emplois, il n'y a que cela qui compte.

SBS, songe Hermine, comme Sébastien et Bertrand Salis. Adieu la Copradim et son image sulfureuse, rien de tel qu'un changement de nom pour se refaire une virginité. Sébastien sera-t-il intéressé par sa proposition ? Malgré l'enjeu relativement mineur de l'opération, elle mise sur son charme et les attraits de la Côte d'Azur pour emporter la décision.

Après avoir traversé le pont de l'Alma, le taxi remonte l'avenue George-V et emprunte la rue Vernet afin d'échapper au bouchon qui s'est formé au croisement des Champs. Il s'arrête devant la petite sortie du Drugstore, le chauffeur refusant de prendre à droite par la rue de Presbourg : c'est bloqué, mieux vaut marcher.

Les bureaux de la SBS occupent les trois derniers étages de l'immeuble à l'angle de la rue de Tilsitt et des Champs-Élysées. La terrasse fait face à celle de Publicis, sur laquelle les Salis aperçoivent parfois Maurice Lévy ou Marcel Bleustein-Blanchet recevant leurs clients. Hermine connaît à peine Sébastien, ils se sont croisés deux ou trois fois au Palace ou chez Castel, mais le souvenir qu'elle a gardé de lui ne cadre pas vraiment avec l'image du requin véhiculée par une certaine presse. Invité avec Aude et François pour l'inauguration du Blue Night en juin 1979, il n'était pas venu, la rupture avec Delphine était sans doute trop proche.

— Sixième étage, on viendra vous chercher.

Hermine accroche le badge sur la veste de son tailleur Mugler, rectifie la position de sa jupe et se dirige vers l'ascenseur. Parvenue au sixième, une secrétaire au chignon sévère l'introduit dans un immense bureau ovale.

— Bonjour, Hermine. Vous êtes ponctuelle.

— Bonjour, Sébastien, merci de me recevoir.

Près d'un canapé pop art, une cafetière et deux tasses attendent sur une table basse.

— Café ? demande Sébastien.

— Volontiers.

Ils s'asseyent, se sourient. Sébastien avait oublié qu'elle était aussi belle. Mariée depuis peu. Pas d'enfant. Que fait-elle ? Il croit se souvenir qu'elle travaille au Palace et s'occupe des spiritueux.

— On se tutoie ? propose-t-il en remplissant les deux tasses.

— Bien sûr.

— Tu voulais me parler ? Ne m'en veux pas d'écourter les mondanités, mais j'ai un emploi du temps chargé.

— Bien sûr, répète Hermine. Ce ne sera pas long. Comme tu le sais peut-être, Serge a hérité de sa grand-mère des terrains dans le Midi. Dix-huit hectares sur la côte varoise, à La Croix-Valmer, dans la presqu'île de Saint-Tropez, entre la départementale 93 et la mer. Les terrains sont actuellement inconstructibles, mais cela devrait changer sous peu. J'ai l'intention de monter une opération immobilière, le Parc du Clos Valmer, un ensemble résidentiel de villas de très grand standing. Je cherche un partenaire qui pourrait assurer la construction, la promotion et la commercialisation. Et il faudrait surtout un certain entregent pour accélérer le passage en zone constructible. J'ai pensé à toi.

Sébastien boit son café d'une traite et se ressert une tasse.

— Ce n'est pas vraiment notre zone d'activité, dit-il doucement.

— Je sais. Mais c'est un programme d'envergure. On pourrait commencer par douze villas sur cinq mille mètres carrés chacune. J'estime les travaux et les frais à douze millions de francs. Douze lots, trois millions l'unité, trente-six millions de chiffre d'affaires, cela dégage vingt-quatre millions de produit brut, ce n'est pas négligeable.

Sébastien se lève, va chercher un cigare sur son bureau.

— Je peux ? demande-t-il.

— Bien sûr, répond Hermine pour la troisième fois.

Tout en tirant sur son cigare, Sébastien examine Hermine avec curiosité. De la classe et de la volonté. Ses chiffres sont fantaisistes mais le chantier peut s'avérer intéressant pour un cercle d'amis soigneusement sélectionnés. Il faudrait cependant repositionner le projet, monter les prix et les prestations, créer une véritable résidence pour milliardaires.

— Je vais y réfléchir, dit-il. Ce n'est pas impossible. Je peux te joindre où ?

— Au Palace en fin d'après-midi. Ou rue de Verneuil dans la matinée. Je suis dans l'annuaire : Charnacé. Hermine de Charnacé.

— Je te croyais mariée. Tu as gardé ton nom de jeune fille ?

— Au lit, c'est Russier. Et en affaires, c'est Charnacé.

— Bien, Madame, j'ai été charmé. Je te donne très vite de mes nouvelles.

— Viens au Palace, un de ces soirs…

Sébastien hoche la tête.

— Je demande Russier ou Charnacé ?

— On verra, sourit-elle en lui tendant la main. On verra.

*

(Vendredi 16 octobre 1981)

Cela devient n'importe quoi, songe Amédée. On croit baiser la femme du type d'à côté, et il s'agit en fait d'une prostituée payée pour jouer le rôle de la bourgeoise à moitié effarouchée. Comme Ophélie, d'ailleurs, qu'il amène à ces soirées. En fait, tout le monde se tape une pute en croyant se taper la femme du voisin. Si c'est ça, l'échangisme, on n'échange que des fantasmes.

— Si on allait chez Régine ? propose-t-elle.

— Je rentre, dit Amédée en ouvrant la portière de la 604. Je te dépose ?

— J'ai envie de danser.

— Pas moi. Tu montes ou tu rentres à pied ?

Ophélie serre les dents, s'installe sur le siège en cuir et claque la portière à la volée. Pauvre mec. Incapable de bander, sauf le fouet à la main ou en la regardant se faire enfiler par des ventripotents. Et maintenant, en plus du fouet, il se met à gifler ! La dernière fois, sa chevalière a heurté sa pommette, entaillant la chair.

— J'en ai marre, dit-elle, marre de tes petites manies. J'ai le cul plus strié qu'une citrouille.

— T'aimais ça, avant.

— J'étais payée pour aimer ça, non ? J'en ai marre, j'arrête.

Amédée démarre, traverse la rue Sainte-Anne et tourne prudemment dans la rue de Richelieu.

— Et mon fric, t'en as marre ? Petits bobos mais gros cadeaux…

— Ton fric, ton fric, tu n'as que ce mot-là à la bouche !

Amédée sent qu'il commence à bander. La violence l'excite, il pose une main sur le haut de sa cuisse. Elle se raidit, le repousse.

— Pas touche, connard !

— Si tu n'es pas contente, retourne sur le trottoir. Je te dépose rue Saint-Denis si tu veux !

— Mufle !

— Petite pute !

La grosse Peugeot s'arrête au feu du Palais-Royal. Ophélie ouvre la porte, sort de la voiture, se penche vers Amédée.

— Je descends ici, pauvre malade. Inutile de me rappeler, je ne veux plus te voir.

— C'est ça, siffle-t-il, tire-toi, bon débarras !

La 604 s'engouffre dans la rue de Rivoli et fonce vers la Concorde en faisant crisser ses pneus. De rage, Amédée brûle un feu rouge à la hauteur de la rue d'Alger. Petite salope, songe-t-il, après tout ce qu'il a fait pour elle ! Les fourrures, les bijoux, la Mini Austin. Qu'ont-elles toutes à le quitter systématiquement au bout de six mois ? Il baisse le pare-soleil, se regarde dans la glace : à soixante et un ans, il est encore très bien ! Et si l'intérieur commence à s'effilocher, ça ne se voit pas du tout.

Concorde, Étoile, Victor-Hugo, Paris est désert, il lui faut à peine dix minutes pour rejoindre son domicile. Amédée repère une place devant la pharmacie. Bingo ! Il verrouille la portière, pénètre dans l'immeuble, monte chez lui. Alors qu'il allume la télévision, le téléphone se met à sonner. Une heure quinze ! Si c'est Ophélie, elle peut toujours courir. Terminé.

— Oui ?

— Salut mon poulet, c'est moi, je te réveille ?

Amédée a toujours eu du mal à supporter la voix de son associée. Aiguë, stridente.

— Qu'y-a-t-il, Ghislaine ? Tu sais l'heure qu'il est ?

— Tu as réfléchi au Combas ?

Ghislaine l'a traîné dans l'après-midi à une exposition de peinture rue des Blancs-Manteaux, juste derrière le Centre Pompidou. Elle a tenté de le convaincre d'investir dans la production de deux jeunes peintres qu'elle suit depuis un an, Robert Combas et Hervé Di Rosa, têtes de file d'un mouvement intitulé « figuration libre ». Amédée n'est guère convaincu, c'est vrai, ça fait du fric, mais ce genre de choses aux confins du graffiti et du pop art peut s'effondrer du jour au lendemain. Trop dans le vent, trop pub.

— J'hésite, dit-il, laisse-moi du temps.

— Très bien. J'attends. Sympa, ta petite sortie libertine ? Ophélie a eu du succès auprès de ces messieurs ?

— Je l'ai virée.

— Ou le contraire…

La main d'Amédée se crispe sur le combiné. Vipère !

— Si elle te branche, siffle-t-il, ne te gêne surtout pas, tente ta chance. Mais je te préviens, faut que tu sois prête à casquer.

— Non Monsieur, non, je n'ai pas besoin de payer. Pas encore. Enfin, pas trop. Réfléchis au Combas, c'est un bon investissement.

— C'est ça, bonne nuit !

Amédée raccroche sèchement. Aurait-elle raison ? Même en art, il devient peut-être un vieux con ! Mais la grande différence entre elle et lui, c'est qu'il aime la peinture et qu'elle ne s'intéresse qu'à l'argent. Vieille peau ! Elle sera la morte la plus riche du cimetière !

Après s'être servi un grand verre de Chivas, Amédée allume la télévision et se laisse choir dans le canapé. Deux femmes s'agitent près d'un enfant. Il fronce les sourcils. *Les Dames de la côte*… N'était-ce pas le feuilleton dans lequel Natacha tenait un petit rôle au côté de Fanny Ardant et de Françoise Fabian ? Il scrute l'écran, dans l'espoir d'apercevoir son ancienne compagne. Odette avait finalement eu du nez en lui confiant un petit rôle.

Il ricane. Sacrée Odette. Elle n'avait pas mal joué en subornant la jeune fille et en venant ici lui faucher la sanguine de Renoir. Que cherchait-elle vraiment ? *L'Heure bleue* ? Dire qu'elle était passée à quelques mètres du Picasso, caché derrière une toile de Steiner. Comme Ghislaine, d'ailleurs, qui le relance périodiquement. Ce tableau la rend folle. Il continue à nier. Non et non. Il ne l'a jamais eu, c'est Ziegler, à la Libération, qui a mis la main sur toute la collection Bronstein. Ni l'un ni l'autre ne sont dupes. Il sait qu'elle sait. Elle sait qu'il sait qu'elle sait. Cette grosse baleine imagine sans doute qu'il finira par vendre. Et qu'il ne pourra pas le faire sans elle. Comment peut-elle concevoir un tel scénario ? D'autant que *L'Heure bleue*, tableau volé, est pratiquement invendable.

Agacé, Amédée éteint le téléviseur. Que de morts autour de ce tableau, à commencer par la famille Bronstein. Puis les membres de la bande, Ziegler, Morel… Le petit Marcel, dévoré par les rats, enfoui sous des tonnes de béton à Levallois. Et puis David, mort et enterré depuis trois ans. C'était ici, dans l'appartement. Combien de temps faut-il pour qu'il n'en reste rien, pour que le sable de Fontainebleau ronge totalement son cadavre ? Cinq ans ? Dix ans ? J'ai tué deux personnes, se dit Amédée en se rendant dans la salle de bains, une crapule et un honnête homme.

Et ça ne me fait ni chaud ni froid. Je suis donc une crapule et un honnête homme.

Ses cachets avalés, Amédée s'aperçoit qu'il n'a pas sommeil. Il revêt une robe de chambre et se rend dans son bureau pour consulter ses relevés de compte. Sur la longue table en noyer, les factures s'accumulent. Sa propriété d'Angerville, achetée il y a trois ans à Hubert de la Chesnay, un proche des Poniatowski, est un véritable gouffre : les douves, la toiture, le chauffage… jamais il n'aurait imaginé un tel cauchemar ! Il songe aux prochaines municipales, qui ne devraient pas poser de problème : avec tout le fric qu'il a déversé dans les caisses de la commune, la nouvelle salle des fêtes, le terrain pour le tennis, la réparation du clocher, il a de grandes chances de succéder à Hubert comme maire du village. Et ensuite, qui sait ? Il pourra viser plus haut. À défaut d'être heureux, soyons le maître de ceux qui croient l'être.

*

(Vendredi 20 novembre 1981)

— Qu'est-ce qui se passe ? demande Olivier en pénétrant dans le studio de doublage.

— Extinction de voix, répond Patrick, l'ingénieur du son. Sauvion n'arrive à rien. Le toubib lui a fait des piqûres dans les cordes vocales mais Columbo est cuit pour aujourd'hui. On va devoir remettre ça.

— Désolé Olivier, croasse Sauvion d'une voix cassée. N'oublie pas de te faire payer la séance, tu n'y es pour rien.

Olivier remonte au rez-de-chaussée. Il avait peur d'être en retard, il va être en avance.

— Taxi !

La Peugeot se range le long du trottoir. Olivier s'installe dans le coin gauche.

— Porte de Pantin, s'il vous plaît, l'hippodrome de Pantin.

— Très bien, mon prince. On va voir la grande dame aux Abattoirs ?

— Gagné !

Le taxi s'engage dans l'avenue de Friedland.

— Ah, Barbara ! dit le chauffeur. Il paraît qu'elle vit sur place dans une roulotte que lui a prêtée Jean Richard. Et qu'elle a tout retapissé en rouge.

— Vous aimez bien ce qu'elle fait ?

— Mais Monsieur, comment faire autrement ? Depuis dix ans, on n'entend qu'elle à la radio. Ma sœur, elle en est folle. Elle a tous ses disques. Et vous, vous l'aimez ?

— Je l'ai aimée, répond Olivier.

Place Saint-Augustin, gare Saint-Lazare, place d'Estienne-d'Orves. Le taxi s'engage dans la rue de Châteaudun. Par la fenêtre, Olivier observe les lumières de la ville.

— C'est marrant, reprend le chauffeur, vous savez ce qu'elle dit, ma sœur ?

Olivier sourit. Il a l'impression d'entendre Columbo parler de sa femme.

— Qu'est-ce qu'elle dit, votre sœur ?

— Elle dit que sur scène, Barbara ressemble à une corneille posée sur des touches de piano !

Pas mal, songe Olivier. Pas mal du tout. Lui, il penserait plutôt à une mante religieuse, une longue mante noire qui dévorerait tous ses amants. Une ritournelle lui revient à l'esprit : « *Quand reviennent les saisons / Les lilas et les moissons / Dans ta solitude blême / Souviens-toi de nos beaux jours / Nos jeux, nos ris, nos amours / On ne dit qu'une fois "je t'aime".* » C'était une chanson écrite par Dadé, l'un des patrons de L'Écluse. La grande l'avait chantée rue Descartes, le soir de l'enterrement de Boris Vian, en le fixant avec férocité, il avait failli se réfugier sous le bar. Olivier éprouve un pincement au cœur. Quel âge a ce chauffeur de taxi ? Le sien, à peu près.

— Vous connaissiez L'Heure Bleue ? Un cabaret de la Contrescarpe, il y a une quinzaine d'années ?

— Bien sûr ! J'y emmenais souvent des clients, c'était un endroit à la mode. On dit même qu'on y a tourné des films.

— Vous avez l'air de bien connaître ce milieu…

— Mais non, c'est le métier. Je faisais la nuit, en ce temps-là. Des vedettes, des acteurs, des chanteurs, j'en ai chargé des wagons.

Olivier se penche vers lui.

— Même Marie Ormen ?

Le chauffeur se retourne, hilare.

— Alors celle-là, c'est le pompon. Je l'ai trimballée une fois, elle était avec son manager, un Angliche. Et vous savez quoi ? Elle a sniffé une ligne de coke à l'arrière de mon taxi ! Oui, Monsieur ! J'en revenais pas !

La Peugeot s'arrête boulevard Sérurier, près du chapiteau bleu à bandes jaunes. Olivier règle en laissant un pourboire conséquent.

— Merci mon prince, bonne soirée.

Delphine, Aude et François l'attendent à l'intérieur.

— Pas possible, persifle François, Olivier est à l'heure !

— Allons-y.

Le chapiteau de Jean Richard a été totalement réaménagé. La chanteuse a souhaité du rouge, moquette et rideau, pour recréer une ambiance de théâtre à l'italienne. Plusieurs centaines de projecteurs ont été installés, les sièges sont numérotés. Presque aussi grand que Chaillot, songe Olivier. Deux mille ? Trois mille places ? Il s'installe entre Aude et Delphine, cherche la main de sa femme.

— Ça s'est bien passé ?

— Non, Sauvion était malade. Et Paul, comment ça va ?

— Bien. Valentine l'a invité à dîner quai d'Anjou, sardines à l'huile et œufs sur le plat. Il dormira là-bas, j'irai le chercher demain matin.

Delphine contemple la scène, l'immense piano noir. Elle devait avoir quinze ou seize ans lorsque Olivier fréquentait la dame. Était-ce sérieux ? Était-ce pour lui qu'elle avait écrit « Dis, quand reviendras-tu » ? Quoi qu'il en soit, c'est sûr, on va encore avoir droit à l'évocation des souvenirs de jeunesse pendant tout le dîner. Elle consulte sa montre. Vingt et une heures dix, la chanteuse se fait attendre.

— Bon, jette-t-elle, elle arrive, ta chérie ?

*

Aude et Delphine chantonnent en chœur :

— « *Pantin espoir, Pantin bonheur / Oh, qu'est-ce que vous m'avez fait là ? / Pantin qui rit, Pantin j'en pleure / Pantin, on recommencera…* »

— Quarante minutes de rappels, lance Olivier, ce n'est pas sérieux.

— Tu es un jaloux, c'est tout, rétorque Delphine. C'était sublime.

Après avoir longuement tergiversé, la petite troupe s'est décidée à aller dîner chez Flo, cour des Petites-Écuries. Un serveur les précède vers une table située au fond de la salle.

— Mais c'est Sébastien ! s'écrie Aude.

Elle fait signe à son frère qui se lève et vient vers eux.

— Ça alors ! Quelle surprise ! On dîne ensemble ?

Delphine ravale sa grimace. Celui-là, moins elle le voit, mieux elle se porte. Cela étant, comme il est en ravissante compagnie, peut-être se tiendra-t-il tranquille.

— Je vous présente Anne de Florimont, dit Sébastien. Grande actrice. Vous entendrez bientôt parler d'elle.

Delphine jauge, approuve intérieurement. Une véritable beauté au regard limpide, un sourire sans apprêt, elle irradie. Tandis que le serveur réunit deux tables, Sébastien poursuit les présentations pour sa compagne :

— Aude, ma sœur, que tu as déjà vue. François, son mari. Olivier, que tu as peut-être croisé sur des plateaux de cinéma et Delphine, sa femme. D'où venez-vous ? Il est bien tard.

— Pantin espoir, Pantin bonheur, répond Aude. Nous étions à la dernière soirée du concert de Barbara, c'était… inracontable. Et toi ? Et vous ?

— Anne joue tous les soirs à la Petite Gaîté, à Montparnasse. Je passe la prendre après le spectacle et nous allons dîner. Ce soir, nous avons voulu changer de quartier.

— Tant mieux pour nous, dit François en faisant des efforts méritoires pour ne pas dévorer l'actrice des yeux.

— Alors Olivier, demande Sébastien, c'était comment ?

— Il n'a pas aimé, dit Delphine. Il trouve qu'elle n'a plus de voix. Il trouve que c'était mieux avant. Il trouve que la chanson française, c'est plus ça. N'est-ce pas, chéri ?

Olivier ne relève pas le sarcasme. Elle sent le sapin, la chanson française. Brassens est mort il y a un mois, le même jour, c'était Roger Riffard et quinze jours avant, c'était Christine Sèvres.

Tandis qu'il se lance dans un long dégagement sur les débuts de Ferré au Quod Libet, Delphine échange un regard désolé avec Aude. Pas de doute, il est vraiment pénible avec ses années 1960.

— Et toi, demande enfin Olivier à Sébastien, qu'est-ce que tu racontes ? J'ai lu quelque part que le groupe avait changé de nom et que tu avais pris la direction générale, c'est exact ? Ton père passe la main ?

— Pas vraiment. Pour rester dans la métaphore, disons qu'il lève le pied.

— Et toi, à propos de métaphore, toujours cul et chemise avec Tapie ?

Sébastien encaisse l'ironie sans broncher. Oui, ils se voient beaucoup. Non, Tapie n'est pas un dépeceur. Tout à son argumentaire, il n'aperçoit pas les regards furtifs mais appuyés qu'échangent Anne et François.

— Nous avons un projet commun, poursuit-il. Un

projet d'émission télé intitulée « Gagnant/Gagnant » sur la première chaîne. Très intéressant. Et toi, François, comment va l'agence ?

François sursaute.

— Pardon ?

— L'agence, répète Aude. Ormen & Ormen, ça te dit quelque chose ?

— Bien, très bien… merci. Julien prend de plus en plus d'envergure, il travaille beaucoup avec la Cofremca, un institut spécialisé dans les courants socioculturels, il met au point une approche polysensualiste des marques, c'est très nouveau.

— Il se positionne de plus en plus comme un anti-Séguéla, je me trompe ? demande Sébastien. J'ai lu un truc dans la presse. Une vraie déclaration de guerre.

— Séguéla est dans le clinquant, le choc, le slogan qui tue. Nous sommes plutôt dans la connivence, l'élégance, l'induction. Nous parions sur l'intelligence du consommateur.

— Mais la « force tranquille », intervient Anne, c'était bien trouvé, non ? Et décisif paraît-il…

— Ce n'est pas de Séguéla mais de Léon Blum. Quant à savoir si la campagne a déplacé les quelques voix qui ont fait la différence, on n'en sait rien.

— Sébastien est invité à la soirée "Stratégies" au Palace, les dix ans, vous serez là, bien sûr ?

— Bien sûr, répond François en plongeant ses yeux dans les siens, nous y serons.

— On y verra ta belle-fille, dit Sébastien en se tournant vers Olivier.

— Qui ? Ma quoi ? Quelle belle-fille ?

— La femme de ton fils. Serge est bien ton fils ?

— Oui.

— Et il a une femme ?

— Hermine, bien sûr. La belle Hermine.

Sébastien se demande si Olivier est au courant de la démarche de sa belle-fille. Les terrains de La Croix-Valmer. D'après ce qu'on dit dans la famille, Odette, la seconde femme du vieil Ormen et mère d'Olivier, aurait spolié les enfants Ormen de l'héritage paternel. À sa mort, les terrains auraient dû revenir à Olivier. Mais, pour une raison inconnue, elle l'a déshérité au profit de son petit-fils. Prudemment, il décide de ne pas en parler. Surtout devant François. Ces terrains vont rapporter beaucoup d'argent, mais pas à ceux auxquels ils étaient naturellement destinés.

*

(Vendredi 23 avril 1982)

Il aurait tant aimé que Raymond soit là. Queneau l'aurait consolé pour son CAP de menuisier raté, aurait ricané de sa toute fraîche immortalité et aurait haussé les épaules devant le gâteau d'anniversaire aux soixante-dix bougies commandé par Ariane chez Lenôtre.

Dans l'appartement de la rue de Vaugirard, famille et amis se pressent pour le féliciter. Sont venus les très proches comme Jules Roy, René de Obaldia, Jean d'Ormesson et Jean Daniel, et quelques figures imposées comme le premier président de la Cour des comptes et Claude Gallimard. Françoise Giroud et Évelyne Sullerot sont là également, fidèles amies d'Ariane. Au total, une soixantaine de personnes ;

la jeune fille de l'entrée ne sait plus où ranger les manteaux.

Quarante-quatre ans, songe Pierre en regardant autour de lui, cela fait quarante-quatre ans que je vis ici auprès de la femme que j'aime, à poursuivre les honneurs de mes assiduités. J'ai obtenu tout ce dont je rêvais, une présidence rue Cambon, une courte carrière d'éminence grise dans la politique, une épée quai de Conti et me voici désemparé comme un enfant boudeur mécontent de ses jouets de Noël. Le souvenir d'une autre soirée lui revient en mémoire. C'était ici même, fin 1956. Il bavardait avec Camus près de la porte-fenêtre et avait évoqué la perspective d'un possible prix Nobel. Camus s'était figé et avait murmuré : « Ne parle pas de malheur. C'est la pire chose qui puisse m'arriver. » Toutes proportions gardées, c'est un peu ce qui est en train de se produire : il est au bout du chemin, il ne pourra pas monter plus haut.

— Alors, Pierre, on rêve ?

Il se retourne. D'Ormesson lui sourit de ce sourire lumineux qui remonte jusqu'aux yeux.

— Ah, Jean ! Oui, j'étais ailleurs.

D'Ormesson le prend par le bras et l'entraîne vers le bar dressé entre les deux pièces.

— Tu sais que ta fille est superbe ?

— Laquelle ? demande Pierre en le foudroyant du regard.

Le patron du *Figaro* est un incorrigible séducteur. Il se confond en excuses : ses deux filles sont superbes, bien entendu, l'une autant que l'autre. Et sa femme est resplendissante, elle aussi.

— Tu n'avais jamais rencontré Marie ? demande Pierre.

— Jamais. Je ne l'ai vue qu'en concert. Une seule fois, le *Concerto en ré* de Tchaïkovski. J'en ai encore des frissons.

— Je vais te présenter. Elle est venue spécialement de Los Angeles pour mes soixante-dix ans.

D'Ormesson ne cherche pas à dissimuler son émotion : l'Ormen, dont il possède tous les enregistrements, l'Ormen, cette prodigieuse violoniste de concert transmutée en rock star, comme si Marcel Proust était devenu Céline du jour au lendemain ! Quel phénomène !

— Merci, Pierre.

— De rien. Mais fais gaffe, ses morsures sont vénéneuses.

Les divergences politiques entre les deux hommes n'ont jamais entamé leur estime réciproque. Et quoi que de treize ans son aîné, Pierre a toujours le sentiment d'être un petit garçon auprès de son ami, par ailleurs principal artisan de son entrée sous la Coupole.

— Marie, je te présente Jean Bruno Wladimir François-de-Paule Le Fèvre d'Ormesson, Jean d'O, pour les intimes.

— Salut ! C'est vous que Ferrat a flingué dans une chanson ?

Tandis que Marie et d'Ormesson se mesurent, Pierre rejoint sa femme.

— Elle va le réduire en charpie, murmure Ariane.

— Ne t'inquiète pas pour lui, il a de quoi se défendre.

Pierre parcourt l'assistance d'un regard de propriétaire. Bertrand Salis est en grande discussion avec Obaldia, qui doit se payer sa tête avec ses obaldiableries sans que l'autre ne s'en aperçoive. Près de la bibliothèque, Sébastien et Hermine s'entretiennent avec

Claude Contamine, l'ancien patron de FR3, débarqué en mai. Derrière eux, près de la fenêtre, François semble boire les paroles d'Anne de Florimont, la compagne de Sébastien.

— Je ne vois pas les enfants, dit Pierre. Enfin, les petits-enfants…

— Ils doivent être dans le bureau, répond Ariane. Ou dans la cuisine. Aude a installé la petite Louise dans la chambre, dans notre lit.

Pierre saisit deux petits fours sur un plateau d'argent. Ceux qu'il adore, avec une mini-saucisse sertie dans de la pâte feuilletée.

— Tu as vu comme Jules est maigre ?

Ariane acquiesce. Maigre comme un chat et sauvage comme sa mère. En arrivant, le fils de Marie s'est acquitté des politesses minimales puis s'est enfermé avec Paul et Valentine dans une chambre. Interdiction d'entrer. Quel âge a-t-il ? se demande-t-elle. C'était en 1965, mon Dieu, déjà dix-sept ans. Ariane passe en revue ses petits-enfants, réunis sous le même toit pour la première fois. Jules chez Marie ; Valentine, Stanislas et Louise chez François ; Paul chez Delphine. Cinq petits-enfants, comme les doigts d'une main. La tribu est plutôt réduite… et elle le restera selon toute vraisemblance. Marie, n'en parlons pas, elle va avoir cinquante ans ; François a déjà trois enfants, il peut encore en faire un, mais guère plus ; Julien, c'est hors de propos et Delphine ne peut plus en avoir.

— Bon anniversaire, papa…

Julien se dresse sur la pointe des pieds et embrasse son père.

— Tu n'es pas venu avec Nicolas ? demande Ariane.

— Non, il vous prie de l'excuser, il ne se sentait pas bien.

Pierre hoche la tête. Soulagé, et honteux de se sentir soulagé. Jamais il n'a pu s'habituer vraiment à l'homosexualité de son fils.

— Tu sais où est Delphine ?

— Là-bas, avec le type à la cravate jaune. Au fait, bravo pour l'Académie, puisque tout arrive en même temps. Alors, cela fait quel effet d'être immortel ?

— J'ai peur que ça ne rende paresseux. Et, tout d'un coup, on se demande si on n'est pas devenu un vieux con.

— Mais non, papa.

— L'immortalité est une chose, rester jeune en est une autre. Tu sais comment on s'y prend, toi ?

Julien ne répond pas. Il n'est pas dupe des tourments de son père et ne veut pas lui servir sur un plateau les protestations de juvénilité éternelle qu'il aimerait certainement entendre. Ce qui est sûr, c'est que si la jeunesse se définissait par une bonne dose de narcissisme, alors Pierre Ormen aurait de très beaux jours devant lui !

— Excuse-moi, je te laisse un instant, dit Pierre en se frayant un chemin vers la pièce voisine où Jean Daniel semble en grande discussion avec Delphine. Sans doute parlent-ils métier et de l'éventuel enrôlement d'Apolline à *L'Observateur*.

— Je dérange ?

— Mais non. Je disais à votre fille à quel point j'appréciais son humour décapant. Il paraît que Giscard devenait fou en découvrant certains dessins. Mais maintenant ? Sur qui va-t-elle taper, la petite peste ? Car je l'ai prévenue : le président et Mauroy, pas touche, c'est tabou.

— On peut encore s'amuser, quand même. Il y a les ministres communistes, ne les oubliez pas !

— Oui, à la rigueur.

— Et les courtisans de la dernière heure…

— Ça pourrait être drôle, en effet.

Un maître d'hôtel en livrée progresse avec peine, plateau en main. Pierre saisit une coupe de champagne, la vide d'un trait : il étouffe. Délaissant sa fille et le patron du *Nouvel Obs*, il circule de groupe en groupe, serre des mains, embrasse, s'exclame, sourit. Puis, estimant avoir bien rempli ses obligations, il s'octroie une pause syndicale. Il ouvre l'une des portes-fenêtres et sort sur le balcon. Devant lui, la masse sombre du Luxembourg s'étend jusqu'à Port-Royal, ponctuée en son milieu par l'alignement des réverbères sur la rue Auguste-Comte. Il sort son paquet de Rothmans, allume une cigarette. Dans cette nuit profonde d'avril, les étoiles semblent toutes être de sortie. Lorsqu'il était enfant, sa mère lui avait confié qu'il s'agissait de l'âme des disparus qui clignotaient dans la nuit afin de rappeler leur présence aux vivants. Comme elles sont nombreuses ! Où peut bien se trouver la petite lueur de son père dans cet océan d'âmes ?

*

Hélène Farge préférerait qu'ils dégagent de sa cuisine. Mais cette grande asperge qui parle en anglais l'intimide.

Paul écoute Jules pérorer sur Hollywood, les stars et l'*American way of life*. Il boit les paroles de ce cousin de dix-sept ans qui semble avoir vécu une vie de roman, dormant dans les palaces ou les avions. Il serait le fils, paraît-il, d'un grand réalisateur de cinéma. Lui, Paul, a bien vécu aussi un truc de roman… mais, malheureusement, il n'a pas le droit d'en parler.

— Et tu restes combien de temps en ville, cow-boy ? demande Valentine, nullement épatée par les forfanteries du cousin américain.

— On est juste venu pour la *party*, miss Val, on repart lundi par le Concorde. On doit rejoindre des amis à New York. Trois heures et demie de vol, on a à peine le temps de dîner.

— Dommage. On aurait fait connaissance.

— Ouais, dit Jules.

— Tu vas au lycée ? demande Paul.

— Lycée français de L.A., mon cher, avec le fils de Johnny Hallyday !

Paul émet un long sifflement. La grande classe…

— Vous reviendrez un jour en France ? questionne-t-il. Maman m'a raconté qu'il y a longtemps, tu as vécu sur un bateau, sur la Seine, avec ta mère. Et qu'on t'attachait avec une corde pour que tu ne tombes pas à l'eau.

— Et c'est vrai que vous aviez un serpent, un gros python qui s'appelait monsieur Georges ? demande Valentine.

— Vous en savez, des choses, dit Jules en ouvrant le réfrigérateur pour prendre une bouteille de Coca.

— Ta mère est une vedette, c'est pour ça, explique Paul, tout le monde la connaît, on parle d'elle dans les journaux. Moi, je m'appelle Russier, personne ne m'ennuie, mais demande à Valentine, elle s'appelle Ormen, à l'école, ils ne la lâchent pas, c'est infernal.

— Ça va bientôt être à nous, dit Valentine.

Pour l'anniversaire de leur grand-père, ils ont monté un petit spectacle autour de ses romans. Tour à tour, chacun mimera un titre que les invités vont devoir trouver. Pour Stanislas, on a choisi un livre facile, *La Porte dérobée.* Paul aura *L'Herbe folle*, Valentine *Les Ailes des anges*. Sont prévus également *Des hauts et des bas*, *La Lune à moitié*, et deux plutôt difficiles, *L'Année sans fin* et *L'Angle mort*.

— Et vous, monsieur Jules, vous ne mimez pas ? demande Hélène Farge.

— *No. I don't feel like it…*

— Allons-y, propose Valentine. Ariane doit nous attendre. Tu viens, Stanislas ?

La tête du petit garçon émerge de dessous la table.

— À quoi tu jouais ? demande Paul.

— Au tennis.

— Sans raquette et sans balle ?

Le petit hausse les épaules avec mépris.

— J'imaginais !

*

Plus rien n'existe qu'elle. Jamais il n'a ressenti pareille sensation.

Adossé à l'encadrement de la porte-fenêtre, il lève la tête, se force à balayer d'un air dégagé l'assistance, moins pour donner le change que pour différer le bonheur de revenir lentement vers l'unique objet de ses pensées. La diversion ne dure que le temps de quelques secondes qui lui paraissent une éternité. Il la voit, enfin. Et il lui semble qu'elle le regarde.

*

Valentine, Paul et Stanislas, main dans la main, saluent l'assistance sous les applaudissements. Durant le spectacle, centimètre par centimètre, Françoise Salis s'est glissée subrepticement près de Jean d'Ormesson, impatiente de pouvoir échanger quelques mots avec lui.

— J'ai tant aimé *Au plaisir de Dieu*, lui confie-t-elle dès la fin des applaudissements, j'adore les histoires de nobles ! Quel est votre dernier livre ?

— *Dieu, sa vie, son œuvre.*

— Ça, alors ! Ça fait beaucoup de Dieu ! Et le prochain ?

— *Mon dernier rêve sera pour vous !*

— Alors ça, c'est gentil !

Prenant subitement la mesure du danger, d'Ormesson cherche du secours autour de lui. En vain. Ariane bavarde avec le premier président de la Cour, Obaldia a entrepris Françoise Giroud, Bertrand Salis, le mari, tourne ostensiblement le dos. Quant à Pierre, il rigole sous cape et se penche vers son petit-fils pour l'embrasser. Ce garçon est un acteur né : le triangle pour l'angle, le signe de croix pour la mort, ça n'a pas pris dix secondes.

Près du bar, Delphine échange quelques mots en anglais avec Jules. Depuis qu'il est bébé, elle éprouve une grande tendresse pour ce neveu atypique qu'elle subodore plutôt malheureux. Elle se souvient du petit bonhomme qui courait à quatre pattes dans le salon de la péniche amarrée près de la piscine Deligny. Marie s'approche, elle semble flotter sur un nuage.

Probablement un pétard, se dit sa sœur. Ou une des nouvelles saloperies qu'ils inventent là-bas.

— Ça va, Marie ? demande Olivier qui vient de les rejoindre et passe son bras autour de la taille de Delphine. Tu ne t'ennuies pas ?

— Tout va, *dear*. Ça me fait plaisir de voir les deux vieux en bonne santé.

— Et toi, la jeunette, demande Delphine, ta santé, comment va-t-elle ?

Marie hausse les épaules.

— J'ai lu quelque part, poursuit Delphine, que tu abandonnais les opéras-rock. Tu reviens au violon ?

— Niet. Terminé, tout cela. Je ne reviens plus. Je soigne mon karma et je me prépare.

— À quoi ?

— Je me prépare, c'est tout.

Ariane les rejoint, radieuse. Ses petits-enfants sont vraiment merveilleux.

— Venez les filles, on va prendre l'air.

La mère et les deux filles abandonnent Olivier avec Jules et se dirigent vers le balcon.

— Quel plaisir de vous avoir toutes les deux ! Mais tu passes en coup de vent, comme toujours, reproche Ariane à sa fille aînée. Tu reviendras bientôt ?

Devant le silence de Marie, Ariane n'insiste pas et dissipe sa gêne par un long tour d'horizon familial. Pierre, François et Aude, Julien et Nicolas… tout le monde y passe.

— Et celle-là, qui est-ce ? demande Marie en désignant la jeune femme entre Pierre et François, près de la bibliothèque.

— Anne de Florimont, une actrice de théâtre, elle a joué dans *L'Échange* de Claudel, à Aubervilliers, on parle d'elle pour le *Falsch* de Kalisky, à Chaillot. C'est la nouvelle compagne de Sébastien – Sébastien Salis, je t'en ai parlé, le frère d'Aude. Elle fait du gringue à Pierre afin qu'il lui écrive une pièce pas trop coûteuse, trois ou quatre personnages, pour son petit théâtre de la rue de la Gaîté. Tu connais ton père : à une telle beauté, il promettrait la lune.

— Elle est beaucoup mieux que l'ancienne, en tout cas, intervient Delphine. Tu te souviens, maman, ce mannequin de chez Dior aux jambes interminables ?

— Anne est charmante, dit Ariane, Françoise Salis serait ravie qu'elle entre dans sa famille.

— Vous les voyez beaucoup ? demande Marie.

Ariane sort deux cigarettes de son paquet de Stuyvesant et en offre une à Marie. Les Salis ? Non. En fait, depuis l'enlèvement de Paul, les relations avec la rue Chalgrin se sont distendues. Pierre et Bertrand se frottent constamment à propos de politique et s'irritent réciproquement.

— Beau mec, le Sébastien, jette Marie en se tournant vers Delphine. Tu n'as pas un peu fricoté avec lui ?

Delphine la dévisage avec agacement.

— J'ai froid, dit-elle. Rentrons.

*

Pierre consulte sa montre : minuit moins vingt. Les premiers invités ne vont pas tarder à s'en aller. Il serait temps, il se sent un peu fatigué. La présence de sa famille au grand complet, de tous ces amis très chers… pouvait-il rêver d'une plus belle fête ? Non, bien sûr. Mais il se surprend, dans la légère lassitude de cette fin de soirée, à laisser son esprit vagabonder vers ceux qu'il a perdus, ceux qu'il n'a pas su sauver, ses fantômes… Il sent une vague de tristesse monter du plus profond de son âme.

— Tout va bien, mon général ?

Pierre esquisse un sourire. Interdit de « grand-père » ou de « papy », Paul n'a droit qu'à « Pierre » ou, de préférence, « mon général ». Et un général ne saurait se laisser dominer par ses états d'âme !

— Tout va bien, mon garçon, répond-il en lui caressant les cheveux. Tu devrais dire à ta mère qu'il est temps de rentrer.

À quelques mètres, Anne de Florimont fend la foule avec une grâce infinie. La beauté, ce piège tendu par la nature à la raison, songe Pierre en la suivant des yeux. On en revient toujours à Voltaire, n'est-ce pas ? En tout cas, c'est un bien beau piège ! Soudain, il sursaute, fronce les sourcils. Rêve-t-il ? Anne est passée près de François, leurs deux mains se sont effleurées. Anne se dirige vers la porte puis se retourne, leurs regards se vissent l'un dans l'autre.

Estomaqué, Pierre voit son fils avancer à son tour vers l'entrée, pardon, pardon, saisir son manteau, la prendre par la main et sortir avec elle. Aude et Sébastien, en discussion avec leur mère, n'ont rien remarqué.

Il déglutit avec difficulté, scrute l'assemblée, insouciante et joyeuse. Les Ormen, les Salis. Lui seul sait pour l'instant que ce 23 avril va bouleverser quelques vies.

*

(Mardi 15 juin 1982)

Blotti au fond d'une impasse de la rue Garnier, le chalet moitié brique moitié bois ne figure sur aucun cadastre et n'a jamais reçu le moindre avis de taxe foncière. C'est la maison fantôme qu'occupe Julien depuis vingt ans, une maison qu'il loue à un prix raisonnable en payant son loyer par trimestre, d'avance et en espèces.

La station Pont-de-Neuilly est à deux cents mètres, il presse le pas, il est en retard. Aujourd'hui, tout le monde semble avoir décidé de faire la gueule dans le métro ! Parvenu à Étoile, Julien suit le couloir qui mène à la sortie Friedland, gravit les marches deux à deux. Il descend l'avenue, tourne dans la rue Lord-Byron en songeant au tremblement de terre qui a secoué la famille. Inimaginable ! Son frère si lisse, si sage, si conventionnel… Tout quitter pour une femme qu'il connaît à peine. Manifestement, le coup de foudre a été réciproque. François et Anne irradient de bonheur au point que c'en est presque indécent. Chez les Salis, en revanche, le moins qu'on puisse dire est que l'enlèvement de la Sabine *manu militari* n'a pas été vraiment apprécié. Mais que faire contre l'amour ? Comme dit la pub, la vie est trop courte pour s'habiller triste.

L'agence O & O est désormais installée rue Arsène-Houssaye et occupe deux étages d'un ancien hôtel particulier. Il est tôt, Évelyne, l'hôtesse d'accueil, n'est pas encore là. Dans la grande entrée, plastifiées et encadrées, des campagnes publicitaires ornent les murs. Les clients de l'agence sont toujours étonnés de découvrir qu'il s'agit de campagnes de la concurrence, celles que Julien aurait aimé signer.

Il met la machine à café en route, se plonge dans *Gai Pied*. Mitterrand a tenu parole : depuis près d'un an, l'homosexualité n'est plus un délit en France grâce à l'abrogation de l'article 332-1 du code pénal. Pour fêter l'événement, Julien et Nicolas ont porté l'étoile rose pendant deux semaines. Mais le combat est loin d'être terminé : pour l'OMS, l'homosexualité constitue toujours une maladie mentale. En page 2, un long article évoque le cancer gay apparu il y a un an aux USA. Inquiétant. Julien se sert une tasse de café, ouvre son Minitel, consulte les horaires. Il doit se rendre à Lyon afin de rencontrer une agence locale susceptible de devenir une filiale.

Dans *Stratégies*, l'article sur l'agence occupe la double page centrale, illustré par une photo signée Bettina Rheims. Très belle photo des jumeaux, dans laquelle François incarne le calme et lui la tempête. Julien s'attarde sur le visage de son frère. Que devient l'amour fou avec le temps qui passe ? De *toujours* et *longtemps*, ces deux grands ennemis dont parle André Breton, lequel l'emportera ?

*

Plus avance le mois de juin, plus le quartier Bergeyre renie toute attache citadine. Lilas et chèvrefeuille, jasmin et rosiers s'enivrent de liberté. Près des anciennes Folles Buttes, l'appartement de la rue Manin paresse au soleil. Depuis qu'il habite chez Anne – c'est-à-dire depuis le 24 avril très exactement –, François semble transfiguré. Pas le moindre regret, pas de mauvaise conscience. Il a trouvé le bonheur avec Anne. Et elle avec lui.

Avec Aude, tout a été très vite. Lorsqu'il est passé quai d'Anjou chercher ses affaires, trois jours après la soirée, elle avait préparé deux grosses valises sur le palier afin d'éviter de le croiser. Sur une valise, une enveloppe. Et dans l'enveloppe, un mot, l'informant qu'elle contactait sans attendre un avocat afin d'entamer une procédure de divorce.

En attendant, ils bataillent pour les enfants. François préconise la garde alternée, dont Aude ne veut pas entendre parler. Anne, dont l'esprit créatif est toujours en éveil, a suggéré un système d'appartement fixe pour les enfants, quai d'Anjou par exemple, et une semaine sur deux pour les parents. Une garde alternée où ce serait les enfants qui recevraient les parents. Aude a dit qu'elle allait réfléchir.

Côté Vaugirard, après dix jours de silence total, François est retourné voir ses parents. Il a expliqué son geste du mieux qu'il a pu, les a priés de l'excuser d'avoir gâché la fête. Ariane ne lui en veut pas, bien au contraire : son François si mesuré, si bien élevé, a enfin laissé parler ses émotions. Pierre n'a rien dit, mais ses yeux brillaient de connivence.

Sur le boulevard de la Chapelle, on roule au pas. François se penche, allume la radio, joue avec les fréquences jusqu'à reconnaître *Lonnie's Lament*, un quasi-duo entre John Coltrane et Elvin Jones. Barbès-Rochechouart, Anvers, Pigalle, Rome. C'est complètement bouché. Il aurait dû prendre le métro qui file au-dessus de sa tête mais c'est un peu tard pour y penser.

Une demi-heure plus tard, il range la vieille

Coccinelle au parking de la rue Balzac et rejoint l'agence à grandes enjambées.

— Bonjour, Évelyne…

— Bonjour, Monsieur, votre frère vous attend…

— Très bien. Vous ne passez aucune communication pendant un quart d'heure.

— Oui, Monsieur. J'ai mis le courrier chez vous.

L'agencement du bureau de François est aux antipodes de celui de Julien. Du Louis XV, du doré, un lustre en cristal et une moquette beige qui étouffe les pas et parfois les coups de gueule.

— Pas trop tôt, jette Julien.

— Désolé. Ça ne roulait pas. Tu reprends un café ?

— Et même un croissant, répond Julien en exhibant un sac en papier.

— Génial. Quoi de neuf dans *Stratégies* ? L'article est sorti ?

— Oui. Tu n'es pas trop moche.

— Quelles nouvelles de Nicolas ? Il a vu les toubibs ?

Julien partage équitablement croissant et pain au chocolat en évitant de faire des miettes.

— La fièvre ne tombe pas, en dépit de toutes les pilules qu'on lui fait ingurgiter. Les analyses s'enchaînent à n'en plus finir et toujours rien. Parlons d'autre chose, comment vont les enfants ?

— Un vrai bonheur ! Valentine refuse de me parler, Stanislas me tourne le dos, heureusement, il reste Louise, ta filleule, qui accepte encore de donner la main au pestiféré au Luxembourg…

— Et la Petite Gaîté ?

— Terminé. Sébastien a repris la salle et a viré la troupe à coups de pied dans le cul. Mais Anne ne se fait pas trop de souci pour retrouver du travail, je crois qu'elle a un Labiche en vue.

Julien boit son café à petites gorgées, c'est chaud. Il ne s'inquiète pas vraiment pour la carrière d'Anne ; jamais il n'a vu une femme aussi belle. Et, en prime, il paraît qu'elle joue bien… Par contre, côté agence, il faut s'attendre à du tangage.

— Les soucis, c'est peut-être ici qu'on va les avoir…

— J'en ai bien peur.

Julien se lève. Durant une minute, il arpente la pièce les mains derrière le dos, puis s'immobilise devant son frère.

— Sébastien est comme un fou, il veut nous faire la peau.

— Je sais, dit François. Il faut s'attendre à perdre tous les budgets liés au groupe Salis. Et il n'y a pas que de l'immobilier. Si les Vins de Bordeaux suivent le mouvement, cela représente une perte de vingt pour cent du chiffre d'affaires à l'horizon du 1er janvier. Le plus préoccupant, pour l'instant, ce sont leurs méthodes de voyous. La SBS refuse de payer ses dernières factures : si ça ne se débloque pas, on va coincer en trésorerie dès septembre. Par ailleurs, on peut s'attendre à tout avec eux, par exemple à voir débarquer les mecs de l'Urssaf ou du fisc pour un contrôle.

— Tu crois vraiment ?

— Des voyous, je te dis… Tu m'en veux ?

Julien contemple son frère avec étonnement.

— Mais de quoi ?

François esquisse un geste évasif.

— De tout ça. De tout ce bordel dont je suis la cause…

Julien secoue la tête, regarde s'il ne reste pas un bout de croissant dans le sac en papier.

— Tu veux rire ! On a toujours affronté les coups durs ensemble. Ce n'est pas aujourd'hui que ça va changer.

— Merci, mec. J'avais peur que tu sois fach.

— Néga, Ducon. On va s'en sor, pas de prob.

François passe derrière son frère, lui tord le bras gauche derrière le dos, comme il ne l'a pas fait depuis un quart de siècle.

— Du quoi ? Répète !

— Ducon, merdaillon !

Les jumeaux piquent un fou rire, alors que l'on frappe à la porte.

— Je t'aime, dit François en tapotant l'épaule de son frère.

— Moi aussi, Ducon !

*

(Mardi 4 décembre 1982)

Les rames rouge et bleu du RER s'immobilisent sur le quai incurvé de Fontenay-aux-Roses. Il est loin le temps des automotrices brinquebalantes des années 1950, grosses chenilles grises surgissant de la grande courbe de Robinson dans un épouvantable bruit de ferraille.

— Triste ? demande Ariane.

Pierre acquiesce en hochant la tête. Un peu. Après avoir longtemps hésité, il s'est résolu à vendre

Fontenay à un promoteur. La villa va être rasée et avec elle tous ses souvenirs d'enfance : les cabanes et la grotte dans le parc Boucicaut adjacent, le grand cèdre où l'on pouvait monter jusqu'aux cieux, le potager de Mme Farge parfois converti en terrain de foot.

Pierre soupire, s'encourage. Oui, c'était la seule chose à faire. Cette vente permettra d'acheter l'appartement de la rue de Vaugirard, une affaire, le loyer étant encore sous le régime de la loi de 1948. Elle laisse également la possibilité de réaliser des travaux qui attendent depuis des décennies. Clause particulière dans l'acte de vente de Fontenay : Pierre et Ariane ont demandé à conserver un local de deux cents mètres carrés au rez-de-chaussée du premier immeuble, surface qui continuera d'être affectée au planning familial.

— Et toi ? demande-t-il. Ça ne te fait rien ?

Ariane secoue la tête. Non. C'est mieux ainsi. Que les petits-enfants ne soient jamais mêlés à ces histoires de famille, l'héritage et Odette, Amédée et Amélie, que tout soit purifié par la vente et l'oubli.

— Sais-tu, dit-elle, que la femme de Serge a pris contact avec les Salis pour La Croix-Valmer ? C'est Olivier qui me l'a dit.

— Hermine ? Cela ne m'étonne pas. C'est un peu un Sébastien en jupons, non ? Qu'a-t-elle en tête au juste ?

— Des lotissements de luxe, d'après ce que j'ai compris. Quand je pense que ces terrains t'ont été volés…

— N'y songe plus, chérie…

Ariane et Pierre s'installent, Pierre cale sa canne Napoléon III à pommeau opéra, cadeau des jumeaux pour ses soixante-dix ans. Sceaux, Bourg-la-Reine, Bagneux, Arcueil, les stations défilent.

— Où en est ton roman ? demande Ariane pour changer de sujet. Tu as commencé ?

— Ça avance. J'ai pratiquement terminé la phase documentaire. Tu as parlé avec Hélène ?

— Elle va libérer le studio et s'installer chez son amoureux, le petit fleuriste de la rue d'Assas. Il m'est venu une idée : nous pourrions créer un escalier intérieur qui aboutirait dans la buanderie, cela ferait comme un duplex, avec deux entrées, une par l'appartement et l'autre par l'escalier de service, qu'en penses-tu ?

Le visage de Pierre rosit de plaisir.

— Formidable. Un escalier en colimaçon, je pourrais tenter de réaliser une maquette.

— On appellerait ça le Donjon, propose Ariane. Je suis sûre que ça intéresserait les enfants, Paul et les enfants de François, lorsqu'ils voudront leur indépendance.

— Tu es géniale, dit Pierre. Quand a-t-on réuni les deux chambres de bonne, déjà ?

— Au printemps 1963. Je m'en souviens très bien… Tu sais, reprend-elle, je suis vraiment attachée à cet appartement. Je ne pourrais vivre nulle part ailleurs. Je suis heureuse qu'on l'achète, qu'on y fasse des travaux. J'ai l'impression que cela va nous donner une nouvelle jeunesse.

Pierre se tourne vers elle, l'embrasse sur la tempe. Derrière la vitre, sur le quai de la station Port-Royal, une affiche pour Pampryl tranche avec les pubs ambiantes. Sobre. Suisse, comme dirait François.

Pierre croit se souvenir qu'il s'agit d'un des budgets de l'agence.

— Des nouvelles de François ? demande-t-il.

— Il a appelé hier. Ça ne s'arrange pas avec les enfants. Ni avec les Salis d'ailleurs, mais là, il ne fallait pas s'attendre à un miracle.

Le RER s'immobilise à Luxembourg. Désormais, songe Pierre en descendant du train, il poursuit sa route vers Saint-Michel et Gare-du-Nord. Luxembourg n'est plus une gare mais une station comme une autre. Pourquoi cette pensée lui fait-elle du mal ?

— On traverse ? demande Ariane.

— Évidemment !

Rejoindre l'appartement par la rue de Médicis a son charme : la librairie Bonnefoi, le théâtre de l'Odéon, la perspective de la rue de Tournon. Mais couper par le jardin a une saveur particulière, même en décembre.

Sur la place Edmond-Rostand, l'horloge indique 16 h 32. Pierre, songeur, se met à calculer le nombre de secondes constituant une journée. Quatre-vingt-six mille quatre cents, très exactement. Il a lu dans la presse que la journée du 31 comporterait exceptionnellement quatre-vingt-six mille quatre cent une secondes. Que peut-on faire de cette seconde supplémentaire offerte à chacun des cinquante-cinq millions de Français ? Individuellement, ça ne représente rien. Mais si on regroupe toutes les secondes gagnées, cela représente presque deux années. Que faire de ces deux ans ? Beau sujet de nouvelle pour Marcel Aymé. Celui-là... ! Il était venu le voir à Vaugirard pour lui faire signer la demande de grâce présidentielle pour Brasillach. Et il avait refusé d'entrer à l'Académie française, six ans plus tard.

— À quoi penses-tu ? demande Ariane.

— Au temps qui passe… Qui passe par là…

Ariane s'arrête, remonte le col de son manteau, contemple le bassin gelé.

— Le temps ne passe pas, dit-elle. C'est nous qui passons.

— Très juste. C'est de qui ? Aristote ?

— Non, chéri, c'est de toi.

2

(Samedi 9 avril 1983)

Sur l'étagère centrale, Alexandre Dumas, Jules Verne, Jack London, James O. Curwood et Henry de Monfreid côtoient une vieille collection de *Club des Cinq*. Sur l'étagère inférieure, plus solide et plus accessible, s'empilent les *Tintin*, les *Astérix*, les *Gaston Lagaffe*, des albums *Fluide Glacial* et la série complète des *Apolline* de sa mère. Enfin, sur l'étagère du haut, classiques et modernes en livres de poche témoignent d'une certaine désaffection si on en juge par la poussière accumulée. Sur le mur d'en face, Paul a punaisé un poster de Balavoine, un autre de E.T. et celui de l'équipe de France de foot avec ses héros : Tigana, Fernandez, Platini, Giresse. Allongé sur son lit, il écoute distraitement Roxy Music sur son walkman. Avec ses copains de classe, en mettant en commun toutes les nouveautés de l'année, ils se sont enregistrés des cassettes d'enfer de deux fois quarante-cinq minutes ne comportant que des hits, Michael Jackson, Phil Collins, Dire Straits, Depeche Mode, Elton John, Paul McCartney, Mike Oldfield, Police, Roxy Music et quelques curiosités comme Toto, The Gun Club ou David Johansen.

Mains derrière la tête, Paul gamberge. En fait, il aurait pu mourir. Peut-être aurait-on retrouvé son corps déchiqueté, jeté du haut d'une falaise ! Ou noyé dans la Seine. Ou abattu d'une balle dans la tête, dans la nuque, par derrière, il paraît qu'on ne sent rien. Le chagrin de sa famille ! Sa mère et son père en pleurs. Où l'aurait-on enterré ? Dans le caveau de Fontenay ? Il espère qu'on n'aurait pas brûlé son corps, ç'aurait vraiment été horrible ! Pour l'instant, il est bien vivant. Deux ans déjà. Lorsqu'il aborde le sujet avec son père, ce dernier l'envoie *illico* vers sa mère. Et quand il va la voir, elle répète toujours la même chose, comme un disque rayé : oui, c'était les Salis qui étaient visés ; non, on ne sait pas qui t'a enlevé ; oui, une rançon a été versée ; non, on n'a pas mis la police au courant car c'était un impératif des ravisseurs et on ne voulait pas provoquer de représailles. Admettons. Mais lorsqu'il demande le montant de la rançon, sa mère élude. Elle soutient qu'il y a eu un arrangement avec les Salis, ajoute que cela ne le regarde pas. Évidemment que ça le regarde. C'est lui qu'on a enlevé, pas elle. Paul fulmine. Il voudrait bien savoir combien il vaut. Il éteint son walkman, ouvre la porte de sa chambre, se rend dans la cuisine pour se servir un Coca. Delphine est en train d'éplucher des oignons.

— Qu'est-ce que tu fais ?

— Bonbons piment et poulet à la vanille. Ce soir, c'est menu créole.

— Où est Olivier ?

— Sais pas… et tu peux l'appeler papa, ce sera aussi bien.

Paul ouvre le frigidaire, sort une Danette, saisit le Coca et boit à la bouteille.

— Paul !!!

— Quoi ? Il n'y a que moi qui en bois, qu'est-ce que ça peut faire ?

— C'est une question de principe, point final !

Delphine contemple son fils avec curiosité. C'est à elle, cette grande asperge dont la voix est devenue plus grave que celle de son père ? Depuis six mois, il s'habille de noir et porte des chaussures rouges impeccablement cirées. Cheveux courts presque rasés. Le contraire d'Olivier, dont les cheveux longs semblent les garants de la créativité.

Devant sa Danette, Paul tente d'initier Antivol aux plaisirs de la publicité en lui tenant les pattes de devant :

— Allez, mon pote, on se lève tous pour Danette !

Le téléphone retentit dans l'entrée. Delphine se lève, décroche.

— Ne quittez pas.

— Téléphone pour toi, Paul, je crois que c'est Jean-Loup.

Paul aligne les oui, non, oui, d'accord, termine par un « J'arrive ».

— Où vas-tu ? demande Delphine.

— Chez lui. Une réunion. Il veut lancer une radio libre, Radio Marais. Slogan : « On s'marre bien sur Marais ! »

— C'est où, cette réunion ?

— Dans le salon de thé de son père, Les Doigts dans la Confiture, rue des Rosiers.

— Tu rentreras avant 19 heures.

— Oui maman.

Delphine se retient de lui dire de faire attention. À quoi bon ? Elle est toujours inquiète quand Paul sort seul, c'est un peu ridicule, mais c'est comme ça. La peur d'un enlèvement. La peur d'un attentat, la peur de tout… Mais, songe-elle, l'histoire ne repasse jamais les mêmes plats ; il faut que je me calme. En entendant claquer la porte, elle pense à Angelo, l'homme baraqué comme l'a décrit Paul. Aucune nouvelle depuis la carte postale de Barcelone. Il s'en est tiré, elle en est sûre, il s'en tire toujours. Comme dit la chanson, il est libre, Max, il y en a même qui disent qu'ils l'ont vu voler. Quoi d'étonnant pour un ange ! Angelo. Elle aimerait tant le revoir.

*

(Lundi 7 juin 1983)

Dans le dédale des couloirs de la Salpêtrière, Julien trace son chemin sans hésiter. L'habitude. François suit, le cœur oppressé. Les odeurs d'hôpital lui ont toujours été insupportables. Julien est plus tendu que jamais.

Depuis deux semaines, l'état de Nicolas a empiré : il tousse, sa fièvre quasi constante est accompagnée de céphalées, de myalgies et d'asthénie ; des ganglions multiples sont apparus, il souffre de diarrhées et de douleurs abdominales. Delavigne, le médecin de famille, l'a fait hospitaliser pour mener des examens plus approfondis.

— Je t'attends dans le couloir, dit François.

Julien pousse la porte, s'avance. Nicolas dort. Julien examine son compagnon avec effroi. Où est le vieux jeune homme aux fous rires inextinguibles qui personnifiait la joie de vivre et vous tirait les larmes en imitant Marchais ou Mitterrand ? Qu'est devenu le visage de celui qu'il aime ? Un masque funéraire, jaune et décharné. Julien murmure son prénom. Plusieurs fois. Il voudrait supplier Dieu alors qu'il sait déjà que sa prière ne sera pas exaucée. Il quitte la pièce en refermant doucement la porte.

— Comment va-t-il ? demande François.

— Il dort. On va attendre la visite, on m'a dit à 14 heures. Tu crois qu'on peut trouver du café, ici ?

— J'y vais, dit François, il doit y avoir une machine quelque part.

Julien regarde son frère s'éloigner dans le couloir. Un roc. Que ce soit dans ses problèmes familiaux ou à l'agence, il arbore toujours cette expression inaltérable, souriante, rien ne semble l'atteindre. Pourquoi a-t-il insisté pour l'accompagner ? Est-ce qu'il se rend compte pour Nicolas ? Julien se mord les lèvres.

— Vous venez pour M. Berg ? Vous êtes de la famille ?

Julien se retourne. Ce n'est pas le médecin habituel. Celui-ci est très grand, médecin-chef probablement, il porte un masque en bandoulière, une blouse blanche et des gants. Il est accompagné de deux assistants tout aussi équipés.

— Oui, répond Julien.

— Je suis à vous tout de suite. Attendez-moi ici.

Trois minutes plus tard, alors que François revient avec deux gobelets de plastique marronnasses et fumants, le médecin-chef et ses assistants ressortent de la chambre.

— Vous êtes un parent ? demande-t-il à nouveau après avoir ôté son masque.

Julien acquiesce. Le médecin hoche la tête :

— Les résultats ne sont pas bons. Disons même très mauvais. M. Berg est-il hémophile ou héroïnomane ?

Julien frémit, va droit au but.

— Non, il est homosexuel. Comme moi. C'est mon compagnon.

Le médecin dévisage longuement Julien, bouche pincée. L'un des assistants a reculé d'un pas. Discrètement.

— Désolé Monsieur, je vous conseille de faire réaliser un test d'urgence, votre ami est atteint de l'Aids. Le sida. Je suppose que vous savez ce dont il s'agit.

— Oui. Les défenses immunitaires.

Le médecin hoche la tête, fixe Julien durant un long moment.

— Nous le gardons, évidemment. Vous devriez vous rendre à l'accueil pour les formalités.

François suit des yeux le petit groupe d'hommes en blanc. Comme soutien, on pourrait imaginer mieux. C'était donc ça, le mal de Nicolas, ce « cancer gay » dont on parle, cette maladie mortelle qui secoue l'Amérique et qui semble se propager en France. Il se tourne vers son frère. Julien est livide.

— Ça va, Julien ?

— Ça va. J'en étais sûr… mais l'entendre. Ces médecins, l'entendre de leur bouche… Excuse-moi… ça va aller.

Julien se laisse tomber sur un siège, la tête entre ses mains. François passe un bras autour des épaules de son frère. Il cherche ses mots.

— On dit… on dit que c'est très contagieux. Tu vas faire ce test ?

— C'est déjà fait. Négatif. Mais il faudra le renouveler dans quelques mois, la maladie met du temps à se déclarer.

— C'est… c'est contagieux comment ?

Julien sourit.

— Tu as peur de moi ?

— Je te pose juste une question, Julien. Le médecin portait un masque.

— C'est un con. Moi, je me suis renseigné. Le sperme et le sang. Si on te parle de la salive ou de la sueur, ne le crois pas. Uniquement par le sperme et par le sang.

François saisit le gobelet de café qu'il avait posé sur un banc, le porte à ses lèvres. C'est froid. Il boit néanmoins, tout en observant son frère. J'en étais sûr, a-t-il dit. Cela signifie qu'il vit depuis un moment avec cette épée au-dessus de la tête. Seul. Sans en parler.

— Tu rentres à l'agence avec moi ?

— Dépose-moi à Neuilly, si tu veux bien. Je viendrai à la boîte plus tard.

Les deux frères quittent l'hôpital, traversent le boulevard et rejoignent la voiture garée rue des Wallons.

— Quand changeras-tu cette vieille VW pourrie ? demande Julien en faisant claquer la portière.

— Elle est très bien, cette voiture. Tu as vraiment envie de parler automobile ?

— Ouais. C'est très intéressant, les bagnoles. On ne les aime pas assez, les bagnoles. C'est fidèle, c'est dévoué et quand ça tombe en panne, on peut les réparer.

— Julien…

— Ta gueule ! Je sais ce que tu penses. Ce que vous pensez tous. Bien fait pour nous, bien fait pour les pédés, la punition divine s'est enfin abattue sur ces dégénérés qui s'enfilent à la chaîne dans les backrooms, pire que des animaux, ces chiens de jouissance qui ne respectent rien. Même papa, le roi de l'humanisme, a les narines qui frémissent quand on évoque Nicolas.

— Tu te trompes, Julien. Nous t'aimons tous comme tu es.

— Et l'autre con de médecin avec son air pincé ? Je ne me fais pas d'illusions, nous allons devenir des pestiférés. Retour en arrière, comme pendant la guerre, pancartes partout, on n'entre pas, interdit aux juifs et aux pédés.

François met le contact, démarre.

— J'ai lu l'article de *Libération*, il y a deux mois, la découverte du virus par l'Institut Pasteur. Peut-être trouvera-t-on rapidement un vaccin ?

— Peut-être. Allez, roule !

— Les quais ou Montparnasse ?

— Je m'en fous !

François remonte le boulevard Saint-Marcel et se dirige vers Port-Royal. Une demi-heure plus tard, la Volkswagen s'arrête au coin de l'avenue de Neuilly et de la rue du Château. Durant le trajet, Julien n'a pas desserré les dents.

— Qu'est-ce qu'on dit à l'agence, pour Nicolas ? demande François.

— Cancer du côlon. Et pour Vaugirard, pour toute la famille, on dira la même chose. Pas besoin d'affoler les parents.

— D'accord. Je te vois tout à l'heure ?

— Bien sûr. Nicolas va crever, moi aussi peut-être, mais la vie continue.

Julien sort de la voiture, fait le tour, se penche vers son frère.

— On s'embrasse ? dit-il.

François n'a pas la moindre hésitation.

— Sur la bouche si tu veux, Ducon. Allez, dégage, j'ai du boulot.

Julien passe la main par la fenêtre, lui caresse la joue.

— Merci, François.

— De rien, mon Julien. Tu sais que tu pourras toujours compter sur moi.

François effectue un demi-tour acrobatique sur la place du Général-Gouraud et s'engage dans l'avenue du Roule, laissant enfin couler les larmes qu'il a réussi à contenir tout au long du trajet. La pensée que Julien puisse être contaminé le bouleverse. S'il devait en mourir, songe-t-il, je n'y survivrais pas. Non, Julien, non. Il ne faut pas mourir.

*

(Lundi 14 juin 1983)

Malheureusement, la comptabilité est une science exacte. Et par conséquent, il y a une voie d'eau quelque part : le Blue Night parvient tout juste à l'équilibre.

Serge abandonne son livre de comptes, déambule dans la salle les mains derrière le dos, va pianoter quelques notes de *Rhapsody in Blue*. En fait, c'est tout simple : Hermine oublie une fois sur deux de présenter l'addition à ses amis, la rue Descartes est devenue la soupe populaire jazzy des milliardaires de la nuit.

À trente-deux ans, Serge a conservé son look des années 1970, veste velours Renoma et catogan à la japonaise. De sa mère Colette il a hérité un solide pragmatisme ; de son père Olivier, une réelle sensibilité dans le domaine artistique ; et de sa grand-mère Odette une somme d'argent conséquente qui lui permet de subvenir, pour un certain temps, au train de vie spectaculaire de sa femme. En cinq ans, le pactole a fondu et il va falloir prendre des dispositions. Peut-être l'arrivée du bébé prévue pour octobre va-t-elle l'assagir ?

Il allume une cigarette, se sert un Martini blanc, va s'asseoir au bar, se penche pour introduire une cassette dans le lecteur : *Pithecantropus Erectus*, de Mingus. Il adore. Comme d'être ainsi, seul, à rêver de rien. Parfois, Olivier s'invite à l'improviste en fin d'après-midi pour le plaisir de bavarder. Il se met au piano, évoque les premières années, le temps qui passe. Depuis la disparition de René Capitant et la prise de pouvoir de Tiberi, juste après 1968, le quartier a subi une mutation profonde. Italiens et Arabes ont disparu, laissant la place à de bons Français, bourgeois éclairés et artistes fortunés. La Maison pour tous n'est plus qu'un souvenir, les restaurants s'emparent de la rue Mouffetard. Faut-il pleurer, faut-il en rire comme le chantonne son père ? Olivier s'en désole, Hermine s'en réjouit.

*

— C'est une fille ! Regarde !

Serge, attablé près du piano, est à nouveau plongé dans les factures de fournisseurs. Il lève la tête vers la porte matelassée restée ouverte pour faire entrer un peu de lumière, cligne des yeux, sourit.

Il saisit le cliché, le tourne et le retourne dans tous les sens. Une fille, c'est parfait. Sous le mince rayon de soleil constellé de poussières, Hermine resplendit. Il lui sourit. La maternité de sa femme amplifie une énergie qui ne se dément pas. Infatigable, songe-t-il. Jeudi, ils ont assisté au concert de David Bowie à l'hippodrome d'Auteuil, vendredi soir, ils avaient huit personnes à dîner rue de Verneuil et samedi, la soirée privée rue Montmartre pour un grand couturier s'est prolongée jusqu'à quatre heures du matin. Serge se rembrunit.

— Tu crois que ça va fermer ? demande-t-il.

— Le Palace ? J'en ai peur. Terminus.

Fabrice Emaer vient de mourir, c'est la fin. C'était la fin, de toute façon. Hermine va devoir trouver un nouveau job. À moins que La Croix-Valmer ne se décide à bouger.

— Des nouvelles du Sud ?

— Ça avance. La SCI est constituée, on attend.

Il y a cinq mois, en compagnie de Sébastien Salis, Hermine est descendue sur la côte varoise pour rencontrer le maire de La Croix-Valmer, Charles Voli. Ils se sont entretenus d'une éventuelle révision du plan d'occupation des sols et de cette loi littoral qui ne devrait pas tarder à voir le jour, ont courtisé d'autres élus régionaux et visité quelques entrepreneurs. Nombre d'entre eux se souvenaient de la grand-mère de Serge – Odette, c'est cela ? –, qui s'agitait déjà pour la promotion de ses terrains il y a une dizaine d'années. Une emmerdeuse de première, d'après leurs dires.

Le lobbying intensif de Sébastien semble porter ses fruits : la majeure partie des dix-huit hectares va devenir constructible plus tôt que prévu. Hermine en rêve : le Parc du Clos Valmer, résidence privée pour milliardaires, à vingt minutes de Saint-Tropez.

— Tu y retournes dans la semaine ?

— Mercredi et jeudi. On doit voir Léotard.

— Il paraît qu'il va pleuvoir, murmure Serge.

Comme il y a deux mois, songe Hermine, dans ce sublime hôtel en bord de mer… La pluie provençale dégageait une saveur particulière de pin, de thym et de romarin trempés.

Elle passe derrière le bar, pose deux tasses sur le plateau du percolateur.

— Café ?

— Volontiers.

Serge examine à nouveau l'échographie. Une fille. Il aurait aimé Maude. Mais ce sera Diane, Hermine l'a décidé.

*

(Mercredi 25 avril 1984)

Amédée recule de deux pas, examine le tableau d'Henry de Groux qu'il a acquis à bon prix à Clignancourt. Un étang, des arbres, des animaux, un ciel avec nuages : l'équation magique des naturalistes. Il le fera réencadrer chez Fauvet et l'accrochera dans le petit salon d'Angerville, à côté du Corot.

Sur la cheminée, entre deux lions en bronze d'Auguste Cain, le thermomètre métallique de Breguet indique dix-neuf degrés. Amédée resserre la ceinture de son peignoir et se rend dans la cuisine pour monter le chauffage. Jeanine, la femme de ménage, a préparé le café.

— Je vous sers dans le salon, Monsieur ?

— S'il vous plaît.

— Vous aurez besoin de moi ce soir ?

— Non, je vous remercie, je pars en Sologne. Je ne reviendrai que mardi matin. Prenez votre soirée.

Depuis son élection remportée haut la main il y a un an grâce au parrainage du comte de la Chesnay, Amédée partage son temps entre Angerville et Paris. Jamais il n'aurait pensé que gérer un village de trois mille habitants soit une telle corvée. Et que l'entretien du château puisse ainsi engloutir sa fortune.

Après avoir pris son petit déjeuner, parcouru *Le Figaro* et *Les Échos*, dépouillé le courrier et fait sa toilette, Amédée s'habille en soignant les résonances de couleurs, cravate et pochette. Aujourd'hui pas question de prendre la voiture, les manifestations pour l'école libre risquent de paralyser la capitale. Il se rendra à la galerie en métro, puis rejoindra Drouot à pied s'il ne pleut pas. Cet après-midi, il y a en salle 16 une vente intéressante, une petite gouache sur papier de Picasso et une illustration de Juan Gris parue dans *Le Charivari* en 1910.

Sur la table de nuit, le téléphone se met à sonner. Amédée décroche et s'assied sur le rebord du lit.

— Oui ?

— C'est André. Je dérange ?

André Dufraisse est membre du bureau politique du Front national, chargé du recrutement des chefs d'entreprise. Ancien membre du PPF auprès de Doriot, engagé volontaire durant la guerre sur le front de l'Est sous l'uniforme allemand, il fait le forcing auprès d'Amédée pour le convaincre de rejoindre le mouvement et de se présenter aux élections régionales de mars 1985. Jusqu'ici, malgré ses sympathies pour Tixier-Vignancour, Amédée a toujours refusé de s'engager.

— Toujours d'accord pour mercredi prochain ?

— J'y serai, André. Excuse-moi, il faut que je file.

Sous la pression, Amédée a accepté de participer à une réunion au siège, rue Bernoulli, afin de discuter des passerelles possibles avec le RPR et des derniers sondages sur les élections européennes.

— C'est cela, à mercredi.

Amédée raccroche en soupirant. Ce Dufraisse est vraiment une teigne, un bulldozer. Rien d'étonnant à ce qu'on l'ait surnommé Tonton Panzer. Le Front national est-il présentable ? On verra cela en juin, selon les résultats des élections.

*

— Bien payé, pour une petite gouache aux origines suspectes, dit le confrère en levant la main pour appeler le garçon.

Le Picasso a atteint six cent cinquante mille, l'illustration de Gris cent cinquante, largement au-dessus de l'estimation. Amédée est attablé au Cercle Bleu en compagnie d'un galeriste de ses connaissances et de Paul Desforet, sorte d'éminence grise dans le domaine de l'art, expert pour les uns, margoulin pour les autres. Desforet – ancien banquier – est plus qu'une relation, un peu moins qu'un ami. Grâce à lui, Amédée a réalisé quelques bonnes affaires, la vente d'un Chenavard, en particulier. Mais l'homme a le même défaut qu'André Dufraisse : l'obstination. Depuis vingt ans, il ne cesse de le sonder discrètement sur son éventuel accès au mythique « Bleu + 8 » de Picasso – *L'Heure bleue* – et d'insister sur ses capacités à vendre l'invendable auprès de collectionneurs aussi riches que discrets. Comment peut-il savoir ? Mystère. Toujours est-il qu'une rumeur a peu à peu pris corps : Charles de Beaurepaire – Amédée Ormen pour l'état civil – serait en possession du tableau disparu.

Pour la petite gouache, Desforet est monté jusqu'à quatre cent mille, puis a renoncé.

— Dommage, jette le galeriste. J'avais ordre pour cinq cent mille.

— Trop cher, dit Desforet.

— Mais non ! Un million l'an prochain.

— Les arbres ne montent pas au ciel, rétorque Desforet. C'est vrai aussi pour les tableaux.

— Ils y montent, cher ami, ils y montent. Attendez-vous à ajouter un zéro dans les vingt ans qui viennent. On parlera de centaines et non de dizaines de millions de dollars.

— Qu'est-ce que vous attendez, alors ? demande Desforet. Achetez, mon vieux, achetez !

Le galeriste soupire. Facile à dire.

— Je me demande, dit Desforet, combien pourrait valoir *L'Heure bleue* s'il s'avisait de réapparaître un jour…

— S'il a jamais existé, rétorque le confrère. Parce qu'au fond, qui l'a vu, ce tableau ?

Amédée ne dit rien. Il jouit du moment. Qui l'a

vu ? Pas toi, en tous cas… et ce n'est pas près d'arriver !

— Évidemment qu'il existe, poursuit Desforet. Il figure dans le catalogue de Zervos ! Vous voulez des détails ? On l'aperçoit sur une photo du salon de Gertrude Stein rue de Fleurus, sans doute prise au début de 1919. Et Paul Rosenberg en fait mention dans une lettre à Kahnweiler. Le tableau a été vendu ou prêté en 1919 à un américain ami de Gertrude et d'Alice Toklas, qui se l'est fait voler dans sa villa d'Antibes. Ensuite, c'est moins clair. *L'Heure bleue* refait surface chez un certain Bronstein dans les années 1930, puis disparaît en 1942 lors de la rafle du Vél' d'Hiv. C'est bien cela, Charles ?

— C'est ce qu'on dit.

Amédée tente de masquer son agacement. Les appels du pied de Desforet sont vraiment pénibles.

— Cela vaudrait combien ? demande le confrère.

Amédée et Desforet se regardent. Chacun attend le prix de l'autre.

— J'ai rendez-vous, déclare Amédée en se levant précipitamment et en déposant un Debussy sur la table. Veuillez m'excuser.

Desforet suit des yeux la haute stature. Quel con, ce Beaurepaire ! Qu'est-ce qu'il attend ? Il crèvera avant de l'avoir vendu, son tableau !

Oubliant les manifestations anti-Savary, Amédée a sauté dans un taxi et s'est fait conduire sans encombre chez Rothschild, à l'Européenne de banque, où il loue un grand coffre à l'année. L'évocation de *L'Heure bleue* a déclenché un besoin immédiat, impérieux, de voir son tableau, de vérifier s'il existe, comme ils disent.

Depuis la nationalisation de la banque, deux ans auparavant, tous les chargés de compte ont été remplacés. Par des incapables, évidemment. Amédée peste. Vivement que la droite revienne aux affaires. En attendant, il serait question que Laurent Fabius remplace Pierre Mauroy. Un fils d'antiquaire issu de l'ENA, ça a quand même un peu plus de gueule qu'un fils d'instituteur.

Le préposé de la banque l'a précédé dans la salle des coffres et s'est retiré, après avoir introduit sa clé de contrôle dans la deuxième serrure du compartiment. Amédée introduit sa propre clé, ouvre son coffre. Outre cinq lingots, des bijoux, quelques liasses de francs suisses et de dollars, le coffre abrite trois tubes dont le plus grand contient *L'Heure bleue*. Cœur battant, Amédée déroule la toile. Une merveille. Soudain, il se fige : sous l'œil droit d'Olga Khokhlova, apparaît une boursouflure qui n'existait pas la dernière fois, il en est absolument sûr. Il se penche, examine la toile de plus près : la matière picturale s'est soulevée sur près d'un demi-centimètre carré, une véritable catastrophe. Qu'est-ce qui a bien pu se passer ? Adhésion conflictuelle de deux couches de peinture ? Trop de pigment et pas assez d'huile ? Altération du liant avec le temps ? Contraintes mécaniques trop répétées, le roulage par exemple ? Amédée sait bien que rouler un tableau, même en le laissant respirer avec la couche picturale à l'extérieur, n'est jamais une bonne chose, mais il n'avait pas le choix.

Il examine le dégât de plus près. À soixante-six ans, il est normal que la toile perde un peu de la souplesse de sa jeunesse. Si on y ajoute une vie tourmentée, cachée derrière le Steiner, puis roulée dans un coffre, ce soulèvement est une suite logique. Quoi qu'il en soit, si l'on ne fait rien, le morceau risque tout simplement de tomber.

Amédée gamberge. Impensable de confier ce travail à un restaurateur officiel. Il va falloir faire appel à un spécialiste discret. Très discret. Il roule le tableau avec un extrême luxe de précautions, referme son coffre et demande à être reçu par le sous-directeur qui gère ses comptes depuis des années. Celui-ci, heureusement, n'a pas changé.

— Heureux de vous voir, monsieur Ormen. Quel bon vent vous amène ?

Amédée, en quelques mots, précise ses intentions. Se désengager de la France, mettre le paquet sur les bourses asiatiques.

— Très gros gains, cher ami, mais aussi très gros risques. À quelle hauteur ?

Amédée se penche, inscrit un chiffre au dos d'une carte de visite.

— Compliments, dit son interlocuteur. Vous savez prendre des risques. Je vous sers un whisky ?

Les deux hommes parlent peinture et investissements. Le banquier pilote Amédée sur les marchés émergents d'Asie, Amédée l'accompagne dans ses investissements personnels dans le monde de l'art. Demain, il doit se rendre avec Ghislaine au musée d'Art moderne afin de voir l'exposition « 5/5, Figuration libre, France/USA » où les poulains de son associée, Robert Combas et Hervé Di Rosa, prennent, paraît-il, une dimension historique.

— Combas, préconise-t-il à son interlocuteur. Vous ne pouvez pas vous tromper. Nous en avons quatre à vendre à la galerie, je demanderai à Ghislaine de vous consentir un prix plus qu'amical. Pour ma part, je suis plutôt vieux jeu, je préfère les classiques. J'aime les symbolistes français – Gustave Moreau, Puvis de Chavannes et Odilon Redon – ainsi que les petits maîtres naturalistes comme Julien Dupré ou Jules Bastien-Lepage. Mais ne vous y trompez pas : j'ai l'œil… et ça ne peut que monter.

— Et Combas ? Ça va monter ?

— Au moins quelques années. C'est propre, c'est malin, ça a de la gueule. Du graffitisme haut de gamme qui pioche dans tout ce qui bouge, télévision, rock, BD, sexe… C'est joyeux, plein de vitalité, allez-y, vous ne le regretterez pas.

— D'accord, je vous suis. Bangkok pour vous, Combas pour moi. Et on fait les comptes dans trois ans.

*

(Samedi 15 juin 1985)

Ils contemplent en silence les couvertures des magazines. Leurs paupières sont bouffies, leurs rides creusées. Dès leur retour de Los Angeles, Pierre et Ariane ont appelé les jumeaux rue Arsène-Houssaye, puis Delphine rue Brisemiche. Sur la table basse, près d'une montagne de courrier, la mort de Marie n'en finit pas d'être dupliquée dans *Paris Match*, *VSD*, *L'Express*, ou *Le Point*... Ariane saisit à contrecœur *L'Événement du jeudi*, contemple la photo de sa fille au bras de Mick Jagger. Le journaliste n'a pas lésiné sur le pathos : « Le sanglot long du violon de l'Ormen »…

Ariane se met à pleurer, se réfugie sur l'épaule de Pierre. Le suicide de leur fille le jour de ses cinquante ans l'a totalement anéantie. Marie était au firmament ; on l'attendait un mois plus tard au Kennedy Stadium pour le concert Live Aid de Philadelphie en compagnie de Madonna et de Phil Collins. Mais, depuis un an, elle ne donnait plus la moindre nouvelle, vivait dans son bunker de Beverly Hills où, paraît-il, elle composait un opéra. Ariane repense à leur dernière rencontre, c'était pour les soixante-dix ans de Pierre.

— Elle l'avait dit, souviens-toi, elle l'a toujours dit. Qu'elle mourrait à cinquante ans. Et nous n'y avons jamais prêté attention.

Pierre tente maladroitement de consoler sa femme. En se suicidant sans laisser le moindre mot, Marie les a précipités en enfer. Qu'a-t-elle voulu dire en ne disant rien ? Lorsque la radio a annoncé sa mort, mettant en émoi tout le monde musical, d'Isaac Stern à Elton John, de *Diapason* à *Rock & Folk*, il a alterné fureur et tristesse. Elle n'avait pas le droit, pas le droit de faire ça. Et moi, songe-t-il, qu'ai-je vu ? Rien, comme d'habitude. Il tend la main, saisit un 33 tours dans la bibliothèque. Le *Concerto en ré*, de Beethoven, qu'elle avait enregistré à l'âge de seize ans. Terrifiant : quand pourra-t-il à nouveau écouter du violon ?

— Et Jules, murmure Ariane, que va-t-il devenir ?

Pierre ne répond pas. À l'enterrement de Marie, le garçon lui a semblé totalement étranger aux événements, perdu sur un nuage. La drogue, probablement.

— Moi aussi, j'aurais bien aimé qu'il revienne avec nous. Mais il est majeur, chérie, il fait ce qu'il veut.

— Évidemment. Mais sait-il ce qu'il veut ? Il est à la dérive.

— Il faut reconnaître une chose à Marie : elle a

parfaitement organisé la succession. Jules va hériter d'un petit empire, on parle de vingt millions de dollars, tous frais payés, sans compter les droits qui tombent chaque année.

— Combien ?

— Environ six cent mille francs par an. Je ne sais pas si elle lui a vraiment fait un cadeau.

— Quelle heure est-il ? demande Ariane.

— Dix-neuf heures.

— Nous n'arriverons pas à dormir, j'ai envie de sortir.

— Je t'emmène dîner rue Saint-Benoît ?

— Non, j'ai envie d'autre chose. J'ai envie de soigner le mal par le mal, d'aller où nous allions avec Marie. Viens, je t'emmène.

— Où ça ?

— Au Ritz.

*

Dans un bar Hemingway aussi sombre que ses pensées, Pierre entraîne sa femme au fond de la petite salle pratiquement déserte. Il sort un paquet de Rothmans rouge, allume deux cigarettes, l'une pour elle, l'autre pour lui.

— Ce n'était pas là, dit-elle en examinant les boiseries et les sièges de cuir noir. Mais ce n'est pas grave. Comment s'appelait ce cocktail que j'avais commandé chez Allard, tu te souviens ? Le patron avait demandé si c'était américain.

— Oui. On revenait de Pleyel, on n'avait même pas pu approcher Marie. C'était un *Pick-me-up*.

— C'est cela. Un *Pick-me-up*.

— Whisky pour moi.

Ariane et Pierre restent silencieux durant un long moment, attendant que l'on vienne prendre la commande.

— Tu as vu, au bar ? chuchote Pierre en se penchant vers sa femme. Le type âgé en veste verte. Il ne cesse de nous regarder.

— Tu es célèbre, chéri. Moins que Marie, mais quand même…

— Non. C'est toi qu'il regarde.

Ariane se tourne discrètement. L'homme salue de la tête, imperceptiblement. Puis il quitte son siège, vient lentement vers eux, verre à la main.

— Madame Ormen, dit-il en s'inclinant.

— Monsieur ?

Le cheveu est rare, la cravate rouge, le visage souriant.

— J'ai eu l'honneur, Madame, de vous servir ici il y a trente ans. C'était de l'autre côté, ce bar n'existait pas à l'époque. Vous portiez un petit chapeau rond, c'était ravissant. Et vous étiez avec Mademoiselle votre fille.

Le visage d'Ariane se ferme instantanément.

— Si je vous importune, dites-le-moi.

— Non, je vous en prie, asseyez-vous.

L'homme s'installe, appelle le barman, passe la commande.

— Il s'appelle Colin Field, confie-t-il à voix basse, médaille d'argent l'année dernière au championnat du monde de *bartender*, un génie du cocktail.

— Parlez-moi d'elle, demande Ariane.

L'homme dévisage son interlocutrice. Les mêmes pommettes, la même implantation des cheveux.

— Il n'y a eu que deux demoiselles dans l'histoire du Ritz. Mlle Chanel et Mlle Ormen. Autant l'une était triste, autant l'autre était lumineuse. J'adorais Mademoiselle. Sa fougue, sa folie. Elle mettait l'hôtel sens dessus dessous, provoquait la colère de la direction et le fou rire des clients, surtout les Américains. Ses pourboires étaient monstrueux. Pour le personnel, disait-elle, en signant un chèque de trois mille dollars. Elle avait tout, elle avait trop. La beauté, le talent, le charisme, la fortune. Tout lui arrivait naturellement. J'ai parfois pensé qu'elle s'ennuyait, de tout avoir.

— Vous étiez là, lors du tournage du film, comment s'appelait-il... avec Gary Cooper et Audrey Hepburn ?

— J'étais là, Madame. Le film s'intitulait *Love in the Afternoon*, en français, *Ariane*. Un film de Billy Wilder, un vrai monsieur. Pour les besoins du tournage, Mlle Ormen avait accepté de laisser sa suite, la plus belle selon moi, celle du premier étage, qui donne sur la place. Il me semble me souvenir qu'elle était très proche de M. Wilder.

Ariane regarde Pierre. Combien de fois a-t-elle fait le tour de tous les réalisateurs d'Hollywood susceptibles d'être le père de Jules ? Désormais, il est peu probable qu'on le connaisse un jour. Jules, comme disait Marie, c'est l'Immaculée Conception, il n'a pas de père.

— Et son fils Jules, vous l'avez connu ?

— J'ai tout connu, Madame, de « monsieur Georges » le python à monsieur Jules le mille-pattes – c'est ainsi qu'on l'appelait –, lorsqu'il s'enfuyait dans les couloirs de l'hôtel poursuivi par la nurse.

Pierre songe avec une certaine honte qu'un barman

du Ritz en connaît plus long sur la vie de sa fille que lui-même. À la Cour des comptes, il travaillait à deux cents mètres mais ne venait jamais la voir lors de ses passages à Paris. Ils ne se rencontraient qu'à Vaugirard, où elle venait rarement. Le Ritz l'intimidait. Et sa fille encore plus.

— J'aimerais un autre cocktail, dit Ariane.

— Et un autre whisky pour moi, ajoute Pierre.

L'homme se lève, va passer la commande au bar, revient s'asseoir.

— Vous allez penser, dit Ariane, que je ne viens au Ritz que pour m'enivrer. C'était le cas la dernière fois.

— Si tous les gens pompettes étaient comme vous, Madame, le monde serait plus beau et beaucoup plus doux.

Pierre écrase son mégot, allume une nouvelle cigarette.

— Dites-moi, Monsieur…

— Bertin, appelez-moi Bertin…

— Dites-moi, monsieur Bertin, Marie parlait-elle… parlait-elle parfois de sa famille ?

3

(Dimanche 15 septembre 1985)

— Tu sais, dit-il, j'ai l'impression d'être passé directement du bourgeon à la feuille morte. J'ai soixante-trois ans, je n'ai rien vu passer.

Mouloudji porte son éternel pull noir, des lunettes de soleil, une veste élimée, il fixe son café d'un air dégoûté. Olivier soupire. Ça recommence.

— Mais si ! reprend Moulou en balayant des yeux la terrasse du Flore. Regarde : on était assis là, à la Libération, à la même table, si ça se trouve, c'était hier.

— Et alors ?

— Tu pousses la porte pour entrer, t'es un enfant. Tu bois ton café, tu la pousses dans l'autre sens, tu sors, t'es devenu un vieillard.

— Tu es fatigant avec tes idées noires !

— Je vais écrire mes mémoires, déclare Moulou. J'irai ensuite m'allonger dans le petit cimetière de Montmartre, au côté de Marcel Aymé. Il est marrant, Marcel, il me racontera des histoires.

Il est vraiment pénible, songe Olivier, pourquoi faut-il que je continue à écouter ses jérémiades au beau milieu d'une terrasse envahie par les touristes ? C'est peut-être ce qu'on appelle l'amitié : ne pas pouvoir s'en empêcher. Retourner sur les mêmes lieux, se raconter les mêmes trucs, simuler un monde sans femmes, comme si ce rite immuable pouvait soulager les bobos de l'âme. Dès qu'il rentre de tournée, Moulou l'appelle aussitôt, pour lui refiler son flot de pensées noires. Il aurait vraiment besoin d'un psy... mais le mot seul lui donne des frissons.

— Et ton fils ? demande Olivier pour changer de sujet. Il te suit toujours dans tes tournées ?

Moulou hausse les épaules.

— Bof. Et les tiens ?

Le visage d'Olivier s'éclaire. Serge et Hermine vont lui offrir une petite Diane, Paul cartonne à l'école et sur les stades de foot, difficile de faire mieux.

— Bon, d'accord, je suis sinistre, dit Mouloudji. Fais-moi marrer, l'Olive, j'ai besoin de me marrer.

Olivier se met à rire.

— Tu te souviens, dit-il, quand tu jouais dans *Richard III*, à l'Atelier ? T'avais quel âge ? Dix-huit ? Dix-neuf ? Tu faisais le duc de Buckingham avec l'accent de Belleville !

— Et le fantôme, reprend Moulou, quand j'ai marché sur mon drap et que je me suis cassé la figure ! Ce n'est pas ta belle-mère qui me l'avait recousu ? La mère de Delphine ?

— Exact, c'était Ariane. J'avais oublié que vous vous étiez croisés chez Dullin. Elle l'appelait l'Araignée.

Moulou grimace : l'Araignée, c'est le nom qu'il donne à sa compagne, celle avec qui il cohabite dans le pavillon de Suresnes. Ils ne se voient plus, ils ne se parlent plus, ils ne correspondent plus que par écrit.

— Dis-moi, l'Olive, depuis tout ce temps, est-ce que tu as trouvé le mode d'emploi avec les femmes ?

— …

— Ben oui, pour être bien, tout ça…

— Ça, je n'en sais pas grand-chose. Je dirais qu'il ne faut pas faire comme toi, en tout cas. Ce n'est pas en jouant l'artiste devant des minettes de province que tu vas y arriver.

Moulou semble s'abîmer dans de profondes réflexions.

— Il y a deux sortes d'artistes, dit-il enfin.

— Oui ?

— Ceux que leur mère aimait. Et puis les autres.

Olivier termine son café. Froid. Il fouille ses poches, cherche de la monnaie. Deux sortes d'humains surtout. Delphine n'est peut-être pas la fille biologique de Pierre et d'Ariane, mais ils l'ont adorée. Alors qu'Odette – sa vraie mère à lui – ne l'a jamais aimé. Il se sent feuille, comme Moulou. Mais une feuille légère, insouciante, sans but. C'est bizarre, songe-t-il, un couple qui vieillit : plus Delphine devient compacte, déterminée, plus je deviens aérien. C'est peut-être pour cela que j'ai laissé ma femme prendre toute la place, la feuille virevoltante ne sait même plus où se poser.

Olivier suit des yeux une jolie fille qui traverse la rue Saint-Benoît. Moulou n'a même pas levé les yeux. Il a sorti un billet fripé qu'il a posé sur la table.

— Je t'invite, dit-il.

Olivier contemple son ami avec inquiétude. Pas de doute, ça va vraiment mal.

*

(Mercredi 25 septembre 1985)

— « *Je rêvais d'un autre monde / Où la Terre serait ronde.* »

On le saura, songe-t-elle, la musique devrait être interdite dans les lieux publics. Et plus particulièrement au Passe-plat.

— C'est toi qui as fumé toutes ces cigarettes ?

Delphine lève la tête, énervée. Fatigante, la psy, même si c'est avec le sourire. Fais pas ci, fais pas ça…

— Non, répond-elle en se levant à demi pour se laisser embrasser, je les ai achetées comme ça. Ils offrent le cendrier avec !

— Quand je pense que tu avais réussi à t'arrêter durant trois ans, c'est vraiment lamentable !

Aude s'installe à côté de son amie. Elle n'aime pas le face-à-face. L'habitude du divan ?

— Alors, c'est signé ? demande Delphine.

— Oui. Je suis une femme libre. Et ton frère a été très correct sur le plan financier. Remarque, il n'avait pas le choix, la juge l'aurait assassiné.

Durant ces trois dernières années, Aude et François se sont très peu vus, le strict nécessaire vis-à-vis des enfants. Aude prend des nouvelles par Delphine, qui les tient de Julien.

— Ce n'est pas le cas du tien ! lance Delphine.

— Quel mien ?

— Ton frère !

Aude, d'un petit geste des mains, paumes retournées, signifie qu'elle n'y est vraiment pour rien. C'est vrai, Sébastien a eu leur peau, c'est fini pour O & O, la liquidation judiciaire est intervenue en juillet. Mais qu'y peut-elle ? Elle a tout fait pour aplanir les choses mais rien n'a pu calmer son frère. Pas même le fait qu'il la poignardait indirectement, elle, en provoquant la ruine de François. Ce dernier, aussi bravache que l'autre est buté, a repoussé jusqu'au bout les nombreuses propositions – Publicis, Le Bélier, FCB – de racheter ses parts, ce qui aurait pourtant sauvé l'agence.

— Il ne parvient pas à faire son deuil, confie Delphine. C'était son bébé, une des plus belles réussites de la pub.

— Et Julien ?

— Aucun souci, il n'a que l'embarras du choix. Mais le problème n'est pas là : Nicolas est en train de mourir.

Aude encaisse.

— Un cancer ? demande-t-elle.

— Phase terminale.

Delphine baisse la tête. Elle n'aime pas mentir. Mais elle n'a pas le courage d'évoquer cette maladie qui pourrait aussi lui enlever son Julien.

— Je suis désolée, dit Aude. J'espère que ton frère n'a rien.

Delphine relève la tête, contemple son amie. Évidemment, songe-t-elle, mon nez a dû s'allonger de dix centimètres.

— Un cancer, je t'ai dit !

— Ça va, j'ai compris !

Aude attrape un morceau de pain, le trempe dans le pot de moutarde.

— Tu as une petite mine, chérie…

Delphine a rejeté ses cheveux en arrière.

— C'est trop dur, répond-elle en retenant ses larmes. Le suicide de Marie, la maladie de Nicolas, François guetté par la dépression, les parents qui ne savent plus où ils habitent. Au milieu de tout cela, il faut que je me tienne bien droite, Delphine la solide, Delphine la canne blanche, ils me prennent tous pour un passage clouté…

— Tu as Olivier.

— Oui, si on veut.

Olivier en ce moment ne semble pas très disponible. Quand ce n'est pas Firmin à Noirmoutier, ce sont les copains à Saint-Germain.

— Et toi, demande-t-elle, ta poêle à frire ? Il t'a sautée ?

La poêle à frire est un psychanalyste new-yorkais de renom, plutôt mince de torse mais large du bassin. Une pointure. Même de dos, il a l'air intelligent.

— Pas encore. Mais nous avons des surmoi qui s'emboîtent bien. J'y vais mollo, à cause des enfants. Pas question qu'Harry mette les pieds quai d'Anjou ! Et puis tu sais, avec les Américains, si tu couches, ça n'est pas juste pour voir. C'est tout de suite sérieux. Nous, en Europe, on a eu un XVIIIe siècle. Pas eux. C'est pas difficile : tu embrasses et, soudain, tu es devant le père de tes enfants !

— À propos d'enfants, penses-tu que Valentine voudrait venir à Noirmoutier pour les vacances de la Toussaint ? Crachin, bottes et ciré assurés.

— Je lui demanderai.

— Elle va bien ?

— Mieux. Elle a fait la paix avec son père.

Tandis que la serveuse dépose les salades sur la

table et confisque le pain, Delphine songe soudainement à ses deux pères. Deux pères dépareillés comme dirait Aude. La lumière et l'ombre. Pourquoi faut-il qu'elle pense à cela en regardant deux salades ? Ce n'est pas à Aude qu'elle posera la question ! Et que devient-il, l'antiquaire ? A-t-il encore la marque de ses doigts sur sa joue ? Quelle claque elle lui avait mis ! « Tiens, papa ! » Et paf ! Aux dernières nouvelles, il devenait un peu milliardaire et se rêvait un destin politique local, dans un petit bled du centre de la France. Pauvre République. Et pauvre Pierre : comment deux frères peuvent-ils être aussi différents ?

— Ton père continue à écrire ? demande Aude.

Delphine sursaute. Deux fois de suite : à lire ainsi dans ses pensées, elle doit être sorcière plutôt que psy !

— Il termine son roman, *Les Mille et Un Jours* ou *Les Mille et Une Nuits*, je ne sais plus trop. Ce que je sais, c'est que les quelques pages que j'ai parcourues sont franchement déprimantes.

Aude grimace.

— Parle-moi de Paul, dit-elle. Ça fait une éternité…

— Tu verrais sa chambre, toujours aussi maniaque, nickel, impec, à en faire pleurer de bonheur un adjudant-chef.

— Il sait ce qu'il veut faire plus tard ?

— Oui, c'est nouveau, ça vient de sortir. Commissaire-priseur. Il passe son temps dans les musées, traîne son père à toutes les expos, assiste quand il le peut aux grandes ventes de Drouot-Montaigne. En ce moment, ils doivent être au

Pont-Neuf pour le truc de Christo. Emballer un pont, tu parles d'une œuvre ! Ça veut dire quoi ?

— Harry dirait qu'il s'agit d'un narcissisme prégénital, un art mégalomaniaque par lequel le créateur essaie de retrouver son moi infantile de toute-puissance. Moi, je trouve ça beau.

Aude lève la main, réclame du pain. Delphine sourit : si elle le pouvait, Aude se nourrirait de pain et de moutarde.

— Bon, pour Noirmoutier, tu lui demandes ?

— Oui. Mais je peux déjà te donner sa réponse : ce sera oui, trois fois oui ! Pour être avec son Paul, Valentine traverserait le Gois à la nage ! Dis donc, fillette, félicitations pour Angoulême ! Apolline doit être jalouse !

Pour le premier album de Zaza – son second personnage – Delphine a reçu l'Alfred de la BD enfant. Après des années à croquer les affres existentielles des post-soixante-huitards avec Apolline, elle se glisse avec délices dans le monde tendre et naïf d'une poulbote des faubourgs.

— Et *Le Matin*, ça va ? demande Aude.

— Plus ou moins. Le canard bat de l'aile. Max Gallo, le nouveau boss, n'aime pas trop Apolline. Mais le petit nouveau, François Hollande, me protège comme il peut. Un vrai GO !

— Amoureux ?

— Tu es folle ! J'ai dix ans de plus que lui et il vient d'avoir un enfant !

— Il ne sait pas ce qu'il perd !

— Ne t'inquiète pas pour lui. Je n'ai jamais vu une telle ambition sous un sourire aussi désarmant.

Avec son sens de la conciliation, il ira loin. Chef de cabinet dans un ministère. Ou peut-être même député.

*

(Jeudi 14 novembre 1985)

La grosse Kawasaki sort de la pénombre du tunnel de la porte d'Orléans, émerge en pleine lumière sur le périphérique intérieur. Julien jette un coup d'œil sur sa gauche, accélère. Avec un feulement rauque, la bête bondit, laissant littéralement sur place un trafic qui semble s'écouler au ralenti. Il a tenu à se rendre à l'enterrement en moto, afin d'être seul à l'aller et au retour. Un retour rageur au mépris de toute prudence, sans parler de la réglementation routière : une heure vingt pour effectuer les deux cent dix kilomètres. Le père de Nicolas, un ancien colonel à la retraite, a refusé de lui serrer la main. Après la cérémonie, sous un soleil délavé, les deux familles se sont saluées d'un signe de tête, puis chacune est repartie de son côté. Soucieux du confort de ses parents, François a loué une grosse Renault noire, dans laquelle il a également emmené Delphine et Olivier. Un bien modeste comité, face à l'intégralité des habitants, plutôt hostiles, d'un petit village proche de Clamecy.

Julien remonte les longues files de voitures immobilisées à la hauteur de la porte de Versailles. La mort de Nicolas est une plaie à vif et un soulagement. C'était si dur, à la fin. Maintenant commence l'autre combat, le sien. En hommage à son compagnon, il a décidé de ne pas cacher la cause de sa mort. Conséquence : les trois contacts en cours pour une direction de création dans de grosses agences parisiennes ont été immédiatement rompus. Je fais peur, songe-t-il. Je suis le rat noir, celui qui apporte la peste.

Durant le trajet, Julien a pris trois décisions. Un, il va quitter Neuilly, se chercher quelque chose près du canal Saint-Martin ou du côté de chez Delphine, valise à portée de main. Deux, il va s'investir comme bénévole dans une structure extra-hospitalière, type l'ALS de Lyon, ou dans l'Arcat-Sida. Trois, il ne mettra plus les pieds dans le Marais : jamais il ne pourra remplacer Nicolas.

*

(Mercredi 11 mars 1986)

Amédée pose *Les Échos* sur le siège passager et, perplexe, se gratte discrètement le nez. À l'est, rien de nouveau, les places boursières de Tokyo et de Séoul continuent à battre tous les records. Encore un an et je me retire, décide-t-il en sortant de sa Jaguar. Il ouvre le coffre, saisit l'étui cylindrique et se dirige vers la rue de Gergovie où réside Dumoulin. Après avoir longtemps hésité, il s'est résolu à confier la restauration du Picasso à ce vieux brigand auquel il a sauvé la mise à la fin des années 1960, quand il s'était fait pincer dans un trafic de faux Buffet. Amédée avait alors pris les choses en main, lui payant un ténor du barreau et le faisant assister comme un caïd du milieu durant ses trois années de prison. Cela crée des liens. Et surtout des droits, estime-t-il. Si Dumoulin venait à le trahir, ce serait à désespérer de la crapule humaine.

L'atelier du peintre restaurateur occupe le deuxième

étage d'un pavillon en meulière qu'il partage avec sa mère et une dizaine de chats. Malgré sa relative confiance, Amédée a pris quelques précautions : deux signes discrets au dos de la toile, à l'encre sympathique. La sonnette émet un son aigre, une tête se penche à une fenêtre du premier étage.

— J'arrive !

Dumoulin n'a pas changé depuis leur dernière rencontre, lors du toilettage d'un petit Corot. Revêtu en permanence d'une robe de chambre rose, il porte sa moumoute numéro trois, celle « aux cheveux un peu trop longs ». Dumoulin en possède deux autres, une « aux cheveux mi-longs » et une « aux cheveux courts » qu'il porte lorsqu'il est censé sortir de chez le coiffeur.

— Amédée ! Quelle surprise ! Tu aurais pu téléphoner, je ne suis pas toujours là.

— Bonjour, André, tu m'as l'air en pleine forme, tu m'offres un café ?

Les deux hommes montent à l'étage, se fraient un chemin entre les chevalets, les cartons, les toiles entassées. L'atmosphère surchauffée dégage des effluves de cassoulet froid et de pipi de chat.

— Quel bon vent ? demande Dumoulin en poussant la porte de la cuisine.

Cassoulet, effectivement. Ainsi que des boîtes de sardines, des biscottes émiettées, du fromage ranci, des assiettes sales empilées dans l'évier.

— C'est bon, dit Amédée en faisant marche arrière, je me passerai de café. Trouve-moi un endroit propre, tranquille, pour que je puisse dérouler une toile.

Dumoulin l'entraîne dans la grande pièce, débarrasse une longue planche en bois posée sur deux tréteaux.

— Voilà. Fais voir la chose.

Sans un mot, Amédée ouvre le tube en carton, sort la toile, la déroule sur la table avec d'infinies précautions.

— Mets des poids aux quatre coins, délicatement.

Sourcils froncés, Dumoulin s'empresse.

— C'est quoi ? demande-t-il.

— À ton avis ?

Dumoulin pose le dernier plomb et contemple la toile, incrédule. On dirait un Picasso. Il examine la jeune femme, les volutes bleutées, se tourne vers Amédée.

— Nom de Dieu ! C'est elle ! Tu as retrouvé *L'Heure bleue* !

— Mais non, couillon, comment veux-tu ? C'est une copie, une superbe copie.

— Olga Khokhlova, murmure Dumoulin, portrait à l'huile sur toile, peint en 1918, volatilisé pendant la guerre. Je n'arrive pas à y croire !

— Eh bien n'y crois pas ! C'est une copie, je te dis…

— Vraiment ? Et qu'est-ce qu'elle a, cette copie, pour avoir l'honneur de visiter mon atelier ?

Amédée pointe le doigt.

— Un petit décollement. J'ai besoin de toi.

Dumoulin examine la toile, identifie immédiatement le problème.

— Tu fais bien. Cette toile a souffert, il y a urgence. Ce serait dommage, une belle copie comme ça…

— Cela suffit, André. Pense ce que tu veux, mais fais le boulot. Je te donne trois jours. Et trente mille francs.

— Non. Huit jours. Et quatre-vingt mille francs.

— Tu n'es pas raisonnable. Disons cinquante mille. Et dans cinq jours.

— D'accord, amigo. Ce sera fait. Tu peux me dire, tu sais. C'est vraiment *L'Heure bleue* ?

Amédée le fixe droit dans les yeux.

— Moins tu en sauras, mieux cela vaudra pour toi.

— Je suis une tombe, Amédée, tu le sais bien.

— Eh bien, continue comme ça. Il y a de gros enjeux derrière cette toile. Et j'ai des partenaires très pointilleux. Un faux pas et la tombe, c'est toi qui la remplis, après avoir perdu les deux yeux et les couilles, je me fais bien comprendre ?

Dumoulin baisse la tête. Toute violence lui est insupportable.

— Tu peux compter sur moi.

— Bien. Dis-moi comment tu vas procéder.

Tandis que Dumoulin se lance dans de longues explications, Amédée songe à la suite des événements. Que va-t-il faire de la toile ? La remettre au coffre ? Non. Il va falloir trouver un autre endroit. Chez lui, si possible.

— Ça va, dit-il, j'ai compris, je vais te laisser.

Dumoulin se tait. Toujours aussi, brutal, cet Amédée. Cinq jours, cinquante mille francs, c'est tout à fait inespéré. Il ajuste sa robe de chambre et se regarde dans la glace.

— Moi, dit-il en se passant une main dans les cheveux, il faut vraiment que j'aille chez le coiffeur !

*

(Jeudi 13 mars 1986)

Hermine règle le taxi, entre au Fouquet's d'un pas conquérant. Tailleur Armani, chaussures Roger Vivier, sac Hermès : les têtes se tournent discrètement. Ce sont les visages de 8 h 15, excessivement soignés, habitués des lieux, adeptes de la nouvelle religion du petit déjeuner d'affaires. Et qui n'ont pas l'habitude de voir une femme parmi eux.

Sébastien Salis se lève à son approche, fait le tour de la table, effectue un baisemain un peu trop appuyé.

— Bonjour, Hermine.

— Bonjour, Sébastien.

Hermine examine discrètement son associé. Il s'est légèrement empâté ; est-ce le succès qui fait grossir ? Depuis leur première rencontre, Sébastien n'a cessé de la poursuivre de ses assiduités, lui faisant porter régulièrement des billets d'avion pour un week-end en Corse ou en Sicile. Durant sa grossesse et les mois suivant la naissance de Diane, il s'était à peu près calmé. Mais depuis un an et demi, le harcèlement a repris. Il considère qu'elle lui doit bien cela. Et qu'elle mérite mieux que Serge.

Sébastien a commandé le petit déjeuner : café, jus de fruits et une tonne de viennoiseries.

— Comment va Margaret ? s'empresse de demander Hermine en s'asseyant en face de lui tout en tirant soigneusement sur sa jupe.

D'après les journaux, Sébastien Salis aurait une liaison avec la fille de Lord Hasley, lointain cousin de la reine d'Angleterre.

— Terminé, répond Sébastien. D'ailleurs, elle n'a jamais compté pour moi.

Hermine se force à sourire. Les terrains, ma vieille, les terrains. Mais ce mec est toujours aussi mufle.

— Tu voulais me voir, dit-elle, tout en s'étonnant de ne pas sentir la moindre main se poser sur son genou.

— Oui. J'ai des nouvelles. De mauvaises nouvelles.

Hermine se fige. Cela fait désormais un peu plus de quatre ans qu'elle a confié le dossier à la SBS. Quatre ans qu'elle investit son temps et son argent. Il y a deux mois, le passage en zone constructible a enfin été voté. Ils doivent maintenant boucler le projet architectural et déposer les permis de construire. Qu'a-t-il encore inventé ?

— Mauvaises… à quel point ?

— Mauvaises point à la ligne. La zone reste non constructible.

Hermine vacille. Comment est-ce possible ? Sébastien ne semble pas particulièrement affecté.

— Raconte !

Sébastien allume une cigarette, plante l'allumette dans un petit pain au lait.

— On n'a pas de chance. La nouvelle loi littoral a fait des dégâts. Comme tu le sais, elle oblige les collectivités locales à protéger leurs espaces naturels les plus remarquables. Une commune qui passerait outre pourrait voir son plan local d'urbanisme annulé. À La Croix-Valmer, c'était cinquante-cinquante. Ils auraient pu continuer, mais ils ont préféré reculer. Adieu, le Clos Valmer…

Hermine cherche son regard.

— On dirait que ça te fait plaisir.

Sébastien saisit un pain au chocolat, le lui met sous le nez.

— Tu vois ça ? C'était nous.

Il le déchire en deux, en tend une moitié à Hermine.

— Aujourd'hui, ajoute-t-il, c'est comme ça. Tu n'as pas voulu de moi, chacun chez soi. Et tout le chocolat est de mon côté.

Hermine n'en revient pas. C'est lui. Il a fait ça. Pour se venger, il a fait capoter le projet.

— T'es vraiment dégueulasse, dit-elle.

Sébastien soutient son regard. Eh oui, ma belle, moi, on ne me traite pas comme ça, tu devrais le savoir.

Hermine contient sa rage.

— Cette histoire m'a déjà coûté pas mal d'argent, qu'est-ce que tu comptes faire ?

— Rien. Ça fait partie du jeu, on ne peut pas gagner à tous les coups.

Hermine se dresse, furieuse. Tous les regards convergent vers elle.

— Facile de jouer avec l'argent des autres ! Dans cette histoire, c'est moi qui perds du fric et toi, tu t'en sors comme une fleur. Tu n'es qu'un voyou ! Tu as flingué François Ormen parce qu'il t'a piqué la belle Florimont, maintenant c'est moi que tu flingues, parce que je refuse de baiser avec toi… les femmes ont bien raison de te quitter, tu n'es qu'une merde, tu m'écœures !

Directeurs généraux, conseillers financiers et communicants de tous poils n'en perdent pas une miette. Ça fait du bien, le petit Salis est en train de se faire proprement démolir. Merci Mademoiselle, merci Madame, quel bonheur !

Hermine se lève, jette un billet de cinquante francs

sur la table. Salopard ! Sur les Champs-Élysées les passants se retournent sur elle. Ses talons claquent furieusement sur le pavé, elle écume de rage, rumine à voix haute. Dégage, pauvre minable, pas besoin de toi, pas besoin de tes appuis pourris. Je vais faire ce que j'aurais dû faire dès le début. Pas constructible ? Eh bien, tant pis pour eux. Je vais planter de la vigne, on va voir ce qu'on va voir…

Deux touristes japonais s'approchent d'elle, lui tendent un appareil Polaroid en désignant l'Arc de Triomphe au loin.

Perdue dans son soliloque, Hermine poursuit sa route sans même leur accorder un regard.

*

— On fait chauffer la poêle avant de mettre les œufs !

François s'approche d'Anne, passe un bras autour de son cou, l'embrasse doucement sur la tempe. Ses mains tremblent, il a maigri. Depuis qu'il ne travaille plus, il passe son temps dans la cuisine à élaborer des plats interminables, avec une nette tendance au sucré-salé.

— Si ça cuit trop lentement, explique-t-il d'une voix triste comme s'il évoquait la perte d'un être cher, le jaune devient dur…

Anne se laisse aller contre lui. L'amour, elle pensait connaître. Sur ce thème, elle a tourné dans une dizaine de films. Truffaut, Deville, Rappeneau. Mais jamais elle n'aurait imaginé qu'un homme la bouleverserait à ce point. Avec François, c'est au-delà des mots. À trente-huit ans, l'actrice a conservé cette figure d'ange qui fit sa gloire jusqu'au début des années 1980. Pourtant, un jour, sa peau si fine et fragile a soudain crié stop. Elle ne supportait plus le maquillage, son visage se couvrait de plaques rouges. Aujourd'hui, Anne s'est repliée sur le théâtre et sur la petite agence de comédiens qu'elle a créée.

— Julien a appelé, dit-elle. Il aimerait que l'on vienne dîner vendredi.

Julien s'est installé rue de Lancry, dans un deux pièces assez triste doté d'une minuscule terrasse sur laquelle il ne se rend jamais. Depuis la mort de Nicolas, en novembre dernier, il sort rarement de chez lui. François en a les larmes aux yeux : son amour pour Anne lui est parfois insupportable, comme s'il le détournait de son frère. C'est trop de bonheur et de souffrance à la fois. Anne cherche son regard, inquiète. La main levée, il laisse l'intégralité de la salière se vider sur les œufs.

— On dînera plus tard, dit-elle en se dégageant. Viens, donne-moi la réplique.

Tandis que François va jeter le contenu de la poêle dans la poubelle, Anne saisit son Labiche. Elle doit jouer dans *Un chapeau de paille d'Italie* en mai, à Hébertot. Elle tend son texte à François, qui se met en place.

« – Rien qu'un baiser, dit-il en la prenant par la taille.

— Je ne veux pas !

— Puisque je suis de votre pays de Rambouillet ! »

Anne se dégage, mime le geste d'ajuster son corsage.

« – Ah ! Ben ! S'il fallait embrasser tous ceux qui sont de Rambouillet ! »

D'habitude, à ce moment précis, François se met

à rire. Mais aujourd'hui, c'est tout le contraire. Il pose soudain le livret d'un geste las, se laisse tomber dans le canapé, allume la télé. Pub. « *Mamie Nova, Les mamies ne lui disent pas merci.* » Il hausse les épaules, se met à secouer la tête, à droite, à gauche, à droite, à gauche.

— François, qu'est-ce qui se passe ? demande Anne en venant s'asseoir à côté de lui.

Il détourne la tête, éteint le poste à l'aide de la télécommande, montre du doigt *Télé 7 Jours*.

— C'est encore lui, dit-il en fermant les yeux. Il ne nous lâche pas.

— Lui qui ?

— Le golden boy.

Anne saisit le magazine, consulte les programmes. Ce soir, comme Bernard Tapie la semaine précédente, Sébastien Salis est l'invité de *Mon premier milliard*, sur TF1. En sa qualité de patron d'un des grands groupes français, il reçoit de jeunes chefs d'entreprise, répond à leurs questions, leur donne des conseils. Aude n'en croit pas ses yeux : l'admiration suinte à chaque ligne de l'article. Depuis un an, le jeune président de la SBS défraie la chronique, que ce soit dans les pages saumon du *Figaro* ou dans les pages célébrités de *VSD*. Il s'est payé un nouveau Falcon, a commandé un yacht aux chantiers de Sanary. Anne soupire, se demande comment elle a pu envisager de vivre avec lui.

La sonnerie du téléphone retentit, Anne décroche. En entendant la voix d'Aude, sans dire un mot, elle tend le combiné à François.

— Oui.

— …

— Non.

— …

— Oui.

— …

— D'accord.

François repose l'appareil sur la table basse.

— Qu'est-ce qu'elle voulait ? demande Anne.

— Stanislas joue dimanche à Versailles, un tournoi important, elle aimerait que je l'y emmène.

— Vas-y, si tu veux. Aucun problème.

— Je n'ai pas envie.

— Mais de quoi as-tu envie, François ?

— Rien. Dormir.

Désemparée, Anne hésite à le prendre dans ses bras. C'est peut-être plus grave qu'elle ne le pensait.

François lève la tête, se met à pleurer. De grosses larmes salées qu'il ne pense même pas à retenir. Il pleure, il pleure, un vrai déluge. Anne s'assied près de lui, lui prend la main.

— Mais qu'est-ce que tu as ?

Les larmes redoublent. Au bout d'un long moment, Anne se lève :

— J'appelle mon médecin. Ça ne peut pas continuer comme ça.

— Pas la peine… Ça va passer…

— Je ne sais pas, dit Anne en lui caressant les cheveux. S'il faut appeler les choses par leur nom, je crois que tu fais une belle dépression, mon chéri. Il faut que tu dormes. Je l'appelle, fais-moi confiance, il saura ce qu'il faut faire.

*

(Mercredi 19 mars 1986)

Trop beau, trop triste. Et cette musique de John Barry ! Valentine sèche ses larmes et cherche la main de son cousin. Lui aussi, c'est trop triste, elle est comme Meryl Streep avec Robert Redford, c'est un amour sans issue, pas même la peine de lui en parler. Et puis, cousin-cousine, ça ne se fait pas.

Sur la place Saint-Sulpice, les pigeons ont annexé la fontaine des Quatre-Évêques. Valentine se retourne : au Bonaparte, la foule se presse pour la séance suivante. Elle serait bien restée pour voir le film une seconde fois. Mais Paul n'aurait sans doute pas été d'accord.

Pour sa dix-septième année, son cousin a échangé le noir contre des tonalités de gris assorties de grège. Un dandy. Pas un faux pli, pas une tache, pas le moindre bout de fil qui dépasse. Malgré les hauts cris de sa mère, il s'est mis à fumer, arborant un fume-cigarette nacré des années 1920.

Tout en l'entraînant vers le Luxembourg, Paul examine sa cousine avec attention. En quelques mois, elle s'est métamorphosée. Légèrement maquillée, habillée court, elle est superbe. Pas encore quinze ans, cela promet.

— Ça va, l'école ?

Question idiote. Il n'ignore pas, évidemment, que Valentine est une élève brillante. Mais il ne sait pas trop quoi dire. La jeune fille l'impressionne par son assurance et sa précocité. Elle sait déjà ce qu'elle sera : journaliste, à la télévision. Elle répète à qui veut l'entendre qu'elle va suivre le chemin tracé par sa grand-mère : dans un monde fait par les hommes et pour les hommes, les femmes doivent se battre pour s'imposer. Elle sera journaliste, spécialisée dans le domaine le plus fermé aux femmes, celui de la politique. Elle aura l'audace de Françoise Giroud et le professionnalisme d'Anne Sinclair.

— Il ne pleut plus, dit Paul. On va faire un tour au Luco, d'accord ?

Alors qu'ils remontent la rue Bonaparte, à une vingtaine de mètres de la rue de Vaugirard, une camionnette blanche freine et s'arrête brusquement à leur hauteur. Ils s'immobilisent, tétanisés. Paul s'attend à voir surgir un homme portant le masque de Georges Marchais. Le chauffeur sort de la camionnette, va ouvrir la porte arrière en sifflotant, décharge tranquillement un escabeau et des pots de peinture.

Paul n'a pas lâché la main de sa cousine, il attend que son cœur reprenne un rythme normal. Va-t-il avoir peur de toutes les camionnettes blanches jusqu'à la fin de sa vie ?

— Je ne t'ai jamais vraiment remercié, dit Valentine.

Elle se hausse sur la pointe des pieds, dépose un léger baiser sur sa joue.

— Tu sais, poursuit-elle, je suis très malheureuse de ce qui s'est passé avec grand-père et mon oncle Sébastien. Ils n'avaient pas le droit de faire cela à papa, même si sa conduite avec maman a été dégueulasse.

— Oui, c'est vraiment triste, répond Paul distraitement.

Il contemple le carrefour. C'est ici, paraît-il, qu'est morte sa grand-tante, Amélie, la sœur de Pierre.

Renversée par une voiture. Une histoire pas très claire. Comme son enlèvement. Cette famille a le don des histoires pas très claires.

Paul et Valentine laissent passer le 89, traversent la rue de Vaugirard et entrent au Luxembourg par la porte Férou. Ils longent les joueurs d'échecs, s'attardent un moment pour regarder les joueurs de tennis et rejoignent le bassin.

— On s'assied ? demande Paul en désignant deux fauteuils verts.

— Non, il fait trop froid. Allons dans un café, j'ai quelque chose à te dire.

— Quoi donc ?

— Tu verras.

Paul fronce les sourcils. Valentine n'est pas le genre à parler pour ne rien dire. Son visage est grave, il s'agit certainement de quelque chose d'important.

— Allons au Balisto, on sera tranquille.

Contournant le Sénat, ils quittent le jardin par la porte Odéon, traversent à nouveau la rue de Vaugirard et remontent la rue Racine jusqu'au Balisto, au coin de la rue Monsieur-le-Prince. Ils s'installent au premier sur une petite mezzanine surplombant la grande salle.

— Alors, c'est quoi ?

Valentine a commandé un chocolat chaud, Paul un Coca. Il a sorti ses cigarettes, en a allumé une à l'aide d'un Zippo argenté.

— Je ne sais pas si je dois te le dire…

— C'est un peu tard, ma vieille ! Tu as commencé, il faut aller jusqu'au bout. C'est à propos de ton père ? De ta mère ?

Valentine secoue la tête. Non.

— C'est quoi alors ?

Valentine le fixe droit dans les yeux.

— C'est à propos de ton enlèvement. J'ai appris un truc. Je ne voulais pas t'en parler, Et puis, tout à l'heure, à cause de la camionnette, je me suis dit qu'il le fallait. Tu comprends ?

— Non, rien du tout.

— D'accord. Je vais t'expliquer. Mais jure que tu ne diras pas que c'est moi…

— Je te le jure.

— Bon. Il y a deux mois, j'étais chez mes grands-parents, rue Chalgrin, pour l'anniversaire de Stanislas. En passant près du salon, dans l'après-midi, j'ai surpris une conversation. Les portes étaient fermées, mais on entendait bien. Grand-père parlait des Ormen, François, Julien et Delphine. Il était très en colère contre eux. Contre François, bien sûr, mais aussi contre Delphine, ta mère. Il disait que dans l'histoire de l'enlèvement, elle savait des choses qu'elle avait cachées à la famille, qu'elle n'avait pas eu confiance en eux. Il disait qu'elle avait pris toutes les décisions seule, sans demander leur avis. Que c'était incroyable qu'elle ait refusé de payer la rançon.

Paul écarquille les yeux.

— Tu peux répéter ?

— Oui, je sais. Mais c'est bien ça. C'est ce qu'il a dit. Si j'ai bien compris, la famille n'a pas versé d'argent. Il n'y a jamais eu de rançon.

*

Après avoir raccompagné sa cousine au pied de son immeuble, Paul s'attarde un instant sur le quai d'Anjou, contemple la voie Pompidou de l'autre côté de la Seine. Encore sonné par ce qu'il vient d'apprendre. Inutile d'espérer des éclaircissements dans l'immédiat ; à cette heure-ci, sa mère ne sera pas à la maison et Olivier est en déplacement pour un film d'entreprise, ou une pub, il ne sait pas trop. Paul relève le col de sa veste pour se protéger du vent : puisqu'il n'a rien à faire, pourquoi ne pas filer place Vendôme, à l'hôtel Ritz ? D'après ses parents, c'est là que Jules s'est installé en arrivant à Paris la semaine dernière. Comme sa mère, a ajouté Delphine. Les chiens ne font pas des chats.

Il traverse la Seine, prend le métro à la station Pont-Marie et en descend à Pyramides, quatre stations plus loin. Les propos rapportés par sa cousine lui semblent ahurissants. Comment est-ce possible ? Pourquoi l'aurait-on libéré si aucune rançon n'a été versée ? Et pourquoi ses parents lui ont-ils menti ? En marchant à grands pas vers la place Vendôme, il tente de mettre ses idées en place. Si les camionnettes blanches lui font toujours aussi peur, curieusement, le souvenir de sa séquestration ne l'angoisse plus comme avant. Avec le temps, son enlèvement s'apparente à une sorte d'aventure, un film policier dans lequel il aurait joué le rôle principal. Quant à Georges Marchais, sa transformation burlesque en Marchie la cochonne, dans le « Bébête Show », le fait pleurer de rire.

— Monsieur ?

— Bonjour, je cherche M. Ormen. Jules Ormen.

— Certainement, Monsieur, qui dois-je annoncer ?

— Paul. Paul Ormen-Russier. Je suis son cousin.

— Je vais voir, Monsieur.

Quelle cloche ! songe Paul. Un vrai péquenot ! Son cousin ! Comme s'il s'agissait du sésame absolu !

Il lui a semblé deviner une ombre de désapprobation sur le visage de l'homme de la réception lorsqu'il a prononcé le nom de Jules Ormen. Qu'est-il devenu ? Lui qui était déjà très perturbé d'une façon générale, la mort de sa mère ne doit pas l'avoir arrangé.

Une minute plus tard, Paul se dirige vers l'ascenseur puis frappe à la porte de la suite occupée par Jules, au dernier étage. Revêtu d'une robe de chambre rouge et noire, Jules tient une coupe de champagne à la main.

— *Hi*, Paul. Tu t'appelles Ormen-Russier, maintenant ?

Paul, intimidé, détaille les immenses bouquets de fleurs. Des fleurs. Pour un homme.

— J'avais peur que tu ne te souviennes pas de moi.

— Imbécile !

Les deux garçons se dévisagent : ils ne se sont pas revus depuis les soixante-dix ans de leur grand-père, rue de Vaugirard, il y a quatre ans. Jules a du mal à reconnaître son cousin.

— T'as changé…

— Toi aussi…

En fait, Jules n'a pas vraiment changé. Plus maigre, peut-être. Le regard plus mobile, plus fiévreux. Quel âge a-t-il, aujourd'hui ? Vingt ans ? Vingt et un ans ?

— Tu arrives d'Am… des États-Unis ?

— Correct. Los Angeles. Je crois que je vais m'installer à Paris.

— Tu n'étais pas bien, là-bas ?

Paul se traite intérieurement d'abruti. Il a vraiment le génie pour les questions à la con !

— Si, répond Jules, j'étais bien. Mais j'ai fait des conneries. Il a fallu que je me tire vite fait. *You see* ?

Par coquetterie ou par provocation, Jules parle le

français avec un accent américain très chantant, très cinéma. Il ne semble pas particulièrement affecté par la mort de sa mère. Mais peut-être fait-il le beau pour donner le change ?

— Qu'est-ce que tu comptes faire ?

Jules ne répond pas, il entraîne son cousin vers le salon où la télévision est à plein volume. Des paillettes scintillent sur l'écran, du rose, du vert.

— C'est La Cinq, dit Paul, c'est une nouvelle chaîne.

— Nous, à L.A., des chaînes, on en a à la pelle, répond Jules.

« L.A. », songe Paul, ça doit vouloir dire Los Angeles. Est-ce qu'on dit « N.Y. » pour New York ?

— Alors, que vas-tu faire ? demande-t-il. Tu tiens le coup ?

— Tu parles, répond Jules, je suis la Bank of America à moi tout seul ! Mais je vais tout claquer. Je n'en veux pas, de ce fric. Je vais dilapider l'héritage jusqu'au dernier dollar. Ici, chez Castel, chez Régine, aux Bains-Douches, dans les restos. Ça va être coton, il y en a pour des millions et des millions.

Impressionné, Paul saisit la coupe de champagne que lui tend son cousin. Tout le monde a toujours dit que le fils de Marie était aussi fou qu'elle ; il en a la confirmation. Il le regarde sortir une petite boîte argentée de sa poche, l'ouvrir, étaler une poudre blanche sur la table basse en verre.

— Dans ma veste, ordonne Jules, une carte de crédit. Magne-toi !

Paul s'active, sort une carte American Express du portefeuille.

— La paille, dit Jules. Sur le buffet.

À l'aide de la carte, son cousin transforme le petit tas de poudre en une longue ligne blanche, saisit la paille, sniffe un bon coup.

— À toi, dit Jules. Suis le rail.

Paul hésite.

— Tu ne risques rien, la coke, c'est naturel. Il y en a même dans le Coca-Cola !

Paul s'exécute. La paille, le sniff, ça chatouille un peu. Son cœur bat la chamade. Qu'est-ce qui va se passer ? Attentif à tout changement de son état corporel, il sent peu à peu son esprit prendre de la hauteur. Tout lui semble simple, aisé. Et dans une totale lucidité. « *Hou ! Hou ! Hou ! Hou ! / I am the king of the divan / Ça plane pour moi !* » Il se contemple dans la glace, se met à rire : les images de sa séquestration s'imposent à lui, précises, dans le moindre détail. Puis les mots de Valentine : « Il n'y a pas eu de rançon. » C'est ce qu'il a dit, le Bertrand Salis ! Paul ricane. Il n'a jamais pu piffrer le vieux. Le fils non plus, d'ailleurs.

— Ça va ? demande Jules.

— Ça baigne, répond Paul.

— On va bien se marrer, ajoute Jules. On va tout claquer. Tu vas m'aider ?

Paul respire profondément. Il ne s'est jamais senti aussi bien.

— Tu peux compter sur moi, mec.

— *Is it true ? Cross my heart and hope to die !* Croix de bois croix de fer, comme on dit ici ?

— À la vie à la mort.

— On n'est pas forcé d'aller jusque-là, fait remarquer Jules.

— T'as raison. Alors à la vie !

Paul se rend à la fenêtre, se lève brusquement, contemple la place Vendôme.

— À la vie, dit-il en levant son verre. *Cross my heart and hope to die !*

*

— C'est à cette heure-ci que tu rentres ?

Delphine éteint la télévision.

— J'étais au cinéma, répond Paul, *Out of Africa*, avec Vava.

— C'était bien ?

— Elle a pleuré. Papa a appelé ?

— Il rentre demain. Je te fais couler un bain ?

Paul se rend dans la cuisine, ouvre le réfrigérateur, sort la bouteille de Coca. Jamais il ne reprendra de cette saloperie : pendant une heure, il est resté assis sur un banc de métro, en sueur, à attendre que les effets s'estompent.

— Non, merci. J'ai faim.

— On va grignoter un morceau dehors, ça te dit ?

— Non, j'aimerais mieux rester ici avec toi.

— Comme tu veux.

Delphine rejoint son fils dans la cuisine et commence à préparer une salade.

— Je sais des choses, dit Paul.

Delphine hausse un sourcil. Son fils est bizarre.

— Oui ?

— Des choses que vous m'avez cachées, poursuit Paul.

— Qu'est-ce que tu veux dire ?

— L'enlèvement. La rançon.

Delphine repose lentement la bouteille d'huile sur le plan de travail.

— Tu peux préciser ?

— La rançon, répète Paul assez sèchement. Pour me délivrer. Vous ne l'avez jamais versée.

— Qui t'a dit cela ?

— Mon petit doigt ! Je l'ai deviné !

Delphine s'interroge. Qui ? Les Salis, ça ne peut être qu'eux.

— C'est Valentine ?

Paul ne répond pas. Il attend. Sa mère détourne son regard, cherche ses cigarettes. Que dire ? Comment lui expliquer ce qui s'est passé sans renier sa parole, sans mettre Angelo en danger ?

— J'ai le droit de savoir, insiste Paul, l'œil mauvais. Je n'ai plus dix ans.

Delphine s'efforce de ne pas trembler.

— Tu sais, chéri, il y a parfois des choses dont on ne peut pas parler. Parce qu'on a donné sa parole. Parce qu'on mettrait quelqu'un en danger. C'est vrai, il y a des choses que tu ignores. Mais fais-moi confiance, vraiment, nous ne pouvions pas t'en parler.

— Et maintenant ?

Delphine hésite. Non, elle ne peut pas révéler le rôle d'Angelo. Impossible. Elle passe ses mains sous l'eau, se rafraîchit le visage.

— Je vais t'expliquer, dit-elle. Fin 1980, quelques mois avant le tien, il y a eu un enlèvement d'enfant en Italie. La famille avait choisi de payer. Trois jours après le versement de la rançon, on a retrouvé la petite fille dans une cave : elle était morte, ils l'avaient exécutée d'une balle dans la nuque.

Paul déglutit difficilement. Dans la nuque…

— Alors, tu vois, lorsqu'ils ont réclamé une rançon, j'ai déclaré aux ravisseurs que nous avions réuni l'argent mais qu'ils ne l'auraient pas. Je leur ai dit que si quoi que ce soit t'arrivait, nous consacrerions tout cet argent à les traquer, à mettre un contrat sur leur tête, à les faire exécuter. C'était épouvantable mais je sentais que c'était la seule chose à faire…

Paul sent quelques gouttes de sueur ruisseler entre ses omoplates. Dans la nuque…

— Pourquoi m'avoir menti ?

— Nous pensions, ton père et moi, que tu étais un peu jeune pour comprendre ma décision. Nous avons eu peur… j'ai eu peur de te faire horreur, que tu puisses penser que j'avais joué aux dés avec ta vie.

— Et ce n'est pas un peu le cas ?

Delphine en pleurerait. Jamais il ne lui a parlé aussi sèchement.

— Payer la rançon, c'était jouer aux dés de la même façon. Ta seule chance de survie, j'en étais persuadée, c'était ma détermination.

— Tu me dis tout, là, tu ne me caches rien ?

Delphine hoche la tête.

— Tu mens ! Je ne te crois pas ! Aucune mère ne ferait une chose pareille.

C'est vrai, aucune mère ne ferait une chose pareille, et pourtant elle l'a fait. Parce qu'il y avait Angelo et qu'elle avait confiance en lui, une confiance totale.

— C'est pourtant la vérité !

Paul frappe du pied sur le sol, buté.

— Non, c'est faux. Il s'est passé quelque chose et tu refuses de m'en parler ! Ce « quelqu'un » que tu ne veux soi-disant « pas mettre en danger », qui c'est ?

La mère et le fils s'affrontent du regard.

— Tu es là, dit-elle, tu es vivant, j'ai tout fait pour toi, je n'ai pas de comptes à te rendre !

— Je demanderai à papa, il me dira, lui.

— Il ne te dira rien du tout. Il te dira la même chose que moi !

— Pourquoi ? Tu lui as fait la leçon ? Tu crois que je suis aveugle ? Depuis le… depuis l'accident, tu régentes tout, tu décides tout, il n'a plus son mot à dire, tu en as fait une chiffe molle !

Delphine lève la main, hésite à gifler son fils. Paul n'a pas esquissé le moindre geste pour se protéger.

— Tu t'en fous de ce que je peux ressentir. J'en ai marre de tout ça, j'en ai marre de toi, je me tire !

— Et tu vas où ?

— Chez papy, dans le Donjon, il a toujours dit ce serait pour moi.

— Il n'en est pas question ! Tu sais quel âge tu as ?

— Et alors ? Tu avais quel âge, toi, quand tu t'es installée là-haut ? Et papa ? À quatorze ans, il dormait je ne sais où, dans les rues, avec son pote Mouloudji !

Paul prend son manteau dans l'entrée, évite de croiser le regard de sa mère et sort en claquant la porte. Delphine, en larmes, va s'asseoir sur le tabouret près du téléphone. C'est trop injuste. Elle saisit le combiné, appelle son père rue de Vaugirard.

— Papa ?

— Bonjour, ma chérie.

— Papa, rends-moi un service. Je me suis disputée avec Paul, il a dit qu'il venait vous voir, qu'il voulait dormir dans le Donjon, appelle-moi dès qu'il arrive, je suis inquiète, je voudrais être sûre qu'il est chez toi.

— Pas de souci. Je demande à Ariane de préparer le lit. Grave, la dispute ?

— Je ne sais pas. Quelqu'un lui a dit qu'on n'avait pas payé de rançon, que j'avais mis sa vie en danger, ce n'est pas toi ?

— À ton avis ?

— Excuse-moi, papa.

— Je t'appelle dès qu'il arrive. Ne t'affole pas trop, ma chérie ; on se serait bien passé de cette révélation mais ça finira par se calmer.

Delphine raccroche et retourne dans la cuisine. Elle contemple le chou, les carottes, les dés de jambon. Pas faim. Envie de rien. Ni de manger, ni de regarder la télé. Et Olivier qui n'appelle pas, alors qu'il avait promis. Et Antivol qui s'est encore barré. Foutue journée.

*

(Vendredi 9 mai 1986)

Pour un vendredi soir, Castel n'est pas totalement bondé. Jules va serrer la main d'un grand type aux cheveux mi-longs, fait les présentations.

— Voici Frédéric, dit-il à son cousin. Un roi de la nuit, le fondateur du Caca's Club. Un copain. Un copain de fraîche date mais un copain.

Paul réprime un sourire. Le Caca's Club !

— Ne riez pas, jeune homme, dit Frédéric. Le Club des Analphabètes Cons mais Attachants est un club très sérieux. Quel âge avez-vous ?

— Dix-sept ans.

— On n'est pas sérieux quand on a dix-sept ans ! comme dirait Rimbaud. Venez ! Dans ce café tapageur aux lustres éclatants… je vous offre une bière !

J'y suis, songe Paul. Dans ce long pourrissement

libéral de l'après-1968 dont parle papy. Ce rouge, ce doré en guise de maquillage. Qui sont tous ces gens ? Sont-ils réels ?

Il reconnaît un présentateur vedette de la télé et un acteur dont il a oublié le nom. Dans l'atmosphère étincelante de la rue Princesse, Paul hésite entre répulsion et fascination. Si ses parents savaient où il traîne, ça barderait.

— J'adore Jules, poursuit Frédéric en posant une main sur son épaule, ton cousin est génial. La folie de sa mère, le mystère de son père, une petite touche personnelle, le cocktail est divin.

Verre à la main, sourire crispé aux lèvres, Paul tente de suivre. Son cousin semble aussi à l'aise que s'il était chez lui. Il l'est, sans doute. En deux mois, Jules Ormen s'est fait un solide prénom dans les lieux branchés de la capitale et une sérieuse réputation de distributeur de billets de cinq cents, au point d'être surnommé « DAB » dans les journaux à sensation. Il ne les brûle pas, comme Gainsbourg, il les donne.

— Viens, dit Jules, on va dîner peinards en haut. Et si on rencontre ton Salis, je lui fous mon poing sur la gueule !

Durant une soirée un peu trop arrosée dans une boîte des Halles, Paul s'est épanché auprès de son cousin. François, Anne, Sébastien. Le scandale. La faillite de l'agence, la dépression de son oncle.

— *Too bad !* reprend Jules à peine attablé, j'aurais pu la racheter, moi, leur agence de pub ! Bon, fini de gémir, *what are you having* ? Et toi, dans la famille, comment ça va ?

— Bien. Grand-père est génial. Et Ariane aussi. Ils ont persuadé ma mère de me laisser habiter le

Donjon. Ils sont aux petits soins. Alors, tu vas vraiment acheter cette maison ?

— *Fuck that !* « La propriété, c'est le vol », comme a dit… je ne sais plus qui !

Paul éclate de rire.

— Oui camarade, mais n'oublie pas que « le vol est révolutionnaire » ; à toi de tirer la conclusion !

Mercredi dernier, Jules l'a entraîné à Montmartre pour visiter une maison près de la rue Lepic, deux cent cinquante mètres carrés sur trois étages avec ascenseur, salle de projection 35 mm et jardin privé. Il parle d'engager un valet de chambre philippin, une cuisinière et un chauffeur.

— On va bien se marrer, ajoute-t-il. Montmartre, pour les fêtes, ça va être d'enfer.

Paul s'assombrit.

— Pour passer en terminale, ça aussi, ça va être l'enfer. C'est sûr et certain, à moins d'un miracle, je vais me faire rétamer. Et ma mère va hurler.

— Moi, ma mère, elle ne m'engueulait jamais. J'aurais bien aimé, mais quand je la voyais, ce qui était rare, elle était OK sur tout.

Paul est sidéré. Comment son cousin peut-il évoquer avec autant de détachement sa mère qui s'est suicidée il y a un an à peine ?

Jules semble avoir deviné ses pensées.

— Ne cherche pas à comprendre… *This is my own story…* Quand tu es parti vivre rue de Vaugirard, pourquoi vous vous engueuliez, avec ta mère ?

— C'est une longue histoire. Lorsque j'avais douze ans, j'ai été kidnappé. Ma mère sait des choses sur les circonstances de l'enlèvement et elle refuse de m'en parler.

— Tu as été enlevé ? Mais c'est génial ! Moi, on n'a jamais cherché à m'enlever ! Pourtant, ma mère pouvait payer !

— Ce n'est pas moi qu'ils visaient, explique Paul. C'était Valentine, la petite-fille de Bertrand Salis, symbole du grand capital ! C'était politico-mafieux, comme dit mon père.

— Ouais. Moi, ma mère, elle n'était pas capitaliste. Elle était artiste. C'est peut-être pour ça. Tiens, assieds-toi là.

— Un peu capitaliste quand même, avec tout l'argent qu'elle t'a laissé… Si j'avais ton fric, je ne sais pas ce que je ferais. Si, je sais. J'achèterais des tableaux, j'aurais mon musée, un musée personnel rempli de Cézanne, de Bonnard, de Seurat.

— Connais pas.

— Tu ne sais pas ce que tu perds. La peinture, ce n'est pas compliqué…

— D'accord, tu vas m'expliquer. Mais avant, laisse-moi commander.

Une heure plus tard, un garçon dépose sur la table une troisième bouteille de vin. Paul flotte sur un nuage. De Cézanne, il est passé à Pissarro, de Pissarro à Monet, de Monet à Renoir, de Renoir à Belmondo expliquant les couleurs à Karina dans *Pierrot le fou*. Jules a suivi l'exposé avec attention, arrosant copieusement les évocations de Montmartre ou de Giverny avec le saint-julien.

— Je suis raide saoul, fait remarquer Paul. Je vois double, je vois deux filles. Fais comme de si rien n'était, mais elle s'est assise à notre table.

— C'est normal, répond Jules. Elles sont deux. Et je les ai invitées à trinquer et à partager notre fin de soirée. L'une, c'est Clara. L'autre, c'est Caroline. Des œuvres d'art… à leur manière. *Girls*, je vous présente mon cousin Paul.

— Enchantée, dit la blonde.

— Les musées, déclare Paul d'une voix pâteuse, c'est bien joli, mais c'est très mal gardé. Je te parie un truc : je vais voler une œuvre d'art dans un musée, sans me faire choper.

Jules fait le service, verse le vin équitablement en surveillant de près le niveau des verres.

— Bonne idée. Je suis avec toi. Vous entendez, les filles ? On va se faire un musée, c'est plus marrant qu'une banque !

— Et toi, ajoute-t-il à voix basse en se penchant vers Paul, laquelle tu veux te faire ? La brune ou la blonde ? Ou les deux à la fois ? Tu choisis, c'est pour toi.

*

(Mercredi 4 juin 1986)

Les yeux ouverts et le regard triste. Mon Dieu, quelle grâce et quelle tristesse… Paul contemple le masque de Camille Claudel. Quel âge avait-elle lorsqu'elle est entrée pour la première fois dans l'atelier de Rodin ? Vingt ans ? Et moi, songe-t-il, j'ai quel âge ? L'âge de faire des conneries, ça c'est sûr. Pourquoi suis-je allé jusqu'au bout ? Pour épater Jules ? Pour jouer mon avenir à pile ou face ?

Avec d'infinies précautions, il enveloppe le masque dans une serviette de toilette, surprotège le paquet dans un petit édredon, glisse l'ensemble dans son sac de sport puis descend par l'escalier intérieur.

— Te voilà, brigand !

— Bonjour, papy !

— Tu me fatigues, Paul. Je te l'ai déjà dit, cesse de me vieillir, appelle-moi Pierre, monsieur Ormen, Ducon ou mon général, mais pas papy.

— Oui, Monsieur. Très bien, Monsieur.

— Qu'est-ce que tu fais là ? Tu as faim ? Tu as besoin d'argent ? Tu as besoin d'amour ? Quoi qu'il en soit, n'oublie pas ce soir, ne sois pas en retard. Le diable et le bon Dieu, on va bien s'amuser.

Tous les derniers mercredis du mois, sur les conseils de son petit-fils, Pierre organise un « dîner improbable » autour d'un binôme sulfureux. Ce soir, il réunit une dizaine de personnes autour de Simone Veil et du révérend père Ambroise-Marie Carré. Seront également présents un tout jeune président de chambre de la Cour des comptes que Pierre aime beaucoup et la future directrice du musée d'Orsay, Françoise Cachin, que Paul espère avoir près de lui. Si nécessaire, il changera subrepticement le plan de table.

— J'ai encore eu ta mère, dit Pierre. Elle s'inquiète.

Et encore, elle ignore qu'elle aurait quelques raisons supplémentaires de se faire du souci, songe Paul. Depuis qu'il a emménagé, Delphine appelle Vaugirard tous les jours pour savoir si tout va bien, s'il travaille, s'il mange bien, s'il se couche tôt… il faut qu'il soit en forme pour son bac français.

— Comment va grand-mère ?

— Elle dort. Allez, file !

Paul quitte l'appartement et, sac de sport à la main, dévale les escaliers en négligeant l'ascenseur. Dans la rue de Vaugirard, un printemps timide pointe son museau. Paul tourne la tête vers sa gauche, repère le 84 qui vient de passer devant le Sénat, court vers l'arrêt de bus. Installé à l'avant, sac sur ses genoux, il se remémore sa lamentable équipée : voler une œuvre d'art, c'était facile à dire, mais comment faire ? Après une longue étude, il a choisi le musée Rodin, rue de Varenne, un lieu qu'il connaît bien et où il n'est pas très compliqué de se laisser enfermer dans le parc. Profitant de trois jours de fermeture pour travaux, affublé des nippes du parfait peintre en bâtiment, il est parvenu sans trop de difficultés à dérober un Rodin, un masque de Camille Claudel moulé sur terre, une pièce de 1884 ayant essentiellement une valeur historique, une merveille esthétique, difficilement revendable. Gloire passagère et imméritée : le vol a fait ce matin l'objet d'un article dans *Le Parisien* : « Vol au musée Rodin, le commissaire Salvador, de l'OCBC, est chargé de l'enquête. »

Parvenu à Saint-Augustin, Paul change de bus, prend le 80, descend à Cimetière-de-Montmartre et se rend chez Jules, rue d'Orchampt. Kim, le boy philippin qui ne sourit jamais, lui ouvre la porte et le précède dans le jardin. Jules termine son petit déjeuner.

— Tu as vu, dit Paul, je suis dans le journal !

Jules, maussade, parcourt l'article.

— Tu veux vraiment le rendre ? demande-t-il.

— Oui. À l'OCBC.

— C'est quoi, ce truc ?

— L'Office central de lutte contre le trafic des biens culturels.

— C'était bien la peine de le voler, dit Jules

en allumant une cigarette. On ne peut pas le garder ? Je le mettrais au mur du salon. Ou dans les chiottes.

— Pas question. C'était vraiment une connerie, je vais le rendre avant que ça ne tourne mal. Et toi, ton projet ? Ça avance ?

Jules lui confie qu'il est en bonne voie. Encore quelques années et il n'aura plus rien. Plus un sou.

— Pourquoi fais-tu ça ? demande Paul en s'asseyant près de lui puis en se servant du café.

— Je ne veux rien devoir à ma mère.

Paul contemple son sac avec mauvaise humeur. Oui, c'était un pari idiot. Et son cousin est tout aussi idiot de se détruire ainsi. À se farcir les narines à longueur de journée, il est de plus en plus maigre, ça devient inquiétant.

— On se voit ce soir ? demande Jules.

— Non, pas ce soir. J'ai un dîner chez le général.

Jules ricane. Le général.

— T'en as pas marre d'être le petit-fils préféré, le chouchou à son papy, le petit prince du Luxembourg ?

— Tu peux parler, toi ! Ariane n'en a que pour toi. Mon Jules par-ci, mon Jules par-là…

— C'est parce qu'elle a l'habitude des bonnes œuvres. Elle est toujours du côté des plus malheureux.

— Petit malheureux ! Avec tout ton fric, tu ne crois pas que tu charries un peu ?

— Ce n'est pas un problème d'argent, *my friend*. Mets-toi ça dans ton crâne de piaf !

— Alors tu manques d'amour, dit Paul en se souvenant de la question de son grand-père. Si on recherchait celle qui te rendrait heureux ? Elle doit bien exister quelque part, non ?

— Ouais. Dans un film.

— On pourrait faire comme le masque, suggère Paul, on se laisse enfermer dans le film, et hop ! on enlève la vedette !

— Toi, t'es allé voir le Woody Allen !

— Oui, avec Valentine.

— Mais ma parole, vous vivez ensemble ! Tu vas finir par l'épouser !

— Ça y est, la drogue t'attaque le cerveau !… Ceci dit, elle est vraiment charmante. Et intelligente avec ça. On devrait la sortir, l'emmener avec nous de temps en temps… avant que tu ne sois ruiné.

— Elle est trop jeune.

— Pas tant que ça ! Bientôt quinze. Et elle en paraît dix-huit.

— On verra. On n'est pas bien tous les deux ?

*

— Qui ça ?

— Le commissaire Salvador…

L'antenne de l'OCBC est vraiment très discrète et l'article de journal n'indiquait pas son adresse exacte. Avant de trouver, Paul a arpenté la rue de Penthièvre pendant un long moment.

— Et qu'est-ce que vous lui voulez, au commissaire Salvador ?

— C'est au sujet du musée Rodin.

L'homme qui lui fait face n'a pas du tout l'air d'un policier. Très jeune, les cheveux longs, les ongles négligés. T'as pas le look, coco, murmure Paul entre ses dents, histoire de se donner du courage.

— Et qu'est-ce qu'il a, le musée Rodin ? demande

le policier en refermant un dossier d'un claquement sec. Il a disparu pendant la nuit ? Il s'est mis à penser ?

Paul sourit poliment.

— Je suis l'inspecteur Prouvost, poursuit l'homme. Vous avez une déposition à faire ?

— Je veux parler au commissaire Salvador. C'est personnel.

Une porte s'ouvre.

— C'est quoi, Michel ? Qu'est-ce qu'il veut, le môme ?

Le commissaire Salvador est un homme d'une quarantaine d'années, visage bronzé, légèrement empâté. Il porte un costume de bonne coupe, des lunettes cerclées d'acier et des chaussures de prix. Il dévisage Paul attentivement, sort un cigarillo, l'allume.

— T'es qui, toi ? Qu'est-ce qu'il y a de si important ?

— Je préfère vous parler dans votre bureau.

— D'accord, mon petit bonhomme… si on peut appeler ça un bureau. Mais j'espère que tu ne me fais pas perdre mon temps.

La pièce ressemble effectivement à une cabine de douche. En moins propre.

— Assieds-toi !

Paul cherche un siège des yeux, n'en trouve pas. Il pose son sac sur le bureau, dégage l'édredon, enlève la serviette, sort le masque de Camille Claudel.

— Voilà !

Le policier pose son cigarillo dans le cendrier, examine l'objet avec attention.

— Tu sais ce que c'est ?

— Oui.

— Et où t'as trouvé ça ?

Paul avale sa salive. On y est. Il aimerait bien pouvoir s'asseoir.

— Dans le métro. Le masque était dans la serviette.

Le commissaire soulève le masque, l'examine sous tous les angles. Pas de bobo.

— Tu te fous de moi ?

— Je vous assure, je l'ai trouvé à la station Varenne, c'est juste à côté du musée.

— Et alors ?

— Alors je ne sais pas ! Peut-être le voleur l'a-t-il oublié sur le banc…

Salvador examine Paul d'un air inquisiteur.

— Tu te fous vraiment de ma gueule. Tu as quel âge ?

— Dix-neuf ans.

— Combien, tu as dit ?

— Dix-sept et demi.

— Quel lycée ?

— Charlemagne. En première.

— Et qu'est-ce qu'on sait de Camille Claudel, en première ?

Paul sourit. Attends un peu ! Tu vas voir, mon bonhomme !

— Elle fut l'élève de Rodin, quand celui-ci prit la place d'Alfred Boucher dans son cours pour jeunes filles, Boucher ayant reçu le prix de Rome et s'étant installé à la Villa Médicis. Rodin l'aima éperdument et, très vite, l'élève égala le maître. Elle l'a aidé à réaliser *Le Baiser* et *La Porte de l'enfer*. Sa mère était une salope, qui la fera interner à l'asile de Ville-Évrard. Elle mourra folle. Ma grand-mère dit que c'était une grande féministe, car elle a défié la morale sexiste du monde de l'art de son temps en sculptant le nu avec la même liberté que les hommes. Elle était géniale, cent fois plus géniale que son frère Paul.

Salvador émet un petit sifflement ironique.

— Je vois, dit-il. Monsieur est en avance sur son âge. Monsieur connaît l'art et la littérature. Monsieur est peut-être également très fort en gymnastique et en escalade de murs, ce genre de trucs…

— Ce n'est pas moi, je vous l'ai dit.

— Bon, d'accord. De toute façon, à ton âge, tu ne risquais pas grand-chose. On va prendre ta déposition, tes conneries de métro, tout ça. Qu'est-ce que tu veux faire plus tard ?

— Redoubler ma première, probablement.

Salvador examine son cigarillo d'un air dégoûté, sort son briquet, le rallume.

— Montre-moi tes papiers.

Paul sort sa carte d'identité, la tend au commissaire.

— Paul Russier dit le Fortiche. Habite au 2, rue Brisemiche, le quartier des tire-lattes et des argousins. Bon, mon petit Paul, on va se faire ça entre quatre z'yeux. Un, ça reste entre nous, deux, tu me dis tout. Question numéro un, pourquoi ?

Paul hésite un instant puis se décide : le policier lui inspire confiance.

— Un pari, répond-il. Un pari idiot.

— Bien. Question numéro deux, pourquoi ce masque-là ? Il y en a d'autres, là-bas…

— Je peux vous faire une réponse en avance sur mon âge ?

— Essaie toujours.

— C'est probablement le premier moulage effectué par Rodin du visage de la femme qu'il aime. Et ça se voit.

Le commissaire Salvador le regarde fixement.

— Paul Russier, c'est ça ?

— Oui, Monsieur.

— On se reverra, jeune homme.

*

(Vendredi 27 juin 1986)

Ce n'était pas écrit mais le miracle est survenu. Admis en terminale A avec des notes tout à fait acceptables dans ses matières les plus faibles. Paul exulte. Dans une semaine, il part pour Noirmoutier avec son père et Valentine. Jules a promis de les rejoindre pour quelques jours, dans l'immense break Mercedes toutes options qu'il s'est acheté il y a trois jours. Avec lui, ils rejoindront ensuite la Provence, deux jours de voyage, pour retrouver Delphine chez les grands-parents, à Villecroze, au Pas Perdu.

— Et si on installait le téléphone au Donjon en septembre ? suggère Delphine.

Olivier a dressé la table au milieu de la cour, Antivol se prélasse paresseusement au soleil.

— Papy ne veut pas, jette Paul en déplaçant le parasol.

Son grand-père a bon dos et se fiche totalement de cette histoire de téléphone. Mais lui n'entend pas donner à sa mère la possibilité de l'appeler à toute heure du jour ou de la nuit.

— Tu aides ta grand-mère, au moins ?

Paul arbore un charmant rictus.

— Mais oui, maman. Je l'aide à faire ses courses, je l'accompagne chez le coiffeur, je l'accompagne au jardin, parfois même à Fontenay, je suis le petit-fils modèle.

— Et Pierre ? demande Olivier. Ça va mieux, la jambe ?

Pierre marche désormais avec une canne : sa vieille blessure à la jambe gauche récoltée au front en septembre 1939 dans la région sarroise s'est réveillée. Ses articulations le font souffrir, ce qui inquiète Ariane.

— Elle ne l'empêche pas de se rendre à pied tous les jeudis quai de Conti, fait remarquer Paul. Il y va pour le dictionnaire. Mais je soupçonne papy d'y écrire plutôt son courrier durant les séances.

Olivier, fasciné, contemple son fils avec admiration. Il sait tout, il sent tout, il comprend tout. Il se lève, ça fume. La vieille grincheuse du premier va encore râler, elle ne supporte pas l'odeur des merguez. Delphine s'approche, lui tend un verre de vin. Il pose le verre sur la table, l'enlace et l'embrasse dans le cou.

— Tu sens bon, dit-il.

Delphine se blottit contre lui.

— Tu devrais me dire ça plus souvent, ça me fait fondre.

— Je te le dis quand tu dors.

Elle rit. Il est difficile à vivre mais elle l'adore.

— François vient-il, finalement ? demande-t-il en retournant les saucisses.

— Oui, répond Delphine. Et nous serons peut-être cinq : il est possible que Valentine vienne avec lui.

— Comment va-t-il ?

— Beaucoup mieux. Trois semaines de cure de sommeil, c'est comme une épreuve : quand tu t'en sors, ça te rend plus fort. Et puis, comment ne pas aller bien lorsqu'on a à ses côtés une femme comme la sienne ? Elle est belle, elle est douce, elle est intelligente, elle a du talent et en plus, elle l'aime.

— Comme toi, ma chérie.

— C'est cela. Je crois qu'elle reprend le théâtre à la rentrée, un vaudeville de Feydeau. À propos de rentrée, ça me fait penser aux vacances. J'ai cru comprendre que Jules passait vous voir à Noirmoutier, je me trompe ?

— Non, répond Paul. C'est bien ça.

— Il a son permis ?

— Non. Mais il a Kim. Son secrétaire-chauffeur-cuisinier-confident. Aussi aimable qu'une porte d'hôpital.

— Ça me fait penser à un kakemphaton, dit Olivier déposant les couverts sur la table.

— Ka quoi ?

— Kakemphaton !

— Connais pas, dit Paul. Ça se mange ?

— Pauvre ignorant. C'est une figure de style. Le kakemphaton est la rencontre de sons qui engendrent un résultat ridicule ou malsonnant. Je prends un exemple. Imagine que Kim Il-sung ouvre ses frontières, offre sa bombe atomique au Secours catholique et organise des élections libres en Corée du Nord. Tu verras aussitôt des millions de Coréens se lever et s'exclamer : « Mais qu'a Kim ? »

Paul sort son petit carnet, note le mot à l'aide d'un minuscule crayon.

— Pas mal. T'en connais d'autres, comme ça ?

— Oui. Mais pas aujourd'hui. Sers-moi un verre de vin, s'il te plaît.

— Je n'aime pas trop que tu traînes avec lui, dit Delphine.

— Kim Il-sung ?

— Ne fais pas l'imbécile ! Tu sais très bien de qui

je parle. Je n'apprécie pas du tout son attitude, ce suicide financier, c'est une forme d'injure envers Marie. J'ai entendu des bruits qui courent sur lui. L'alcool, la drogue, ne me dis pas que tu touches à cela.

Paul saisit la bouteille de rosé, emplit le verre de sa mère.

— Mais non, maman. Et tu te trompes sur Jules. C'est quelqu'un de très bien, très généreux. Il est malheureux, c'est tout.

— J'espère qu'il n'est pas feignant, laisse tomber Olivier. Il faut repeindre le canott'. Et les volets de la maison.

— Il est génial, renchérit Paul. Vraiment drôle. Tu vas voir.

Paul feuillette son carnet.

— Laisse-moi voir, dit-il, je l'ai noté quelque part. C'était il y a trois jours, chez lui.

Non, ce n'était pas chez lui, mais chez Castel, pour fêter son entrée dans le Caca's Club. Mais ça, ça ne les regarde pas.

— Alors ? dit Delphine.

— C'est à propos des taxis, il en prend souvent et il a sur eux une opinion très arrêtée : à Los Angeles, ils sont jaunes, à Londres, ils sont noirs et à Paris, ils sont cons.

— Paul !

Olivier et Paul se tordent de rire, Antivol s'intéresse, Delphine secoue la tête avec commisération. Mon Dieu, qu'ils sont bêtes. Mon Dieu, qu'elle les aime.

*

(Jeudi 18 septembre 1986)

C'est une pensée obsessionnelle, quasi quotidienne, une vague récurrente dès le réveil et qu'il ne parvient pas à maîtriser avant d'avoir pris son café : combien vaut son Picasso ? Malgré lui, il ne cesse de supputer, de comparer, d'imaginer. C'est d'autant plus idiot qu'il n'a aucune intention de s'en séparer. Mais compter le rassure. Au cas où. On ne sait jamais. Selon ses estimations, *L'Heure bleue* vaudrait au bas mot vingt millions de dollars. Officiellement, évidemment. Sur le marché parallèle, la décote serait d'au moins quatre-vingts pour cent. Il pourrait donc en espérer deux à trois millions de dollars. Que fait-on de trois millions de dollars ? Rien. Rien de plus que ce qu'il a déjà.

Amédée enfile sa robe de chambre en cachemire, quitte le bureau qu'il a aménagé en chambre le temps des travaux. Il se rend dans l'entrée, observe le palier par le judas, ouvre la porte et se baisse pour ramasser le journal que la concierge a déposé, parfaitement d'équerre, sur le paillasson. Il referme la porte, parcourt la une en se dirigeant vers la cuisine. Rue de Rennes, devant chez Tati, le nouvel attentat a fait une dizaine de morts, ça n'arrête pas depuis le début du mois. Qu'est-ce qu'ils veulent, ces Arabes ? Si ça continue, il va falloir rouler en voiture blindée. À propos de blindage, se dit-il en consultant sa montre, les ouvriers ne vont pas tarder.

Afin d'aménager sa chambre forte, son « musée », Amédée a amputé de cinq mètres carrés l'immense chambre à coucher pour construire une pièce secrète cachée derrière le dressing. Parfaitement dissimulée, dotée d'une porte blindée et d'une serrure à double code, la pièce est spécialement conçue pour abriter des tableaux de valeur : une bonne ventilation, une température constante de vingt degrés et cinquante pour cent d'humidité relative.

Évidemment, il y a le problème des ouvriers. Dans l'Antiquité, c'était facile, on les zigouillait après les travaux, mais aujourd'hui, malheureusement… Et la femme de ménage ? Il va falloir la licencier, en trouver une nouvelle. Quoi qu'il en soit, d'ici une semaine, il pourra rapatrier *L'Heure bleue* et les deux derniers tableaux qu'il lui reste de la collection Bronstein, le Bonnard et le Courbet. Et rien ne l'empêchera plus de les contempler à loisir. En attendant la fin des travaux, il s'est résolu à déposer à nouveau le Picasso à la banque. Une *Heure bleue* toute neuve. Ce très cher Dumoulin a été à la hauteur de sa réputation : il a opéré un refixage avec de la colle animale puis a restauré le soulèvement dans le plan à l'aide d'une spatule chauffante. Il a ensuite coulé des plombs spécialement adaptés pour maintenir la restauration. Impossible de repérer la petite réparation. Quant aux deux petits signes à l'encre sympathique qu'Amédée avait pris la précaution d'apposer, ils sont toujours là, au dos du tableau, invisibles et rassurants.

Il se rend dans la cuisine, met la cafetière en marche, feuillette *Le Figaro*, s'attarde sur les annonces immobilières et le cours des bourses. D'après Brignon, son conseiller financier chez Rothschild, il faut s'attendre d'ici peu à de sérieuses secousses sur les marchés asiatiques. Est-ce le moment de vendre ? Tasse de café à la main, Amédée va jeter un coup d'œil sur l'avenue Victor-Hugo. Sous un léger crachin, la circulation est bloquée. Il songe à Angerville, où il doit se rendre après le déjeuner. Qu'a-t-il été faire dans cette galère ? Le château prend l'eau, la chasse l'ennuie et la mairie encore plus. Il va vendre la baraque, il va démissionner, son premier adjoint sera ravi de prendre sa place.

*

Entre le 232, rue Saint-Denis et le 135, boulevard de Sébastopol, le passage Lemoine s'étire comme un long couloir reliant deux petites placettes situées au cœur de l'îlot. Lemoine serait le nom d'un ancien propriétaire, mais Delphine s'est inventé une histoire de moine défroqué qui aurait exercé dans le passage le métier d'usurier et aurait fini serial-killer de prostituées entre les deux guerres. Son bureau est situé à l'entrée du passage, côté Saint-Denis, une assez belle pièce au premier étage, très haute de plafond, qu'elle a repeinte en ocre et rouge. La boîte aux lettres, sur laquelle elle a scotché « Coco Bouda » ne ferme plus depuis longtemps et, comme d'habitude, la lumière de la cage d'escalier a encore sauté.

— Delphine ?

Elle tressaille, se retourne. Un homme est assis sur les marches, un chapeau cache son visage.

— Angelo ? C'est toi, Angelo ?

L'homme relève la tête, retire son chapeau. Angelo a vieilli, il a plutôt maigri, bronzage et grosses rides lui donnent l'aspect d'un flibustier fatigué.

— Bonjour, jeune fille…

Jeune fille tu parles, songe Delphine. Quarante-quatre ans ! Et lui ? Presque soixante !

— Viens, dit-elle en le prenant par la main, ne restons pas là.

Elle sort sa clé, ouvre la porte, s'efface pour le laisser entrer. D'où vient-il ? Que fait-il à Paris ? En cinq ans, elle n'a reçu que trois cartes postales. Dont la dernière était postée de Colombie.

— On se fait un thé ? propose-t-elle.

— Volontiers.

Les mains derrière le dos, Angelo fait le tour de la pièce, examine les albums disposés sur les étagères, les dessins en cours sur la planche à dessin, l'ordinateur Amstrad, les encres de Chine.

— Apolline ou Zaza ? La petite peste ou le petit bout de Zan ?

— Les deux. Je navigue entre deux eaux.

Angelo s'assied dans le fauteuil pivotant, allonge les jambes, soupire : plus il vieillit, plus Delphine rajeunit. Il saisit deux albums, les feuillette. Apolline est toujours la même ado d'une quinzaine d'années aux dilemmes existentiels et aux préoccupations futiles ; Zaza est une petite fille de huit ans, cousine parisienne de la Zoé américaine avec sa coiffure en boule, sa jupe longue et sa cravate.

— Toujours à *Libé* ?

— Non, c'est fini depuis longtemps. Je suis au *Matin de Paris*, mais ça va foirer. Ils vont faire faillite. De toute façon, j'en ai marre de la presse quotidienne, je crois que je vais me recentrer sur quelques magazines et sur les albums. Et toi, raconte ! Clandestin ou homme libre ?

— À moitié libre. Ton président a émis deux conditions : renoncer à l'usage de la violence et ne pas avoir de sang sur les mains. C'est mon cas. En Italie tout du moins. Donc, selon les textes, depuis l'année dernière, j'ai désormais accès au droit d'asile en France.

Delphine demande négligemment, en évitant de le regarder :

— Tu n'étais pas impliqué dans l'attentat de Milan, en 1970 ?

Angelo sourit.

— Delphine, s'il te plaît…

— D'accord, d'accord… Comment as-tu trouvé cette adresse ?

Angelo esquisse un geste évasif.

— Tu as un point de chute ?

— Non.

— Tu peux t'installer ici un moment, je te laisse le bureau, je travaillerai à la maison.

En guise de remerciement, Angelo hoche la tête. Puis, d'un coup de pied étudié, il impulse au fauteuil une lente rotation de trois cent soixante degrés.

— Comment va notre petit lord ? Il habite toujours chez son grand-père ?

— Comment sais-tu cela ?

Nouveau sourire. Delphine, énervée, se lève et va éteindre le réchaud Butagaz. Mystères et boules de gomme, comme autrefois. Il y a des moments où Angelo est à gifler.

— Toujours au Donjon, là-haut. Enfin, pas toujours : il est comme cul et chemise avec son cousin Jules, le fils de Marie, ils entraînent Valentine, c'est une très mauvaise fréquentation. Tu as appris pour Marie ?

Angelo acquiesce.

— Un cabinet juridique a appelé Pierre pour le prévenir que Jules dilapidait la fortune maternelle. Qu'il dépensait sans compter, qu'il vendait toutes ses actions, qu'il faisait n'importe quoi. Nous sommes tous très inquiets.

— Tu as une photo du petit ?

— Petit mais plus grand que toi. Là, à côté du téléphone.

Angelo détaille le portrait de Paul. Plus grand-chose à voir avec le gamin qu'il avait déposé devant la gare de l'Est.

— Beau garçon…

— Oui. Il fréquente également un commissaire de police, un nommé Dali, qui s'occupe des œuvres volées. Ce Dali s'est entiché de Paul, ils ne se quittent plus ; il va inviter Paul à l'inauguration du musée d'Orsay, quelquefois, je me demande si…

— Si quoi ?

— Non, rien. Tu as besoin d'argent ?

— J'ai ce qu'il faut, je te remercie.

Delphine hésite, puis se lance :

— Dis-moi, tu peux me le dire maintenant, l'enlèvement, c'était crapuleux ou politique ?

— Les deux.

— Et toi, tu as participé à des choses comme ça ?

— Des enlèvements, oui, dit-il. En Italie. Mais jamais des enfants.

Delphine passe derrière le fauteuil, immobilise Angelo en posant les mains sur ses épaules.

— Tu sais, je ne t'ai jamais remercié… Tu nous as sauvé la vie.

— Ne parlons pas de ça…

Delphine lui masse machinalement les deux trapèzes.

— C'était comment, en Colombie ?

— Ne parlons pas de ça non plus. D'ailleurs, ça n'était pas en Colombie.

— Bon, dit Delphine en reculant d'un pas, ça suffit. Toujours le même. Tu peux me dire ce que tu vas faire, au moins ?

— Je vais chercher un petit boulot, la nuit de préférence. Gardien de nuit dans un hôtel, ce serait bien.

Delphine contemple Angelo avec curiosité. Comment qualifier les sentiments qu'elle éprouve à son égard ? Existe-t-il un petit espace entre l'amour, l'amitié et le sentiment de fraternité ? Elle lui doit sans doute la vie de son fils. Et elle l'a aimé. Le premier homme avec lequel elle a partagé plus que le corps. Le premier avec lequel elle s'est sentie femme. Si Olivier n'avait pas eu son accident de voiture, elle serait peut-être encore avec lui. Non, sans doute pas. Ce n'était pas un homme, c'était une ombre.

Il semble deviner ses pensées, penche la tête, sourit.

— Tu n'étais pas un compagnon, dit-elle, tu étais une ombre. Injouable, camarade di Mascio, totalement injouable.

Angelo se lève, la prend dans ses bras. Elle est ce qui lui est le plus cher au monde. Peut-être même plus que la révolution.

*

(Samedi 16 mai 1987)

Valentine et Paul ont changé à Concorde et sont descendus au métro Abbesses. Paul joue les guides : la compagnie Nord-Sud, les deux escaliers en colimaçon, l'édicule Guimard provenant de la station Hôtel-de-Ville… Dans le square Jehan-Rictus, les arbres sont en feuilles, sur la place, l'Armée du salut concurrence sans vergogne trois musiciens de jazz – dont un piano – installés devant la terrasse du Baroudeur.

— Tu comptes rester au Donjon jusque quand ? demande Valentine.

— Pourquoi ? Tu as des vues ?

— J'aimerais bien.

— Tu es la première sur la liste, mais ne te fais pas trop d'illusions : j'y suis pour un bon moment.

— Et ton bac ? C'est dans un mois !

— Pas de souci. Je l'aurai. Et toi, ton bac français ?

Valentine hausse les épaules et s'abstient de répondre. Elle figure parmi les meilleurs élèves du lycée. Ils contournent le manège pris d'assaut par les enfants, remontent tranquillement la rue Ravignan.

— C'est quoi, ton interview ?

— Le journal du bahut. J'ai proposé un article sur Marie Ormen. Jules a dit d'accord. C'est gentil. Je sais qu'il n'aime pas aborder le sujet.

— S'il est de bonne humeur, ça devrait aller. Et si les pique-assiette de service ont quitté les lieux.

— Pique-assiette ?

— Tous les vendredis soir, c'est la grosse nouba ; on dirait que tous les gens branchés de Paris se donnent rendez-vous à Montmartre. Je n'y vais plus, certains sont tellement amochés qu'ils dorment un peu partout dans la maison. Je ne comprends pas Jules, qui laisse faire tout et n'importe quoi. Ils profitent de lui comme il n'est pas permis, j'en suis malade.

Dans la rue d'Orchampt, une vingtaine de personnes piétinent devant le 11 bis, se haussent sur la pointe des pieds, se tordent le cou dans l'espoir d'apercevoir on ne sait quoi.

— Dalida, explique Paul en appuyant sur la sonnette, deux maisons plus loin. Elle habite là. Elle habitait là.

La porte s'ouvre. Le regard de Kim transperce Valentine : c'est la première fois qu'elle met les pieds chez son cousin. Il s'incline, les précède à travers un dédale de petits couloirs, de paliers de différents niveaux, emprunte un escalier menant à une mezzanine-bibliothèque, redescend, les conduit jusqu'au salon-verrière dans lequel, allongé sur un canapé, Jules lit le *Voyage*.

Paul hausse un sourcil interrogateur. Céline ! Nouveau et intéressant, comme dirait *Actuel*.

— Je vais me taper tous les écrivains ayant habité Montmartre, explique Jules en se levant. Céline, Marcel Aymé, Dorgelès, Courteline, j'alternerai les marrants et les moins marrants, comme ça, ça passera mieux.

Valentine sourit et examine la pièce. Un piano, une cheminée centrale, des coussins par dizaines à même le sol. Une sorte de sas donne accès au jardin, au milieu duquel une table est dressée.

— Alors voilà le programme, poursuit Jules. On commence par l'interview, ça nous prend une petite demi-heure. Ensuite, il fait beau, nous déjeunerons dans le jardin, Kim a préparé un adobo, du poulet épicé cuit dans du vinaigre, de l'ail et de la graisse, arrosé de sauce de soja. Enfin, après le déjeuner, séance de cinéma. Cela vous va ?

Paul et Valentine acquiescent.

— Les gens, les badauds dans la rue pour Dalida, demande Valentine, c'est comme ça tous les jours ?

— Ouais. Il y en a même qui sonnent ici, pour me demander s'ils peuvent faire le tour par le jardin. Des fous !

— Tu la connaissais bien ?

— Un peu. Elle m'appelait parfois pour déjeuner, on allait à sa cantine, le resto italien du Moulin de la Galette. Elle me parlait de son père, je lui parlais de ma mère, c'était chaque fois le concours de pleurs.

— Barbituriques ?

— Oui. Elle m'a dit avoir été très impressionnée par le suicide de ma mère. Elle ne comprenait pas que l'on puisse se suicider en laissant un enfant, alors que, pour elle, le drame était de ne pas en avoir. Elles sont mortes à peu près au même âge. Et de la même façon.

Paul, mal à l'aise, cherche à changer de sujet.

— On pourrait aller se promener cet après-midi, suggère-t-il. Au parc de Saint-Cloud ou dans la vallée de Chevreuse.

— Pas question, répond Jules. Il y a cinéma. *Foremost priority !*

— Mais pourquoi ?

— Quand j'allais déjeuner avec elle, poursuit Jules, ça revenait en boucle. Son père, toujours son père, elle ne parlait que de ça. Ça m'a donné une idée. Venez voir.

Jules les entraîne au sous-sol dans la salle de projection, une pièce dotée de fauteuils confortables pouvant accueillir une vingtaine de personnes. Le 35 mm est hors d'usage, mais il a fait installer un magnétoscope professionnel Sony Betamax pouvant projeter sur grand écran. Occupant tout un pan de mur, des rayonnages accueillent plusieurs centaines de cassettes.

— Asseyez-vous.

Valentine et Paul obtempèrent.

— Voilà, dit Jules. Comme elle parlait sans cesse de son père, je me suis dit que moi aussi, j'allais m'y mettre. Comme vous le savez, ma mère n'a jamais voulu ou n'a jamais pu me dire de qui il s'agissait. Je m'en foutais, d'ailleurs. Mais en y réfléchissant, je me suis souvenu d'un truc. Un jour, je devais avoir une dizaine d'années, la nounou m'a confié qu'il s'agissait d'un réalisateur, un metteur en scène. Qui ? Elle ne le savait pas. Mais elle était certaine d'avoir vu un film de lui, une comédie dans laquelle on voyait un bébé noir dans un berceau blanc. Si je trouve le film, je trouve mon père !

— Pas mal, dit Valentine. Et comment on fait ?

— Vous allez m'aider. On va toutes les voir !

— Voir qui ?

— Ben, les comédies !

Paul est effaré. Son cousin est de plus en plus frappé.

— Ça fait combien de films à voir ? demande Valentine, amusée.

— Je ne sais pas encore. Le documentaliste que j'ai engagé parle d'environ trois cents.

— Tu as commencé ? demande Paul.

— Oui, ce matin. *Avanti !* de Billy Wilder. Pas de bébé en vue. Mais c'est un bon film.

Jules met l'appareil en marche, éteint la lumière.

— On regarde la fin du film, dit-il, c'est presque fini. Après l'interview et le déjeuner, on se fera *La Garçonnière*, à nouveau Jack Lemmon ! Comme père, celui-là, il m'aurait bien plu. Mais il n'est pas metteur en scène.

— Tu l'as rencontré ? demande Valentine, admirative.

— Ouais, il venait souvent à la maison. Il faisait marrer ma mère, c'était un blagueur. C'était aussi un bon pianiste, ils se faisaient des duos bien arrosés.

— Ce devait être génial…

— Ne crois pas ça, *darling*, c'était tout sauf le bonheur. J'étais la cinquième roue du carrosse. Et, toi, quai d'Anjou, bien traitée ?

— Analysée du matin au soir. Ma mère et mon beau-père sont psy.

Jules éclate de rire, entraînant Paul et Valentine dans un fou rire qui n'en finit pas, alors que Jack Lemmon enlève son caleçon, avance comme un crabe sur les rochers et va se baigner nu devant l'hôtel, en compagnie de Juliet Mills.

*

(Mercredi 15 juillet 1987)

Longue glissade en zone inquiète. La nuit dernière, durant ses quelques heures de sommeil, Pierre a rêvé qu'Amédée renversait Amélie au volant d'une voiture de la Wehrmacht et qu'il l'accusait, lui, de cet assassinat. Il s'est réveillé en sueur, a quitté la chambre et, vaguement oppressé, est allé s'allonger dans le canapé du salon pour écouter un disque rare trouvé par Julien à Clignancourt, le *Sextuor n° 1 en si bémol* de Brahms, enregistrement estampillé Prades 1952, avec Marie Ormen et Alexander Schneider aux violons. Puis il s'est rendu dans son bureau afin de travailler une heure ou deux en attendant l'aube. *Ciel bleu, mer agitée* n'avance guère. C'est même le calme plat sur un océan de questionnements. Le petit dernier, *Mille et Un Jours*, n'a pas convaincu la critique, Pierre se sent en panne, en panne de talent ou de désir. Peut-être le nœud se dénouera-t-il lorsqu'il sera au Pas Perdu, à l'ombre du platane ? Ce soir, à sa demande, Ariane a organisé le dernier « dîner improbable » avant les vacances ; au nombre des convives, le garde des Sceaux et René Frégni, ancien taulard et apprenti écrivain prometteur.

Pierre sort une cigarette, hésite, la repose dans le coffret. Pas avant le café. Au cours du dîner, il pourra parler à Robert Badinter de Jean-Denis Bredin, son associé, qui postule au fauteuil de Jean Delay et dont il a reçu la visite la semaine dernière. Ils ont parlé littérature et magistrature, Bredin lui a demandé le secret de sa simplicité et de son humilité. Pierre s'est interrogé. Lui, humble ? Vraiment ?

— C'est le syndrome de la Cour des comptes, a-t-il répondu. À l'inverse du Conseil d'État où l'on se gobe et se goberge, l'autocritique est une règle élémentaire de la rue Cambon, on s'y dénigre avec objectivité et délectation.

À y réfléchir, cette réponse n'était ni simple ni humble. Ils ont ensuite parlé cinéma, puis Pierre lui a fait compliment de ses deux derniers livres, *Un coupable* et *L'Absence*, publiés comme les siens chez Gallimard. Il l'a assuré de son soutien, sans être vraiment sûr de sa sincérité.

Sur la table basse, une télévision en or fait la une de *Télérama*. Pierre saisit le magazine, le feuillette et le repose, énervé. Drôle de monde qui s'annonce, dans lequel le moindre bateleur d'estrade d'une émission grand public est couvert d'or, alors que deux millions et demi de Français vivent avec moins de deux mille francs par mois. Il ouvre la porte-fenêtre, s'avance sur le balcon. L'air est encore frais, le ciel rosit. Dans quelques heures, il fera une chaleur du diable, les enfants s'agglutineront autour du bassin du Luxembourg pour tremper leurs mains dans l'eau et la marchande de glaces à l'entrée Saint-Michel ne saura plus où donner de la tête.

— Bonjour, Pierre…

Dans sa robe de chambre bleue, celle qu'il préfère, Ariane sourit gravement, le visage auréolé de ses cheveux décoiffés.

— Bonjour, chérie… Bien dormi ?

— Pas vraiment. J'ai entendu du bruit vers 3 h 30. Je pense que c'était Paul qui rentrait. Et il n'était pas tout seul. Ensuite, tu t'es levé. Quelque chose n'allait pas ?

— J'ai rêvé d'Amélie.

— Et moi de Marie…

Elle se blottit contre son épaule.

— Pourquoi l'a-t-on laissée si loin ? Pourquoi ne l'a-t-on pas ramenée et enterrée dans le caveau ?

Pierre ne répond pas. Est-ce lui qui a pensé qu'elle serait mieux là-bas, là où elle avait choisi de vivre ?

— Je ne m'y habituerai jamais. Les parents ne devraient pas survivre à leurs enfants.

Pierre lui caresse doucement les cheveux. Que peut-il lui dire ? Que peuvent se dire les parents d'un enfant suicidé ?

— Installe-toi, dit-il, je vais te préparer un café et des tartines beurrées. Et tu vas prendre tes cachets.

Depuis la disparition de Marie, Ariane souffre de dyspnée, son cœur s'est fragilisé d'avoir été tant violenté. Après avoir dressé un plateau, Pierre revient au salon et s'installe à côté de sa femme, sur le long canapé faisant face à la cheminée.

— Je m'inquiète pour Paul, dit Ariane. L'autre jour, je lui ai demandé s'il pensait à mettre des préservatifs, il a haussé les épaules. Il ne se rend pas compte.

— Je lui en parlerai, dit Pierre.

— Et il rentre tous les soirs à pas d'heure, à traîner avec Jules…

— C'est de son âge, chérie. Et puis un bac, ça se fête.

Pierre a pour son petit-fils toutes les indulgences. Paul est passé de justesse.

— S'il ne s'amuse pas maintenant, je me demande bien quand il le fera, poursuit-il. Et ne t'inquiète pas, il a des idées très claires, très arrêtées sur la suite. Il m'en a parlé l'autre jour ; à la rentrée, il va s'inscrire en droit, puis il intégrera l'École du Louvre. Il envisage de devenir commissaire-priseur.

— Quelle drôle d'idée…

— Pas tant que ça, rétorque Pierre. C'est un métier honorable. Où l'on gagne très bien sa vie. Parfois trop bien, c'est vrai. À propos de commissaire, je me demande si ce n'est pas ce policier qui le pousse dans cette voie.

— Tu le connais, toi, ce Dali ?

— En fait, il s'appelle Salvador. Dali, c'est son surnom. Il travaille à l'OCBC, la police des œuvres d'art. Je ne sais pas comment il s'est entiché de Paul.

Pierre allume deux cigarettes, l'une pour elle, l'autre pour lui, comme il le fait depuis un demi-siècle.

— Je ne devrais pas te laisser fumer, poursuit-il en lui tendant sa Rothmans.

— À notre âge, ce n'est plus un souci. J'ai pris les billets hier, le jardinier viendra nous chercher à la gare. Tu crois que Jules passera nous voir au Pas Perdu ?

Pierre secoue la tête. Le fils de Marie se montre toujours distant à leur endroit, refusant même de venir dîner à Vaugirard. Il accepte de répondre au téléphone, mais de mauvaise grâce.

— Non. N'y compte pas. Il ne veut pas nous voir. Sauf toi, en terrain neutre.

Ariane se désole, elle adore ce gamin.

— Qu'est-ce qu'il veut, alors ?

— En dehors de l'exaltant projet de dilapider l'héritage de sa mère, il semble surtout mobilisé, d'après Paul, par la perspective de retrouver son père.

— Pauvre petit…

— Pour l'argent, ça me semble compromis. Les royalties vont tomber jusqu'à la fin de sa vie.

— Et pour le père ?

— Je ne sais pas si c'est souhaitable. Mais peut-être faut-il qu'il aille au bout de son enquête afin de régler cette question une bonne fois pour toutes.

— Nous ne sommes pas très gais, ce matin, murmure Ariane.

— Ça ira mieux ce soir, répond Pierre. Un garde des Sceaux et un taulard intelligent, ça devrait faire des étincelles.

*

(Samedi 3 septembre 1988)

À l'angle de la rue Pavée et de la rue des Rosiers, le salon de thé Les Doigts dans la Confiture bénéficie d'un emplacement de rêve. Disposant de la licence III et d'un grand espace permettant d'aménager une cuisine moderne, il pouvait aisément être transformé en restaurant. C'est ce qu'ont entrepris François et Anne après en avoir racheté le bail à un prix très raisonnable.

La dépression de François aura duré deux ans. Deux ans sans envies, deux ans d'angoisse, de fatigue, d'idées noires parfois suicidaires. Puis, peu à peu, inlassablement soutenu par sa compagne et par son frère, il a refait surface et s'est découvert une passion pour la cuisine, suivant des cours et allant, grâce à son père, faire un stage chez Allard. Aujourd'hui, trois ans après le dépôt de bilan de l'agence et à quelques jours de l'ouverture officielle, il se sent fin prêt pour une seconde carrière… et pour tester ses spécialités : filet sauté aux olives, foie de veau à la bourgeoise, compotes de légumes, soupes de fruits… Dans un premier temps, en attendant d'ouvrir la seconde salle, il assurera seul une vingtaine de couverts. Anne, qui a choisi d'interrompre sa carrière pour rester auprès de lui, s'occupera de la salle.

— Et une tapenade de tomate au basilic et jambon corse !

François dépose les cassolettes et le pain sur la table. Julien saisit la bouteille de rosé, remplit les trois verres.

— À vous deux, dit-il en portant un toast, à vous deux, au coup de foudre, à l'amour et aux doigts dans la confiture.

— À ta santé, mon Julien, répond François. Fais tout ce qu'il faut pour la préserver.

Julien secoue la tête :

— Ne t'inquiète pas pour moi. Prudence et fidélité. Comme dit la pub, le sida, il ne passera pas par moi. Tu sais que j'ai failli gagner la prospection ? Et puis, c'est Créhalet-Foliot qui l'a eue. Normal. Seul, je ne faisais pas le poids pour une campagne comme ça. Mais la mère Barzach avait bien aimé mon projet.

Après avoir flirté avec quelques grosses agences, Julien a monté une « hot-shop » créative avec Sophie Delerm, une ancienne directrice artistique de O & O. Le free-lance marche très fort, ils interviennent soit pour des annonceurs en direct, soit pour des agences. Ils ne cessent de courir et se déplacent dans un minibus Volkswagen, véritable petit bureau équipé d'un Poctel Radiocom 2000 afin d'être joignables à tout moment. Julien s'est par ailleurs acheté un énorme chien, un gros bobtail, Arsène, connu comme le loup blanc dans les couloirs de la pub et qui va allègrement vers ses quatre-vingts kilos.

— Comment va Juan ? demande François.

Juan est le nouveau copain de Julien, un garçon longiligne d'une trentaine d'années qui travaille comme trader chez Paribas.

— C'est marrant, répond Julien. Il a l'Orpa comme client, une société du groupe SBS.

François et Anne échangent un regard : qu'est-ce qu'il y a de marrant là-dedans ?

— Le groupe SBS est florissant, il a fait un malheur à son introduction en bourse et il vient de se payer la tour BP à La Défense, un peu plus de cinq cents millions de francs.

— On s'en fout, Julien.

— Quand même ! Cinq cents millions ! Je me demande si Anne savait vraiment ce qu'elle faisait lors de cette fameuse soirée à Vaugirard. Abandonner un génie de la finance pour un apprenti restaurateur, c'est un manque de discernement en même temps qu'une faute de goût !

— Croyez bien qu'elle en a pris toute la mesure, monsieur Ormen, pouffe Anne, elle regrette amèrement… mais c'est trop tard ; la malheureuse n'a plus que ses yeux pour pleurer.

— L'enfoiré de Sébastien, poursuit Julien. Il a failli taxer les terrains de grand-père, à La Croix-Valmer. Serge et Hermine ont eu toutes les peines du monde à reprendre le contrôle de la SCI. Et leur vin, au fait ? Tu as des nouvelles, tu les vois, toi ?

— Ça vient doucement, répond François. Encore quelques années et ils auront l'AOC.

Il se retourne. Quelqu'un frappe à la vitre.

— J'y vais, dit-il.

François se lève, traverse la salle, écarte les lourds rideaux de velours grenat et ouvre la porte.

— Mais regardez qui est là ! s'exclame-t-il. Une petite étudiante qui n'a rien à manger ! Viens mon enfant, viens te restaurer.

Les jumeaux contemplent Valentine avec émerveillement. La grâce et l'intelligence. Elle revient de

Birmingham, où elle a passé deux mois pour parfaire son anglais.

— Un peu de vin, ma douce ?

— Oui, merci, papa.

— Tu as quitté le G3 ? Ils t'ont virée ?

— Ce soir, c'est G2. Jules a décidé qu'ils sortaient entre garçons.

— Comment va-t-il ?

— Pénible, très pénible. Paul aussi, d'ailleurs. Ils fêtent quelque chose, mais je ne sais pas quoi. C'est joli, ici. Qui a fait la déco ?

— Anne et moi. Surtout Anne. Nous avons passé tout le mois d'août à effectuer les travaux, on est un peu crevés. Et aussi un peu stressés, pour ne rien te cacher.

— Ça va marcher, dit Julien, j'en suis sûr. Tous les mecs de la pub vont rappliquer, toute la bande d'Hermine, tous les potes de Jules, Les Doigts dans la Conf', c'est les doigts dans le nez !

— Dieu t'entende, dit François en se levant, nous n'avons plus un flèche, totalement lessivés ! Je vous laisse, je vais préparer la suite.

Valentine suit son père des yeux. Il va mieux. Beaucoup mieux.

— Merci Anne, merci d'avoir pris soin de lui. Il a l'air heureux. N'est-ce pas, oncle Julien ?

— Oui, ma chérie. Très heureux.

Anne se lève à son tour pour rejoindre François à la cuisine. Elle aussi, elle est heureuse.

*

(Vendredi 9 septembre 1988)

Quel journée de merde ! songe Jules en glissant un Pascal dans la main du liftier et en poussant Paul devant lui. Par le petit ascenseur, le groom les conduit au sixième où ils sont aussitôt pris en charge par le maître d'hôtel jusqu'à une table centrale. Jules râle. Cravate obligatoire et pas de vue sur Notre-Dame. Paul est impressionné.

— C'est somptueux, glisse-t-il à son cousin.

— Tu parles, c'est archi-tarte. Garçon !

Le serveur s'approche, smoking et nœud papillon noir.

— Monsieur ?

— Champagne !

— Certainement, Monsieur. Deux coupes ?

— Non. Quarante coupes ! J'offre le champagne à tout le monde.

Désarçonné, le garçon cherche des yeux le maître d'hôtel qui se précipite.

— Monsieur, explique le serveur, souhaiterait offrir le champagne à toute la salle.

Le maître d'hôtel examine ses deux clients, fronce les sourcils. L'un est bien jeune. Et l'autre bien exalté. Ormen, se répète-t-il, Ormen, c'est très connu, Ormen. La crainte d'un canular de potache s'estompe progressivement. Jules Ormen, bien sûr, le fils de la diva, l'héritier, le bombancier de Saint-Germain-des-Prés…

— Je crains que cela ne soit pas possible, monsieur Ormen. Cela perturberait le service. Mais permettez-moi, par contre, de vous l'offrir.

— Champagne pour ces messieurs, dit-il au serveur.

Quelques minutes plus tard, champagne et petits fours sont déposés sur la table. Jules examine la chose avec circonspection : un petit morceau de foie gras avec des amandes et des croustillants à la truffe, ornés d'une framboise.

— Santé, dit Paul en levant son verre.

— Santé, répond Jules en l'imitant. Qu'il crève de la vérole et d'un cancer du foie !

Jules vient de recevoir la réponse de son présumé père : non, il n'a certainement pas eu de fils avec Marie Ormen, non, il n'a aucune envie de le voir. Et que ce soit clair, si Jules passe à L.A., qu'il ne compte même pas franchir la grille de son parc.

Paul se souvient des matinées interminables à se gaver de comédies des années 1960 dans la salle de projection : Vincente Minnelli, Blake Edwards, Billy Wilder, Richard Quine, Stanley Donen et tous les réalisateurs plus ou moins connus d'Hollywood. Il se souvient du jour où ils sont tombés sur le petit extrait en noir et blanc comportant un bébé noir dans son berceau blanc, les cris de Jules, regardez, regardez, on a trouvé ! Son espoir, quand il a écrit à son père, l'illustre John J. Johnson, puis la réponse hier matin, aussi plaisante qu'un faire-part nécrologique.

— *Fucking asshole !* Remarque, il a soixante-quinze ans. Il doit avoir des petits-enfants plus âgés que moi.

Le maître d'hôtel s'approche à nouveau.

— La carte, Monsieur. Et le registre des vins.

La carte des vins est un véritable bottin. Jules contemple l'objet avec un certain dégoût. Il y aurait, paraît-il, trois cent cinquante mille bouteilles à la cave. Et quinze mille références.

— Qu'est-ce que tu veux manger ? demande-t-il.

— Je ne sais pas. Comme toi.

— Foie gras des trois connards, ça te dit ?

Les trois en question sont Guillaume Ier, roi de Prusse, Alexandre II, tsar de toutes les Russies, et le prince de Bismarck, qui auraient commandé ici même un foie gras spécial à l'occasion de leur visite de l'Exposition universelle de 1867. Jules ne se souvient plus lequel.

— Vous avez du caviar ? demande-t-il au maître d'hôtel.

— Oui, Monsieur.

— Vous m'en mettrez deux louches bien tassées et un foie gras pour Monsieur. Ensuite, quenelles de brochet, ensuite de l'ensuite, canard au sang pour Monsieur, au poivre vert pour moi.

L'homme se raidit. Vas-y, mon pote, songe Jules, on va voir à quel moment tu vas craquer.

— Monsieur, je suis désolé, mais c'est un canard pour deux. Nous ne servons pas de demi-canards…

— Je m'en fous ! J'en veux une moitié de chaque. L'autre moitié, vous la filerez à la soupe populaire.

— Mais Monsieur…

Aux tables voisines, les conversations se sont progressivement estompées.

— Il paraît que vous les étouffez pour les tuer, les canards ? C'est dégueulasse !

— Non, Monsieur, c'est la cuisson. Ils sont cuits à l'étouffée.

— Ouais, d'accord, on joue sur les mots. Appelez-moi l'homme des vins.

— Oui, Monsieur.

— Il faudra que j'aille aux toilettes, dit Jules en se tournant vers la table voisine. Il paraît que les robinets sont en or !

Paniqué, le maître d'hôtel note la commande et fait signe au sommelier, un jeune homme à l'accent anglais. L'homme sourit.

— Quel est votre vin le plus cher ? demande Jules.

— Avec le canard, dans un ordre de prix élevé mais justifié, je conseillerais un Romanée-Conti 1959.

— D'accord, Hector. Vous nous en mettrez deux. Pour commencer.

— Très bien, Monsieur.

Jules émet un léger rot, provoquant un certain émoi parmi les clients.

— Le champagne, explique Jules à haute voix et à la ronde, ça me fait souvent ça, mais ça va passer.

Un homme de haute taille, grande classe, s'approche de leur table.

— Bonsoir, Messieurs. J'espère que tout va bien.

— Parfait, mec. Le service est nickel.

— Vous n'êtes pas ici pour créer un esclandre, monsieur Ormen ?

— Vous rigolez ? Je suis ici pour noyer mon chagrin et pour tenter d'entrer au Guinness Book en battant le record de l'addition la plus chère du monde.

— Très bien. Nous nous efforcerons de vous contenter. Bonne soirée, monsieur Ormen.

— Qui c'est ? demande Paul après que l'homme s'est éloigné.

— Claude Terrail, le taulier. Il va comprendre sa douleur.

*

— Garçon, l'addition ! Et un marteau, s'il vous plaît…

Jules et Paul ont à peine touché aux plats, ils ont convoqué plusieurs fois les fromages, goûté tous les desserts, renvoyé deux fois les cafés sous prétexte qu'ils n'étaient pas assez forts. Trop chauds, trop froids, trop tièdes. Le maître d'hôtel s'approche.

— Votre addition, Monsieur…

Jules jette un coup d'œil, fronce les sourcils. Ou il se trompe d'un zéro, ou c'est le prix d'une automobile.

— Et mon marteau ?

— Je ne vois pas…

Jules, en titubant, monte sur sa chaise, se hisse sur la table et se met à chanter en tapant des pieds :

— « *Si j'avais un marteau* »

— Monsieur, s'il vous plaît…

— « *Je cognerais le jour / Je cognerais la nuit… !* »

— Monsieur !!!

— « *Et j'y mettrais mon père / Ma mère, mes frères et mes sœurs / Oh oh, ce serait le bonheur !!!* »

Paul, totalement ivre, a rejoint son cousin ; grotesques, ils dansent sous les yeux ahuris des derniers clients du restaurant.

— Messieurs, descendez !

— Mais mon père, j'en ai pas, et ma mère, j'en ai plus, tu comprends, mec ?

— J'appelle la police !

— C'est ça, appelle ! Et n'oublie pas mon marteau !

Jules et Paul reprennent en cœur :

— « *Si j'avais un marteau… !* »

Un quart d'heure plus tard, alors que Jules fait voltiger dans les airs des liasses de billets, quatre policiers investissent la salle.

— Tenez, dit Jules, en brandissant des billets, servez-vous, c'est gratuit, je sais que les flics sont mal payés, tenez les petits poulets, cot cot cot, ramassez, ramassez, ça me fait plaisir !

Tandis que les coupures volent de toutes parts, Jules saute de la table, renverse le seau à glace, se met à courir entre les tables. Les policiers le poursuivent, l'un d'eux le plaque au sol, mains derrière le dos, un autre lui passe les menottes.

— Paul, hurle Jules, ne me laisse pas, ils veulent me tuer !

— Je suis là, répond Paul en distribuant force coups de pied, je suis avec toi.

— Toi, dit le policier, tu te tiens tranquille. Allez, on y va. Ramassez-moi tous ces billets. Et vous, Monsieur, vous venez avec nous.

— Mais pourquoi ? demande le maître d'hôtel.

— Nous avons besoin de votre déposition.

*

Paul et Jules ont passé la nuit enfermés dans la cage du commissariat Sainte-Geneviève en compagnie de deux clochards. Dans la matinée, Paul a demandé qu'on appelle le commissaire Salvador, à l'OCBC. Lequel les a laissés un peu mariner puis est venu, furieux, les a traités de petits cons, d'enfants gâtés. Jules l'a remercié, a embrassé Paul et a dit simplement :

— Salut, je vais rentrer.

Jules traverse la Seine par le pont au Change et rejoint le Châtelet. Sa vie lui sort par les yeux. Cette bagarre devant chez Castel, le mois dernier, lorsqu'il a cassé le nez d'un journaliste ; la descente des flics rue d'Orchampt pour tapage nocturne et recherche de shit ; et, pour couronner le tout, ce scandale à La Tour d'Argent. Il a envie de vomir, de se rouler dedans. Sa vie n'a aucun sens, il n'est qu'une larve pitoyable, il faut tout casser, tout changer. Il ne retournera pas rue Montmartre. Il va rester là, sur un banc, à attendre que quelque chose se passe.

*

(Samedi 8 octobre 1988)

— « *Djobi djoba / Cada dia yo te quiero mas / Djobi djobi, djobi djoba !* »

La salle du Blue Night tremble de tous ses piliers sous l'assaut des Gipsy Kings. Serge passe derrière le bar et baisse légèrement le son. Le buffet provençal commandé à François est somptueux : tapenades, anchoïades, ballottines de poulet aux poivrons, panisses, sardines en friture d'épices douces, tians de légumes. Sur les nappes provençales, Hermine a disposé les bouteilles des domaines voisins du sien, La Croix, la Bastide Blanche, Minuty. Pour le Clos Valmer, les dés sont jetés : au terme d'une bataille juridique de dix-huit mois, elle a enfin réussi à évincer la SBS et à reprendre son indépendance. La vigne a été plantée en mars dernier, la première récolte devrait avoir lieu dans trois ans. Olivier a passé son bras autour de la taille de sa femme et contemple la foule : comme d'habitude avec Hermine, tout est parfait. Diane, sa fille, joue à la maîtresse de maison du haut de ses six ans.

— Tu pars quand ? demande Delphine à Olivier en saisissant un toast.

— Dans une semaine.

Elle se serre contre lui, l'embrasse sur la joue, soupire. Olivier se rend de plus en plus souvent à Noirmoutier afin de peindre, retaper, construire, ranger, sortir en mer avec son copain Firmin. Pour le printemps à venir, il s'est mis en tête de remonter les murets en pierres sèches entourant le jardin, de repasser un badigeon de lait de chaux sur la façade et de réparer l'ancienne porte « trois pierres » qui a gauchi. Ce n'est pas tout à fait la vie dont elle avait rêvé, mais c'est la vie qui lui convient, à lui. Et elle l'accepte. Olivier, lui, semble toujours amoureux, même s'ils passent désormais la moitié de leur temps loin l'un de l'autre. Ou à cause de cela, peut-être.

— Tiens, ton fils !

Delphine tourne la tête : Paul et Valentine ont écarté le rideau de velours rouge, ils s'avancent ensemble vers la scène. Delphine fronce les sourcils. Depuis la disparition de Jules, ces deux-là ne se quittent plus. L'idée d'une éventuelle liaison cousin-cousine la terrifie.

— Tiens, dit Olivier, il a repris ses habits noirs.

— Jules, répond Delphine. Il ne pense plus qu'à ça.

— Rien de nouveau ?

— Rien.

Le lendemain du dîner à La Tour d'Argent, dans l'après-midi suivant leur sortie du commissariat, Paul a téléphoné à Montmartre. Pas de nouvelles, a répondu Kim. Monsieur n'est pas rentré. Paul a rappelé toutes les trois heures pendant deux jours puis s'est déplacé rue d'Orchampt. À l'évidence, son cousin a disparu. Connaissant son caractère fantasque, Paul a encore attendu trois jours, puis s'est résolu à contacter la police et a alerté son copain commissaire. En vain. Jules s'est volatilisé sans laisser de traces. Et comme dit Salvador, aucune loi n'empêche un adulte de disparaître de son plein gré.

— Comment va Ariane ? demande Olivier. Elle reprend le dessus ?

— Pas vraiment. Elle est paniquée à l'idée que Jules ait pu suivre l'exemple de Marie, qu'il se soit suicidé.

Delphine soupire. En attendant un hypothétique retour, Pierre a pris contact avec le cabinet juridique de Jules pour que les charges de la rue d'Orchampt soient honorées et pour maintenir Kim en place.

— Bonjour, Bécassine…

Delphine se retourne. Son frère lui sourit.

— Ça va, ma grande ? Et les parents, tu as des nouvelles ? questionne Julien.

Delphine se laisse embrasser sur la joue.

— Maman est fatiguée. Elle a vraiment du mal à se remettre de sa fracture du fémur de cet été. Je crois qu'elle aimerait bien qu'ils s'installent là-bas à l'année, mais papa refuse catégoriquement. L'Académie, Gallimard, les enfants, les petits-enfants, toutes les raisons sont bonnes pour rester à Paris.

— Il se sert du Mac qu'on lui a offert ?

— Tu parles, il ne l'a pas encore déballé. Et d'après moi, Paul aimerait bien le lui faucher.

Les Gipsy Kings se sont tus. Depuis le bar, Serge

fait signe à son père en désignant le piano. Delphine pose sa main sur le bras d'Olivier.

— Je crois que tu es requis, chéri. Un peu de Brassens jazzy, je ne serais pas contre. *Auprès de mon arbre*, ce serait bien.

Tandis qu'Olivier se dirige vers l'estrade, Delphine examine le visage de son frère. Osseux. Il a beaucoup maigri ces derniers temps.

— Julien ?

— Oui ?

— Si tu étais séropositif, tu nous le dirais, n'est-ce pas ?

— Pourquoi ? J'ai une sale gueule ?

— Oui.

— Je ne sais pas si je vous le dirais.

— Tu vois toujours ton ami Guibert ? Il l'a dit tout de suite, lui…

— C'est marrant que tu me parles de lui. Il vient de publier une nouvelle sur la mort de Michel Foucault, s'indignant qu'on lui ait volé sa mort et affirmant qu'il faut effectivement tenir un langage de vérité. La nouvelle est sortie chez Gallimard, j'ai envoyé le recueil à papa, il a failli avoir une apoplexie. Il n'y voit qu'une bile mauvaise qui s'échappe du corps, certainement pas de l'écriture. Papa ne supporte pas nos choix sexuels, donc je ne sais pas si je vous le dirais.

— Julien, s'il te plaît.

— Toi et François, ce n'est pas pareil. Promis, vous serez les premiers à souffrir. Mais rassure-toi, je n'ai rien. Juan non plus. Et nous sommes fidèles. Allez, ça suffit, on parle d'autre chose. Écoute ton jules, c'est vraiment bien, ce qu'il fait.

Delphine écoute. Oui, c'est bien. Elle vient de reconnaître *La Ballade de Polly Maggoo*, elle se met à fredonner à voix basse :

— « *Polly rêve d'un prince qui rêve de Polly Maggoo...* »

— William Klein, murmure Julien. Je me souviens du film. Et j'avais la chanson en 45 tours.

— C'était la berceuse de Paul, lui confie Delphine, il adorait cet air. Regarde-le, ce doux dandy, un vrai jongleur.

Julien suit son neveu des yeux. Un verre de vin dans chaque main, attentif à ne pas se faire bousculer, il se fraie habilement un passage dans la foule, va s'accouder au piano auprès de son père.

— Merci, fils, dit Olivier. Merci pour le verre. Je reprendrais bien quelques petites pissaladières. Alors, comment vont les amours ?

— Pas le temps, répond Paul. Pas envie.

— Le droit ?

— Nickel. Tout est *under control*.

— Tu devrais venir avec moi à Noirmout' pour les vacances, cela te ferait du bien.

— On se gèle, là-bas ! Et puis, je ne veux pas partir de Paris en ce moment. Jules, tu comprends ?

Olivier plaque un accord, siffle un verre de vin, enchaîne avec *La Mer*, les golfes clairs, les oiseaux blancs, les reflets d'argent.

— Oui, enfin, que tu sois ici ou ailleurs, ce n'est pas ça qui le fera réapparaître. Par ailleurs, la Vendée n'est pas la Provence, c'est indéniable. Juste l'océan et le vent, jamais contents.

— Mais non, papa, ce n'est pas ça. Il faut que

j'aille rue d'Orchampt voir ce qui se passe, garder la maison en vie avec Kim.

— Avec Valentine…

— Oui, avec Valentine. Pourquoi, il y a un problème ?

Olivier hésite, cherche les mots justes.

— Ta mère s'inquiète. Elle se demande si…

— Si quoi ?

— Si vous ne vous… aimez pas un peu trop.

— Mais vous êtes tarés ! C'est ma cousine !

— Oui, fils, bien sûr, excuse-moi.

Olivier retourne à son piano, s'embarque distraitement dans une interprétation de Laurent Voulzy.

— « *Belle-Île-en-Mer, Marie-Galante* »...

Les notes s'égrènent, Olivier s'en veut. De quoi se mêle-t-il ? Il n'est pas vraiment le mieux placé pour distribuer les leçons de morale. Son union avec Delphine n'était-elle pas – d'une certaine façon – une forme d'inceste ?

*

(Vendredi 14 octobre 1988)

Mauvaise humeur. Le Nice-Paris a finalement accusé un retard de trente minutes et il faudra un bon quart d'heure avant d'espérer monter dans un taxi, la file d'attente s'étirant sur plus de cinquante mètres. Cerise moisie sur le gâteau sec : il fait froid.

Amédée piétine sur place pour se réchauffer, sans quitter des yeux la petite blonde qui le précède de quelques mètres. Elle ressemble étrangement à la call-girl du Carlton, même coiffure, même petit nez retroussé, même bouche aux lèvres un peu trop épaisses. Il aimerait bien partager un taxi avec elle, histoire de vérifier. Et de faire connaissance. Mais ce temps-là est révolu. Dorénavant les femmes qui s'intéressent à lui examinent d'abord la coupe et la texture de son manteau.

Au terme de dix minutes d'attente glacée, Amédée s'installe dans une 504 fatiguée et donne l'adresse de la rue Victor-Hugo. Il déploie l'exemplaire des *Échos* trouvé dans l'avion et se plonge, comme à son habitude, dans les cours de la bourse. Sale temps. Le krach d'octobre, il y a un an, a sérieusement ébranlé sa fortune. Jamais il n'aurait dû spéculer aussi longtemps sur les marchés asiatiques. Aurait-il perdu la main ? La vente du château d'Angerville s'est avérée un vrai désastre, il n'a même pas obtenu soixante pour cent de son prix d'achat. Quant à son portefeuille d'actions, il a beaucoup souffert dans la tourmente asiatique. Cela étant, il devrait s'en sortir. La vente de la galerie de Genève s'est effectuée dans de bonnes conditions, surtout en considérant le dessous-de-table conséquent qu'il a gardé pour lui. La grosse n'a pas été dupe, mais que pouvait-elle faire ? C'est comme ça, ma vieille, tu m'as suffisamment filouté durant vingt ans, chacun son tour.

Amédée replie le journal, se cale dans un coin et allonge ses jambes. Pour la vente de Saint-Honoré, inutile d'espérer réitérer son exploit. La Dombasle va veiller au grain, assister à toutes les négociations. Depuis combien de temps sont-ils ensemble ? Il récapitule mentalement. Plus de trente ans. Ce devait être à la fin de l'hiver 1956, Guy Mollet s'était pris des tomates à Alger et Poujade était entré au Palais-Bourbon. Elle était plutôt belle, à l'époque, un solide carnet d'adresses, un tempérament de bulldozer, il l'avait engagée pour tenir le magasin d'antiquités de la rue de La Trémoille. D'après ce qu'il a compris, depuis leur décision commune de tout arrêter, elle file le grand amour avec sa dernière conquête, une petite hôtesse de salons, les deux femmes vont s'installer entre Cannes et Antibes et envisagent d'ouvrir un magasin d'antiquités.

À défaut d'aveuglement, l'amour inoculerait-il la sagesse ? Ghislaine semble avoir oublié la collection Bronstein : plus un mot sur Ziegler, plus une allusion sur les biens juifs, plus une seule question ironique sur *L'Heure bleue*. On efface tout et on commence une autre vie, a-t-elle dit. Une sacrée emmerdeuse, la grosse baleine, mais elle aura été une bonne associée.

*

— Bonjour, Monsieur…

— Bonjour, Anna…

Après bien des hésitations, Amédée s'est résolu à confier une clé de l'appartement à la femme de ménage. Il se sent en sécurité avec cette Napolitaine discrète.

— J'allais partir, Monsieur. Je vous prépare un thé avant de m'en aller ?

— Oui, merci Anna. Apportez-le dans mon bureau.

— Bon voyage, Monsieur ?

Amédée la dévisage. Interloqué. Jamais, en quatre ans de service, elle ne s'est permis une question d'ordre personnel.

— Pardon, Monsieur, excusez-moi…

Bon voyage ? Il n'en sait rien. Son rendez-vous de Nice ne lui inspire pas une confiance absolue. Vouloir acheter un Bonnard et ne pas connaître Marthe, la femme aimée du peintre représentée dans plus de quatre cents tableaux, ne lui semble pas de très bon augure. Qui est ce type ? Un flic ? Un escroc ?

Profitant des travaux effectués dans la chambre, Amédée a réorganisé le bureau et fait construire sur mesure une bibliothèque en teck. Très chic, très chère. Un petit millier de livres sur la peinture s'y entasse, ainsi qu'une centaine de classiques érotiques comme le *Dictionnaire érotique moderne* d'Alfred Delvau, *Gamiani ou Deux nuits d'excès* d'Alfred de Musset ou les *Poésies complètes* de Giorgio Baffo.

Anna dépose le plateau d'argent sur le bureau et esquisse une légère révérence.

— Très bien, merci Anna. Vous pouvez y aller, à lundi…

Dès le claquement de la porte, Amédée se rend dans sa chambre, se dirige vers le dressing, entre dans son « musée ». *L'Heure bleue* est là, bien en place sur le mur principal, entre le Bonnard et le Courbet. Amédée scrute la toile : bravo Dumoulin, pas la moindre trace de l'ancien gonflement. Il éteint la lumière, referme la porte blindée, brouille la combinaison, actionne le mécanisme qui permet de masquer l'entrée de la chambre forte avec une glace en pied.

Après avoir dépouillé le courrier et donné quelques coups de fil, Amédée passe au salon, allume la télévision et met en marche le magnétoscope. Il s'installe confortablement et enclenche la cassette qu'il a louée au vidéoclub. *Le Roi de cœur*, un film de Philippe de Broca dont il a vu la fin à la télévision il y a une semaine. Il suivait distraitement cette histoire de fous plutôt poétique lorsqu'il a aperçu, de façon fugitive, une figurante ressemblant étonnamment à sa sœur

Amélie : même blondeur, même grands yeux bleus, même silhouette gracile. Il fait défiler la bande en accéléré, allume un cigare. Pourquoi pense-t-il à elle ces derniers temps, alors qu'il avait réussi à la faire sortir de son esprit pendant des années ? Est-ce la liquidation de ses activités qui le ramène quelques décennies en arrière ? Ou plus simplement une nostalgie de petit vieux qui pointe son nez ?

Cette dernière pensée lui arrache une grimace tandis que les images défilent, charmantes – Brasseur, Brialy, Micheline Presle. Pas la moindre trace de la petite figurante. Il stoppe le magnétoscope, ferme les yeux. Le besoin de voir Amélie le fait trembler de la tête aux pieds. Pourquoi n'irait-il pas au caveau de Fontenay ? Il se lève d'un bond, va chercher son manteau. Il y a certainement un médaillon sur la sépulture.

*

Après avoir garé la grosse Jaguar verte en bas de la rue, en laissant une vitesse enclenchée, Amédée est resté un long moment immobile derrière son volant. La visite au caveau l'a déprimé : son père repose en compagnie de trois femmes, Marie-Thérèse, Amélie et Mme Farge. Pas de Marie : le corps de la fille de Pierre est sans doute resté aux États-Unis. Qui occupera les deux places restantes ? Pas lui, en tout cas. Maussade, il claque la portière et remonte à pas lents la rue des Roses. La pente est rude. À mi-trajet, il se fige. L'entrée du garage a disparu. Il s'avance, incrédule : le mur qui ceinturait le petit parc n'existe plus, remplacé par une haie de troènes. À l'emplacement de la villa, un immeuble en U se dresse sur quatre étages. Laid. Les larmes lui montent aux yeux. Et le cèdre ? Et les pins ? Il s'avance encore, cherche l'orangerie. Disparue elle aussi, remplacée par un immeuble moderne.

Hébété, Amédée reste un long moment devant l'entrée de la résidence à contempler le désastre, tente de se remémorer les bosquets où il jouait avec sa sœur, le jet d'eau, le potager de Mme Farge. Qui a fait cela ? Odette ? La résidence semble très récente et Odette est morte depuis plus de dix ans. Et elle n'avait que l'usufruit. C'est donc nécessairement Pierre. À la mort de sa belle-mère, il a récupéré la maison de Fontenay puis il l'a vendue.

Amédée serre les dents. Comment a-t-il osé ? Comment a-t-il pu s'en séparer sans lui en parler ? Monsieur le moraliste, Monsieur le donneur de leçons, comment a-t-il pu bazarder ainsi leur enfance ? Et pourquoi ne l'a-t-il pas consulté ? J'aurais pu l'acheter, songe-t-il, je n'aurais touché à rien, j'aurais entretenu le jardin en souvenir d'Amélie, les plus belles fleurs de la Terre, des roses de toutes les couleurs. Amédée jette un dernier coup d'œil vers la résidence, redescend la rue des Roses jusqu'à la voiture. Je vais y aller, songe-t-il. Oui, je vais y aller et je lui demanderai des comptes. J'ai le droit de savoir. De savoir pourquoi je n'ai jamais existé dans cette famille.

*

Ariane s'avance dans le salon une main posée sur la poitrine. Blême.

— Pierre, murmure-t-elle.

— Oui ? Qu'y a-t-il ? C'est le courrier ?

— C'est… c'est ton frère, Pierre, il souhaite te parler.

Pierre la contemple, stupéfait.

— Il est… ici ?

— Oui, il est dans l'entrée.

Pierre se lève, se passe la main dans les cheveux. Amédée ! Il ne l'a pas revu depuis l'ouverture du testament de Valentin, en décembre 1958. Il pensait le croiser à l'enterrement d'Amélie, mais il ne s'était pas manifesté. Que veut-il ?

— Je vais le recevoir. Tu as des courses à faire ?

Ariane hoche la tête. Paul ne devrait pas tarder à venir la chercher pour faire un petit tour au Luxembourg.

Pierre se rend dans l'entrée. Perplexe. Amédée a retiré son chapeau et son manteau, il se tient immobile, très droit, devant la grande glace.

— C'est nouveau, dit-il en désignant le miroir, il n'était pas là…

Non, songe Pierre, la glace n'était pas là. Il y avait un guéridon sur lequel on posait le téléphone et une petite chaise. Jean-Noël était alors promis à un grand destin, Amélie donnait des couleurs au Jardin des Plantes et les Bronstein étaient vivants. C'était il y a bien longtemps.

— Entre, dit-il, sans esquisser le moindre geste affectif.

Les deux frères se jaugent. Lequel a le plus vieilli ?

— Je ne pensais pas te revoir un jour, dit Pierre.

— Eh bien, tu me vois, répond Amédée. Tu m'offres quelque chose ?

Pierre se dirige vers le bar, emplit deux verres. Jack Daniel's.

— Assieds-toi, dit-il. De l'eau ? Des glaçons ?

Amédée secoue la tête, s'installe dans un fauteuil en soulevant le pli de son pantalon à la hauteur du genou.

— Alors ? dit Pierre en prenant place sur le canapé.

— Alors, voilà, répond Amédée. C'est bien cela, trente ans ?

Pierre attend. Un long moment.

— Tu es passé le mois dernier à la télévision, dit enfin Amédée.

— Exact. C'est pour cela que tu es passé me voir ?

— Non, c'est pour te rafraîchir la mémoire.

— À quel sujet ?

— Bonjour, Pierre Ormen, récite Amédée d'une voix neutre, vous êtes agrégé de lettres, Compagnon de la Libération, ancien directeur des Arts et des Lettres, ancien président de chambre à la Cour des comptes, romancier, lauréat de plusieurs prix littéraires, académicien, Grand-Croix de la Légion d'honneur et vous êtes également – pour ceux qui l'ignorent – un petit salopard qui a bradé pour du fric la maison de son enfance, je me trompe ?

Pierre n'en revient pas. C'est pour cela qu'il est là ? Il se redresse, scrute le visage de son frère.

— Non, répond-il d'un ton calme, c'est parfaitement résumé. Mais on pourrait ajouter que cette « maison de mon enfance » fut aussi celle d'Amédée Ormen, qui viola sa sœur à l'âge de vingt et un ans et l'engrossa. Et c'est toi qui viens aujourd'hui me demander des comptes ? C'est proprement hallucinant !

Long silence. Pierre ouvre le coffret en argent, allume une cigarette.

— Est-ce toi, demande Amédée, qui a vendu Fontenay ?

— C'est moi. Il y a six ans.

Amédée avale son whisky d'un trait.

— Sans m'en parler.

— De quoi voulais-tu que l'on parle ? De la maladie de papa ? De tes exploits ? De la mort de Jean-Noël chez tes copains de la Gestapo ?

— J'y tenais, à cette maison.

— Moi aussi, mais ce n'était plus possible.

— J'aurais pu l'acheter. Combien en as-tu tiré ?

— Cela ne te regarde pas, Amédée. Et je ne pense pas que c'eût été une bonne idée.

Les deux frères se mesurent du regard. Pourquoi ne puis-je pardonner ? se demande Pierre. Les parents sont morts, Jean-Noël et Amélie sont morts, il ne reste plus que nous deux.

— Toujours les tableaux rue du Faubourg-Saint-Honoré ? demande-t-il. Toujours Charles de Beaurepaire ?

— J'arrête. Je vends.

— Et la politique ? Ta Sologne princière, à Angerville ?

— Non, terminé. Comment sais-tu cela ?

— J'ai encore des relations, Amédée. Dans de nombreux ministères. Je prends des nouvelles de temps en temps. Pas comme toi.

— Qu'est-ce que tu en sais ?

Amédée va se servir un nouveau verre de whisky et, du doigt, désigne le plafond.

— « Au plafond de l'escalier d'honneur, entourée d'anges qui semblaient s'ennuyer prodigieusement, une jolie Justice blonde faisait de l'œil au juge. » *L'Angle mort*, 1974.

Pierre hausse un sourcil.

— Mais encore ?

— « Ce monde est mal fait. Trop d'ambition, paraît-il, tue l'ambition, mais trop de connerie ne parvient pas à tuer les cons. » *Manuel du petit menuisier à usage des politiques*, 1971.

Pierre finit son verre. Troublé.

— Tu lis mes livres ?

— Mais oui, mon bon. Je les ai tous lus. De *L'Herbe folle* à *Mille et Un Jours*. Quatorze romans et trois essais.

— Et… tu en penses quoi ?

— Je ne pense pas, réplique Amédée, songeant que le mode d'emploi de son frère est d'une déconcertante facilité ; parlez-lui de lui et il vous mangera dans la main. Vanité… Mais j'ai lu la critique du dernier, poursuit-il : « À tremper sa plume dans l'encrier de la tendresse humaine, Pierre Ormen poursuit dans sa veine humaniste, au risque de se répéter. »

— Le journaliste a raison, dit Pierre. C'est un roman raté.

Les deux frères se taisent, chacun attendant que l'autre reprenne le fil ténu de leurs possibles retrouvailles.

— Comment va…

Amédée ne poursuit pas. N'ose pas.

— Comment va Delphine ? reprend Pierre. Bien. Son mariage avec Olivier a tenu bon, malgré mes doutes tout au début. Elle a un fils, Paul, qui habite chez moi. Fac de droit. Un féru de peinture, comme toi.

Amédée rougit au souvenir de sa dernière entrevue avec sa fille. La gifle. Le « Tiens, papa ! » au milieu du magasin, devant Ghislaine. De colère et de honte, sa joue lui cuit encore. Pour satisfaire l'insatiable curiosité de son associée, il avait dû improviser : oui, cette Delphine était sa fille, ça se voyait à l'œil nu. Non, la mère n'était plus là. C'était une employée du ministère de la Guerre et elle était morte durant l'accouchement, en juillet 1942. À la naissance de l'enfant, Pierre – son frère – avait recueilli le bébé puis l'avait élevé comme si c'était sa fille. Quant à l'esclandre, il était lié à un malentendu concernant l'héritage familial. Ghislaine avait écouté poliment en semblant se désintéresser totalement de la question. Ce qui, avait-il décodé, signifiait qu'elle enregistrait chaque mot et qu'elle classait l'information dans son tiroir à saloperies.

— Ne me dis pas que tu éprouves des pulsions paternelles, Amédée ? Elles seraient bien soudaines et bien tardives. Je ne te conseille pas de chercher à la voir.

Amédée acquiesce. L'idée de se retrouver un jour face à face avec Delphine le terrorise.

— Non, je ne suis pas venu pour ça. Je suis venu pour voir si nous pouvions faire la paix.

Pierre scrute longuement le visage de son frère. Que veut-il vraiment ? Qu'ils se revoient, tous les deux ? Peut-être. Peut-être est-il temps. Mais il faut être sûr d'une chose. Il se lève, allume une nouvelle cigarette, en offre une à son frère, marche de long en large. Il s'arrête brusquement, pose sa main sur l'épaule d'Amédée.

— Jure-moi que ce n'est pas toi.

— Quoi ?

— Le pillage de l'appartement des Bronstein. Jure-moi que ce n'est pas toi.

Amédée se dégage, époussette son épaule et se regarde dans la glace surplombant la cheminée.

— Ce n'est pas moi, dit-il en se retournant vers son frère. Je te le jure.

*

(Lundi 9 octobre 1989)

Trois coups secs. Paul émerge d'un rêve vaporeux, se frotte les yeux, consulte sa montre. Trois coups secs à nouveau : 23 h 50.

— Qui est-ce ?

— Jules. Tu m'ouvres ?

Paul allume la lumière, saute du lit, enfile son jean, se précipite à la porte. Jules, de retour ! Il scrute son visiteur. Jules semble avoir grandi. Visage et orbites creusés, barbe, peau tannée par le soleil, il sort tout droit d'un roman de Giono.

Les deux garçons s'étreignent longuement, en se tapotant le dos.

— Viens, dit Paul en se dégageant.

Le Donjon est constitué de deux chambres de service que l'on a réunies tout en annexant un bout de couloir. L'ensemble est coquet, parfaitement rangé. Jules et Paul vont s'asseoir autour d'une table de bistrot rectangulaire séparant le salon du coin cuisine.

— Envie de quelque chose ?

— Café, dit Jules. Avec beaucoup de sucre. Et un pull, j'ai froid.

Paul s'affaire. Pendant que l'eau chauffe, il va chercher un gros chandail en laine, le tend à son cousin.

— Grand-mère est effondrée. Elle pense que tu es mort. Que tu as fait comme… comme…

— Comme ma mère, c'est ça ? Et toi ? Tu pensais quoi ?

— Je pensais que tu allais revenir au bout d'un an, le lundi 9 octobre 1989 à 23 h 50. Que tu aurais la barbe et que tu demanderais un café.

Jules émet un petit rire.

— Je suis désolé d'avoir semé beaucoup de confusion et sans doute de tristesse en disparaissant ainsi. Mais je n'étais pas dans mon état normal. La drogue, la honte. Après La Tour d'Argent, en sortant du commissariat de police, j'ai totalement disjoncté.

— Mais qu'est-ce qui s'est passé ?

— Je ne sais pas, je ne peux pas te décrire. C'est comme si j'avais été en dehors de mon corps, mon esprit flottait, je savais à peine qui j'étais. J'ai erré pendant trois jours dans Paris, dans les jardins, dans le métro, j'ai dormi où je pouvais, sur les quais, dans un hall d'immeuble. Et puis j'ai rencontré cette fille, une fille avec une guitare qui faisait la manche. On est restés quelques jours à Paris, puis elle m'a proposé de partir avec elle, en stop, pour aller passer l'hiver dans les Alpes-de-Haute-Provence, du côté de Forcalquier, pour les châtaignes et les olives.

— Chez elle ?

— Non, une sorte de communauté. Je m'occupais des chèvres et de quelques moutons. Il y avait une vache, aussi… Pas de radio, pas de journaux. J'étais devenu muet, je n'allais jamais à la ville.

Paul sert le café, sort la boîte à biscuits, attend la suite.

— J'étais plus sale que dix chiens galeux mais j'étais bien, apaisé, je ne pensais plus à rien. La fille était gentille, elle me protégeait. Mais au milieu du printemps, elle est partie sans prévenir, j'étais effondré, plus capable de quoi que ce soit, ils n'ont plus voulu de moi. J'étais sans un sou. Je suis remonté en stop, trois jours de galère.

Paul pousse le sucrier vers son cousin. Il aurait mille questions à poser, mais ne sait pas par laquelle commencer.

— Et toi, dit Jules. Raconte-moi.

— Pas grand-chose. J'entre en troisième année de droit et je me suis inscrit à l'École du Louvre. Valentine est en deuxième année de journalisme, à l'EFJ. Tu veux dormir là ?

— Je veux bien. Et j'aimerais bien prendre une douche.

— Pas de problème. On a tout le confort moderne, ici.

Jules examine avec attention les dix-huit mètres carrés.

— C'est toujours aussi bien…

— Je vais partir, annonce Paul. J'ai envie de quelque chose de plus grand et de changer de quartier. Demain, je visite un truc près du Père-Lachaise avec mon père, ça me plairait beaucoup, je touche du bois.

— Et le Donjon, qu'est-ce qu'il va devenir ?

— Valentine. Elle en rêve.

— Mais comment tu vas payer ton loyer ?

— Je donne des cours de français, je travaille également pour Dali, tu sais, le commissaire Salvador, il me demande souvent de préparer des fiches ou de faire des recherches sur des œuvres d'art. Et puis les grands-parents m'aident. Tu ne peux pas imaginer à quel point Ariane va être contente. Papy aussi, bien sûr. Enfin, tout le monde !

— Valentine a un fiancé ?

— On ne sait pas. C'est très mystérieux. Et toi, tu retournes rue d'Orchampt ?

Jules pose son bol, ouvre la boîte à biscuits.

— Je ne sais même pas si la maison est toujours là. Et Kim, je me demande ce qu'il est devenu.

Paul acquiesce.

— Grand-père s'est occupé de tout. Il avait décidé de ne rien changer avant un an. Il se doutait que tu reviendrais.

— C'est bien, dit Jules. Mais je ne vais pas y rester.

— Qu'est-ce que tu vas faire ?

— Je ne sais pas encore. Si. M'occuper des autres. J'ai quelques petites idées.

Paul se lève, va chercher une tablette de chocolat.

— Et moi, demande-t-il en partageant équitablement, je fais partie des autres ?

— Bien sûr, couillon.

— Alors ça va. Va prendre ta douche, je m'occupe du lit, on va se serrer.

Jules sectionne une rangée de chocolat, commence à se déshabiller, passe dans la pièce voisine.

— Et toi, demande-t-il en élevant la voix, une petite fiancée ?

— Pas pour l'instant. Rien de régulier. Tu ne peux pas savoir à quel point je suis heureux. J'ai vraiment eu peur pour toi.

— Me revoilà, mec. Bien lavé de l'intérieur.

Presque neuf. Ne t'inquiète plus : on va essayer de se faire une belle vie.

— C'est quoi, une belle vie ? demande Paul en bordant soigneusement le lit.

— Quelle heure est-il ?

— Minuit vingt.

— Alors une belle vie, c'est une vie qui commence le mardi 10 octobre, à 00 h 20.

*

(Mardi 10 octobre 1989)

C'est curieux, songe Paul. Plus le Parti communiste baisse aux élections, plus mon enlèvement m'apparaît appartenir à une autre époque. Lorsque Georges Marchais et le PC auront touché le fond, je n'aurai plus peur du noir.

Olivier s'est arrêté en haut des marches de la station Père-Lachaise et tente de calmer son cœur. Il y a quinze jours, il s'est payé un petit serrement de poitrine qui l'a inquiété.

— Viens, dit-il à son fils, on va s'asseoir un moment.

Tous deux s'installent en terrasse, à l'angle du boulevard de Ménilmontant et de la rue du Chemin-Vert.

— Qu'est-ce que tu prends ? demande Olivier.

— Un demi.

— Ça fera deux.

Olivier fait signe au garçon, allonge ses jambes. Pour un mois d'octobre, l'air est doux. Il se souvient être venu ici il y a douze ans, après la crémation de sa mère et la dispersion des cendres. Il s'était attablé

– peut-être même à la même place – avec Serge, son fils aîné.

Paul semble entièrement absorbé dans le déchiffrage d'un plan.

— Je me demande si nous ne nous sommes pas trompés. C'est de l'autre côté du Père-Lachaise.

— Tu aurais pu faire gaffe, râle Olivier… Alors, c'est vrai, Jules est réapparu ? Il est rentré chez lui ?

— Je suppose. Il a dormi avec moi au Donjon ; lorsque je l'ai quitté, il descendait voir les grands-parents puis voulait se rendre à Montmartre. Pour « aviser », a-t-il dit.

— Quelle histoire, poursuit Olivier. Disparaître sans donner de nouvelles pendant un an, ce garçon a un grain.

— Tu serais comment, toi, si tu n'avais pas de père et si ta mère se suicidait aux barbituriques le jour de ses cinquante ans ?

— Pas de père, je connais. Pour ce qui est du suicide maternel, ce n'était vraiment pas le genre de la maison. Mais tu as raison, je suis un vieux con.

— Mais non, papa.

Le garçon dépose les bières sur la table, glisse l'addition sous le cendrier.

— Que disait l'annonce ? demande Olivier en remerciant le serveur d'un signe de tête.

Paul sort le journal, cherche la page des petites annonces.

— « Villa Godin, petite maison de charme, jardinet, calme, proximité Père-Lachaise. Petits travaux à prévoir. »

Olivier secoue la tête.

— C'est marrant, le destin, dit-il. J'ai vécu dans mon enfance près d'une villa Godin.

Paul replie soigneusement le journal.

— C'est-à-dire ?

— Il s'agissait d'une pièce du sous-sol de la villa de Fontenay que ton arrière-grand-père s'était aménagée, une pièce totalement interdite à quiconque, même à l'aspirateur de Mme Farge. Seul Pierre – le fils aîné autant qu'aimé – était autorisé à l'y accompagner. D'ailleurs, après la mort de Valentin, seul Pierre en détenait la clé.

— Mais quel rapport ?

— Dans cette pièce, Valentin avait reconstitué celle où il vivait enfant, dans la villa Godin, la vraie, celle où nous nous rendons. Une petite maison ouvrière datant sans doute du siècle dernier. Si ça se trouve, c'est peut-être celle que nous allons visiter.

Paul n'en revient pas. Valentin, son arrière-grand-père, habitait villa Godin ! Et peut-être même son arrière-arrière-grand-père, celui qui perdit une jambe sur une barricade de la rue des Pyrénées durant la Commune.

— On va y aller, propose Paul. Toujours d'accord pour la caution et le mois d'avance ?

— Mais oui, fiston.

— Merci, papa. J'apprécie. Et je te rembourserai.

— Ça va. Je te signale que ta mère en paie la moitié. Tu pourrais passer la voir un peu plus souvent.

— Promis. Toi aussi, tu pourrais la voir plus souvent.

Olivier se crispe. De quoi je me mêle ?

— Tu sais, nous sommes vraiment heureux ainsi. Cette vie commune à mi-temps nous convient parfaitement. Nous aimons notre indépendance, nous aimons nous retrouver, nous nous aimons tout court, que demander de plus ?

Agacé, Olivier se lève, va régler au comptoir. C'est vrai, il aime Delphine. Elle est ce qui lui est arrivé de plus beau dans sa vie. Tout ce qu'il souhaite à Paul, c'est d'avoir la même chance. Son fils l'attend sur le trottoir.

— Tu iras saluer ta mère ? demande Paul en désignant le Père-Lachaise d'un signe de tête.

Olivier dévisage son fils avec étonnement. Qu'a-t-il aujourd'hui ? Mais pourquoi pas ? Il pourrait se rendre au jardin du souvenir après la visite de la petite maison. En dix ans, il ne l'a jamais fait. Il s'interroge. Est-ce que cela a encore un sens quand on a dispersé des cendres aux quatre vents ? Il lève la tête, contemple le ciel. Il se revoit avec Serge, libérant une nuée argentée. Virevoltantes, hésitantes, à droite, à gauche, d'infinitésimales particules d'Odette sont montées à mille mètres d'altitude, ont rejoint les Champs-Élysées qu'elle aimait tant ou se sont élancées en direction de ce Roubaix qu'elle détestait, comme un retour aux sources. Odette Ormen, née Russier. C'était ma mère, songe-t-il, et je ne l'aimais pas.

*

(Vendredi 3 mars 1990)

Malheureusement, il pleut. Jules contemple son jardin, songe au grand rosier qu'il ne verra pas éclore. Nulle nostalgie : son chemin passait par là, il s'y est arrêté puis il repart, ce n'est que la vie. Mieux :

en déménageant, en reprenant tout à zéro, il va se reconstruire. Les quelques séances avec le compagnon d'Aude l'ont persuadé d'entreprendre rapidement une analyse. Il va falloir traquer ce syndrome de l'abandon, ce monstre tapi au plus profond de lui-même. Hier, Pierre lui a fait un beau cadeau en lui glissant un petit mot, une citation de Montherlant : « Vive qui m'abandonne, il me rend à moi-même. »

Il se retourne : la pièce est nue, à part les coussins. Comme toute la maison. Les compagnons d'Emmaüs sont passés hier avec le camion, perplexes devant le mobilier à emporter. Qui va acheter ça ? Et comment le chiffrer ?

Jules déambule, jette un coup d'œil dans la rue. Les amoureux de Dalida sont toujours là, tête levée sous leur parapluie. « *Come prima tu me donnes / Tant de joie...* » Les chansons de sa voisine lui semblaient ineptes, et désormais elle l'émeuvent aux larmes. Surtout *Paroles, paroles*, pour son texte débile et la sublime musique de Gianni Ferrio, qu'il a passée en boucle toute la matinée.

Il consulte sa montre. Valentine et Paul ne vont pas tarder avec les provisions achetées rue Lepic. Pour ce déjeuner d'adieu – Jules doit rendre les clés à seize heures –, le G3 a décidé de pique-niquer devant la cheminée puis de regarder un navet rarissime, *L'Inconnue de Hong Kong*, avec Dalida, justement, Philippe Nicaud et Serge Gainsbourg.

Un mois après son retour, en automne dernier, Jules a planifié le « grand chambardement ». Il s'est rendu à Los Angeles pour mettre en ordre ses affaires, a résilié son bail de la rue d'Orchampt et, après avoir longuement hésité, s'est décidé à rester dans le 18e...

mais pas tout à fait le même. À la Goutte d'Or, il a loué un appartement rue Doudeauville, entre la rue Léon et la rue des Poissonniers, au-dessus de Drouot-Nord, le paradis de la drouille. Valentine a prévenu qu'elle n'y mettrait jamais les pieds, ni dans le quartier ni dans l'appartement.

Sonnette. Jules descend avec un parapluie et joue les portiers d'hôtel.

— Entrez vite !

Paul et Valentine suivent leur cousin à travers le dédale de petites pièces et de couloirs. Vide de tout meuble, la maison ressemble à un décor de théâtre. Il y fait froid.

— Le gaz est déjà coupé ? demande Valentine.

— Pas dans la cuisine. Mais j'ai arrêté le chauffage.

— On gèle !

— Il y a la cheminée. On va être comme des rois.

Tandis que Valentine dépose les provisions sur la paillasse de la cuisine, Jules et Paul rassemblent les coussins autour de la cheminée.

— Kim est parti ? demande Paul.

— Hier. Il est retourné aux Philippines.

— Et toi, Los Angeles ?

— C'est sur les rails. Ce sera opérationnel dans six mois.

Avec le produit de la vente du « blockhaus » – la villa de Marie à Beverly Hills – Jules a financé une fondation Marie Ormen destinée à aider les enfants défavorisés des faubourgs de Los Angeles. La fondation repère les jeunes talents dans le domaine musical, puis leur offre des bourses d'études et des instruments de musique.

— Tu t'es rendu sur sa tombe ? demande Paul.

Jules hoche la tête. Oui, il est allé au Hollywood Forever, le cimetière où est enterrée Marie, non loin de la tombe de Joe Dassin.

— Tu as pardonné ?

— Je ne sais pas. J'y travaille.

Valentine les rejoint, sandwichs à la main.

— Et la bière ? demande Paul.

— Tu lèves ton cul et tu t'en occupes !

Paul s'exécute, revient aussitôt.

— Il n'y a pas d'ouvre-bouteille ?

— Eh non, dit Jules. Donne, je vais te montrer. Tu les mets à l'horizontale dans la gâche d'une serrure, mais sans secouer, sinon, tu en perds la moitié.

— Trop fort ! murmure Paul.

— On sent l'homme de la rue ! renchérit Valentine.

— Ça suffit, dit Jules en venant se rasseoir devant la cheminée.

— Tu vas vraiment travailler à la soupe populaire ?

— Oui, rue Ramey. Quelques soirs par semaine, pour voir.

Valentine en frissonne. La crasse, les poux. Lui qui passait ses soirées chez Castel, aux Bains ou chez Régine, il va sentir la différence !

— Et la fille, demande-t-elle, comment s'appelait-elle ?

Jules se penche, attrape un sandwich.

— Quelle fille ?

— Celle à la guitare, ne fais pas l'imbécile. C'est pour la retrouver que tu fais ça ?

— Pas du tout, Mademoiselle. Je fais cela par conviction. Pour aider ceux qui en ont besoin. Tu peux comprendre ?

— Quand même, dit Paul, Valentine a raison, on ne sait jamais, tu pourrais la croiser à nouveau…

Jules hoche la tête. Ça pourrait arriver.

— Tu sais pourquoi elle était dans la rue ?

— Non. On ne parlait pas.

— Tu n'as jamais eu envie de lui dire qui tu étais ? demande Valentine. De revenir à Paris et de l'installer avec toi dans un palais doré ?

— Je n'y ai jamais pensé. Elle m'aurait ri au nez en me traitant d'imposteur, de faux jeton ou de nanti, et elle aurait eu raison. Mais ça suffit, j'ai dit. Est-ce que je te demande des détails sur tes amoureux ?

Valentine se ferme. Surtout pas.

— Et le Donjon ?

— C'est niet.

Malgré l'appui de tante Delphine – qui paraît-il, habita au sixième de la rue de Vaugirard dès l'âge de seize ans –, Aude a refusé catégoriquement qu'elle aille s'y installer en cours d'année. En septembre on verra. Éventuellement. François, consulté, s'est empressé de botter en touche. Toujours aussi courageux devant son ex-femme. Que croit-elle, songe Valentine, que je vais faire la fête tous les soirs, m'envoyer des garçons à tire-larigot ? Pauvre maman, si moderne. Si elle savait que je suis vierge !

Valentine mord dans son sandwich. Ce ne sont pourtant pas les propositions qui manquent. Mais coucher pour coucher ne l'intéresse pas.

— Et toi, Paul ? demande Jules.

— Toujours rien à l'horizon. Si, peut-être. La fille de Dali est très mignonne, je l'ai aperçue l'autre jour rue de Penthièvre.

— Comment va-t-il, notre cher commissaire ?

— Mal. Il s'arrache les cheveux. Manque de moyens, manque de lois répressives, manque de coordination internationale. Il dit que tout le monde s'en fout. Vous savez que le trafic d'œuvres d'art, contrefaçon comprise, est le second marché criminel du monde après celui de la drogue ?

— Ça rapporte ? demande Valentine.

— Ça peut, répond Paul. En novembre dernier, Dali m'a emmené à Drouot-Montaigne, Binoche et Godeau mettaient aux enchères *Les Noces de Pierrette*, un très beau période bleue de Picasso. Vous savez à combien il est parti ? Cinquante millions de dollars ! Vous le volez, vous faites un deal avec l'assureur, banco, dix pour cent, et voilà, vous faites sauter la banque sans avoir besoin de l'attaquer.

— Et sa fille ? Elle est volable ?

Paul hoche la tête.

— Elle s'appelle Juliette. Elle a plein de taches de rousseur. On dirait la petite sœur de Marlène Jobert.

— Pas mal, dit Jules. Qu'est-ce qu'il y a pour le dessert ?

Valentine se lève, se rend dans la cuisine et revient avec un paquet qu'elle ouvre religieusement : trois éclairs au café, trois éclairs au chocolat. Leur dessert rituel.

— À nos amours, dit-elle en prenant un gâteau, puis en faisant passer.

— À nos amours, répètent les deux garçons.

4

(Lundi 17 février 1992)

Paul franchit la porte Jaujard, salue les deux lionnes du Sahara d'Auguste Cain et traverse à pas vifs une place du Carrousel balayée par le vent. Il fait froid. Sur sa droite, la pyramide de Pei scintille au soleil. On s'y fait, finalement, comme si elle était inscrite depuis toujours dans le paysage. Chez Delamain, la librairie du Palais-Royal, son grand-père est en bonne place entre *Le Guetteur immobile* de Claire Bonnafé et *Les Filles du calvaire* de Pierre Combescot. Son dernier roman, *Ciel bleu, mer agitée*, marche plutôt bien après sa participation pleine d'humour à *Bouillon de culture* en compagnie de Claude Chabrol et de Françoise Giroud. Et, c'est bien connu, Bernard Pivot a toujours eu un petit faible pour Pierre Ormen.

Paul achète un exemplaire puis retraverse la rue de Rivoli et s'engouffre dans la bouche du métro. Il consulte le plan. Pour Guy-Môquet, il n'y a qu'un seul changement à Champs-Élysées-Clemenceau.

À vingt-trois ans, Paul vient de terminer un deuxième cycle à l'École du Louvre, axé sur le marché de l'art. Son mémoire porte sur la spoliation des biens juifs à Paris pendant la guerre. Un choix pas vraiment anodin, compte tenu de cette promesse enfantine de retrouver *L'Heure bleue*, le tableau volé des Bronstein, quand il serait grand. C'était avec son grand-père dans le jardin du Luxembourg, lorsqu'il était en sixième à Charlemagne.

Avant-hier soir, pour fêter son anniversaire, le G3 s'est réuni à Montparnasse, dans un petit restaurant de la rue Campagne-Première. Valentine célébrait ses débuts à Europe 1 et Jules la fin de son analyse. Ils ont beaucoup bu, beaucoup ri et se sont promis – dans un grand élan de tendresse éthylique – de veiller en permanence les uns sur les autres.

En deux ans, depuis son installation rue Doudeauville, Jules a parachevé sa mue. S'investissant sans compter dans son quartier, il est devenu le principal gestionnaire du centre abritant la soupe populaire de la rue Ramey et travaille sur un projet social à la Goutte d'Or qu'il estime révolutionnaire. Moitié animateur, moitié mécène, il a établi ses quartiers au café L'Olympic de la rue Léon. Curieux, songe Paul, cette aura qu'il exerce sur ses interlocuteurs. La haute taille, sans doute. Et ce regard si particulier. Il aurait fait un formidable acteur.

Du métro Guy-Môquet, quelques minutes suffisent pour rejoindre la rue Jean-Leclaire. Après avoir contourné le square des Épinettes, Paul pousse la porte de l'immeuble, s'efface pour laisser passer une jeune fille coiffée d'un béret rouge et consulte la liste rédigée à la main, punaisée près des boîtes aux lettres. Isabelle Bronstein, deuxième droite.

*

L'appartement d'Isabelle Bronstein ressemble à une boîte de dragées. Du tissu au mur, du bleu, du rose, du gris. La petite bonne femme très soignée qui règne sur les lieux porte chignon et châle de soie ; elle se déplace à pas dansants, d'un curieux mouvement de côté l'apparentant à un crabe pomponné.

— Asseyez-vous, je vous en prie.

Paul s'exécute du bout des fesses.

— Merci de votre accueil. J'ai longuement hésité à vous contacter. J'avais peur de vous… de vous ennuyer.

— Non, mon petit, je vous l'ai dit au téléphone, vous ne m'ennuyez pas. Comme vous le savez, mon mari a disparu depuis près de quinze ans… mais ça me fait toujours du bien d'évoquer sa mémoire. Cela étant, j'ai bien peur de ne vous être d'aucune utilité. Quand j'ai rencontré David, en 1969, il avait plus de quarante ans. Cela faisait bien longtemps qu'il avait cessé d'espérer quoi que ce soit en matière d'héritage ou de dédommagement. Il n'aimait pas en parler, c'était un sujet très douloureux pour lui. Il m'a expliqué un jour que les deux disparitions, celle de sa famille et celle des tableaux, étaient indissolublement liées, que jamais son deuil ne serait possible en l'absence d'éléments tangibles concernant la collection et en particulier *L'Heure bleue*. Odette, votre grand-mère, aurait pu vous répondre beaucoup mieux que moi. Elle et David étaient très liés. Vous l'avez connue, bien sûr ?

Paul acquiesce vaguement. Oui, si l'on peut dire. Sa grand-mère paternelle se fichait totalement de lui et il avait huit ans lors de l'accident d'avion.

— Vous m'avez bien dit au téléphone que vous

possédiez un papier officiel décrivant la collection, n'est-ce pas ?

— Oui, il s'agit d'un document établi par la Commission de récupération artistique, juste après la guerre. David avait dix-neuf ans lorsqu'il s'est décidé à prendre contact. C'est un M. Henraux qui s'est occupé de lui.

— Je vous remercie, Madame. Ce document me sera certainement très précieux.

— Appelez-moi Isabelle. C'est pour votre thèse ?

— Mon mémoire.

— Je vais vous le chercher.

Isabelle Bronstein se lève, ouvre l'abattant d'un secrétaire à cylindre en chêne foncé. Copie Louis XVI, estime Paul. Quel âge cette femme peut-elle avoir ? La cinquantaine ? D'après Olivier, elle a vécu dans des conditions assez difficiles après la mort de David. Et sa fille Rebecca a dû interrompre tôt ses études pour gagner sa vie. Aujourd'hui, Isabelle Bronstein est totalement tirée d'affaire, la succession ayant pu s'ouvrir au terme des dix ans prévus par la loi.

— Voilà, dit Isabelle Bronstein en lui tendant une feuille, je vous en ai préparé une copie puisque je savais que ça vous intéressait. Je vous laisse une seconde, je vais préparer du thé.

Paul remercie d'un sourire et lit la déclaration avec avidité.

« En date du 24 février 1947, déposition dans mon bureau de David Bronstein, fils d'Isaac et d'Esther Bronstein, morts à Auschwitz le 13 août 1942. D'après le demandeur, la collection Bronstein de son père comprendrait : un Matisse, un Courbet,

une eau-forte de Rembrandt, une sanguine de Renoir, plusieurs tableaux du groupe Nabis : Bonnard, Vuillard, Maurice Denis, Félix Vallotton. Plus un petit Delacroix, un Marie Laurencin, un Cézanne et des dessins de Michel-Ange. Et surtout L'Heure bleue, de Picasso.

Collection qui aurait été dérobée le 20 juillet 1942 au domicile d'Isaac Bronstein, 38, rue de Vaugirard, Paris 6e. Recherches ERR effectuées. Sans résultat.

Fiche établie personnellement par Albert Henraux, président de la Commission de récupération. »

Légèrement désappointé, Paul relit attentivement le document. À part le Picasso, les autres tableaux ne sont pas identifiés.

— Le thé, dit Isabelle Bronstein. Faites un petit peu de place.

Tandis qu'elle dépose le plateau sur la table basse, Paul se met à réfléchir. S'agissait-il d'un vol crapuleux ou d'une spoliation officielle des services allemands ? À vérifier. Car pour son mémoire, cela change tout.

— Je faisais allusion à votre grand-mère Odette, reprend Isabelle, mais la personne la plus à même de vous aider est votre grand-père, M. Ormen. Il a vécu cette époque, il était très ami avec les parents de David. Comment va-t-il ? Je l'ai aperçu l'autre jour à la télévision.

— Bien, je vous remercie. Quatre-vingts ans dans deux mois mais un vrai jeune homme. Je le vois pour mon mémoire en fin d'après-midi, je souhaitais lui faire prendre connaissance de votre document. Et je vous ai apporté son dernier livre.

— Comme c'est gentil, mon petit ! Permettez que

je vous embrasse ! Dites-moi, vous êtes bien le fils de Delphine Ormen, la créatrice d'Apolline ?

— Oui, c'est ma mère.

— Mon Dieu, quelle famille ! Votre grand-père, votre mère et la sœur de votre mère, la violoniste. Que des artistes. Ce n'est pas trop dur à porter ?

— J'espère faire ma place, dit Paul.

— J'y pense, n'avez-vous pas croisé ma fille en arrivant ?

— Je ne sais pas. J'ai aperçu une silhouette surmontée d'un béret.

— C'était elle. Mon soleil. Je vous sers un thé ?

Paul hoche la tête. Oui, merci.

— Est-il vrai, demande-t-il, que ma grand-mère Odette a sauvé la vie de votre mari ?

— C'est vrai. Quand il s'est enfui du Vél' d'Hiv', elle l'a recueilli, l'a caché à Paris puis l'a envoyé en zone libre. Après la guerre, elle lui a permis de poursuivre ses études, elle a tout payé, c'était vraiment quelqu'un de bien.

— Vous travaillez dans une librairie, je crois ?

— Plus maintenant. Je travaille comme aide-comptable dans une société à La Défense. Je vous ressers du thé ?

Paul secoue la tête. Non, merci. Il a hâte de se rendre à Vaugirard pour discuter avec Pierre de la liste des tableaux. Et avec un peu de chance, Valentine sera chez elle, au Donjon.

*

— Assieds-toi, mon garçon !

Paul approche le fauteuil Voltaire de la cheminée.

Ariane a préparé des toasts, œufs de lump, tarama, pâté de sardine, accompagnés d'un petit carafon de vin.

— Tu as trouvé ce que tu cherchais ?

— Oui, j'ai une photocopie. Tu veux la voir ?

Pierre tend la main, chausse ses lunettes, parcourt rapidement le document.

— C'est vrai que c'était une collection exceptionnelle. Les murs étaient couverts de tableaux, un vrai musée. Je revois encore l'appartement. Dès l'entrée, on était accueilli par une *Jeune fille au bain*, un Marie Laurencin. Isaac disait l'avoir rencontrée à l'Exposition des Arts décoratifs de 1925. Il laissait entendre qu'il aurait eu une aventure avec elle.

Paul attrape deux mini-pizzas, et les superpose avant de les engloutir.

— D'ailleurs, il est regrettable, dit-il après s'être essuyé les lèvres, que le descriptif des œuvres ne figure pas sur la déposition. Il aurait peut-être été possible d'identifier tel ou tel tableau.

— C'est vrai, fiston. Mais c'est ainsi. Tout ce que je peux te dire, c'est que le Matisse représentait une vue de Collioure, dans des tons chauds, le petit Delacroix une chasse au lion assez quelconque et que le Bonnard était un *autoportrait sur papier, à la gouache et au crayon.* Les autres, je ne sais plus, mes souvenirs s'emmêlent, ça date de plus de cinquante ans. Ah ! oui ! Le dessin de Michel-Ange ! Isaac soutenait qu'il faisait partie d'une série de croquis pour l'illustration de *La Divine Comédie* qui aurait, jurait-il, disparu dans un naufrage au large de Livourne. Il avait le chic pour dénicher des pièces rarissimes. Ou pour inventer des anecdotes surprenantes.

— Papy…
— Paul, je vais vraiment me fâcher !
— Oui, Monsieur, excusez-moi, Monsieur…
— Qu'est-ce que tu veux ?
— Les tableaux, répond Paul, dans quelles conditions ont-ils disparu ?
Le regard de Pierre se trouble légèrement.
— Tu le sais bien, répond-il.
— Donne-moi tous les détails.
Pierre saisit la carafe, emplit deux verres. Il se lève, va chercher une cigarette dans le coffret argenté posé sur la cheminée. Il se tourne vers Paul, hoche la tête.
— La rafle du Vél' d'Hiv' a eu lieu le jeudi 16 juillet 1942. Les Bronstein ont été arrêtés au petit matin par la police française. On leur a dit de prendre une couverture, un pull et des chaussettes, de fermer les compteurs de gaz, d'eau et d'électricité. Ils habitaient au-dessous de chez nous, nous avions la clé, je ne savais pas trop quoi faire. Mettre leurs biens à l'abri ? C'était interdit. Et je ne pouvais pas exposer ma famille, ta mère venait de naître, Marie avait sept ans, les jumeaux quatre ans.
— Alors ?
— On a laissé passer le week-end. Le lundi, un camion est venu et ils ont tout embarqué. Absolument tout.
— Les services de von Behr ? demande Paul.
Pierre soupire.
— Je vois que tu connais. Non. Probablement pas. D'après la concierge, le camion portait l'inscription « Le Bon lait ». Pas vraiment le genre des Allemands.
— Il existait des Français qui agissaient pour le compte de l'occupant…

— Exact. Mais on ne saura jamais si c'était le cas cette fois-ci. Toujours est-il qu'après la guerre, je me suis renseigné. Pas la moindre trace de réquisition allemande dans les archives. La collection Bronstein n'a jamais fait partie des biens juifs officiellement spoliés.

— La concierge, elle vit encore ?

— Mme Crié ? Non, bien sûr. Elle est morte il y a bien longtemps.

— Plus de témoin, donc, plus rien.

Pierre tourne le dos à son petit-fils pour masquer son trouble. Un témoin, il pourrait y en avoir un. Mais Amédée lui a juré qu'il n'était pour rien dans la tragédie des Bronstein. Faut-il le croire ? L'évocation du Vél' d'Hiv lui laisse la gorge sèche. En fait, malgré ses aveux tardifs à Ariane, il ne s'est jamais vraiment pardonné. Il contemple sa main, cherche à discerner le début d'un « eczémain », cette brûlure d'expiation qui l'a poursuivi durant des décennies. Rien. Son corps, lui, a pardonné. Ou, trop vieux, il a choisi d'oublier.

— Vous rêvez, général ? demande Paul.

— Oui, fiston.

— C'est tout ce que tu sais ?

— Je t'ai tout dit. Tout ce qui peut t'intéresser. Est-ce que tu dînes avec nous ?

— Non, je suis désolé, je suis invité chez mon ami flic. Le commissaire Salvador.

— Ah ! Oui ! Ton ami Dali ! Quoi de neuf chez les chercheurs de trésor ?

— Un gros truc. Il travaille en liaison avec le FBI sur la coordination internationale du dossier Gardner, tu sais, ces treize toiles volées il y a deux ans au musée de Boston, parmi lesquelles figurent trois Rembrandt et un Vermeer.

— Il te fait toujours du gringue pour que tu le rejoignes ?

— Oui. Mais il n'en est pas question. Je termine mes études et, dans un an et demi, je m'installe à New York pour un stage de deux ans chez Christie's. Si je veux piloter un jour de grandes ventes internationales, c'est indispensable. C'est maître Angelis, le copain de mamy, qui m'a proposé de me pistonner.

— Deux ans, c'est long…

— Il le faut, c'est tout. Tu sais si Valentine est là-haut ?

— Je crois.

— Alors j'y vais. Au revoir, général. Embrassez Ariane pour moi.

— Salut, fiston. Bonne soirée. Et merci d'être passé.

Pierre regarde son petit-fils sortir du salon et allume une nouvelle cigarette. Il a oublié de lui remettre son exemplaire dédicacé de *Ciel bleu, mer agitée*. Il s'approche de la bibliothèque, contemple ses romans classés par ordre de parution. Cette fois-ci, c'est la bonne. Dans deux mois, il aura quatre-vingts ans. Le jury Goncourt aura-t-il pitié de l'obsession grotesque d'un vieil homme ?

*

(Lundi 22 février 1993)

Delphine accompagne son expert-comptable jusqu'à la porte et range les bilans dans la grosse armoire métallique, héritage de l'ancien locataire. Comme toujours, elle a écouté attentivement sans comprendre quoi que ce soit, à part le fait que – grosso modo – elle ferait mieux de se payer en dividendes plutôt qu'en salaire.

Depuis qu'elle ne s'autoédite plus, confiant la fabrication et la diffusion de ses ouvrages aux éditions Glénat, Coco Bouda SARL n'est plus qu'une coquille vide lui permettant de facturer et de faire passer quelques frais. Delphine referme la porte, se rend à la fenêtre et jette un coup d'œil dans le passage. Les Pakistanais n'en finissent pas de décharger leurs bobines de tissus. En octobre, lors du renouvellement du bail, elle a hésité puis choisi de rester sans bien savoir pourquoi. Et qu'importent les raisons, songe-t-elle. On peut prendre de bonnes décisions pour de mauvaises raisons, de même que le contraire. Elle consulte sa montre. Onze heures quarante-cinq. Largement le temps. Elle sort l'aspirateur, entreprend un ménage aussi bref qu'énergique en se demandant pourquoi elle éprouve ce besoin impérieux après chaque rendez-vous comptable. Derrière le canapé-lit, une carte de visite joue les insectes morts en compagnie d'un trombone, d'un élastique rouge et d'un Bic Cristal desséché. Sous la mention « Hôtel Dodds », Delphine déchiffre une adresse rédigée en espagnol. Angelo ! Elle avait oublié qu'il avait dormi ici pendant une semaine avant de prendre ce poste de gardien de nuit dans un hôtel de la porte Dorée. Tandis que l'aspirateur continue à ronronner, elle contemple la carte fixement. Où est-il, maintenant ? Il y a deux ans, à la demande de l'Italie, Angelo di Mascio a été arrêté et placé en détention pendant cinq mois à la prison de Fresnes. Après le rejet de la demande d'extradition par la chambre d'accusation de la cour d'appel de Paris, Angelo a repris son travail à l'hôtel puis, un mois plus tard, il a disparu. Sans un mot, sans prévenir.

Delphine replace le canapé contre le mur, arrête l'aspirateur, vide les corbeilles dans un sac plastique, nettoie le lavabo et les tasses à café puis va s'asseoir à sa table à dessin. Elle saisit une liste surmontée d'un « à faire » souligné trois fois, attrape le téléphone et compose le numéro du Pas Perdu. Huit sonneries, neuf sonneries…

— Allo, papa ?

— Bonjour, ma chérie…

— Comment va maman ?

À la suite d'un léger malaise, Ariane a dû être hospitalisée à l'hôpital de Draguignan.

— Elle va mieux. Elle sort dans trois jours et nous remontons aussitôt à Paris.

— Tu te débrouilles, tout seul, là-bas ?

— J'ai mes livres. La télé. Et les levers de soleil sur la colline.

— Tu veux que je vienne vous chercher à la gare de Lyon ?

— Non merci, nous prendrons un taxi.

— Il fait beau ?

— Royal. Ciel bleu éclatant. Pas un souffle de vent, j'ai déjeuné dehors.

— On se demande pourquoi vous ne vous installez pas là-bas ! Les cyprès, les pins, les oliviers…

— Je préfère mes marronniers du Luxembourg !

— Tu écris ?

— Non. Ça ne vient pas. Je jardine.

— C'est bien meilleur pour la santé, dit-elle. Je t'embrasse. Et embrasse maman.

Delphine raccroche, biffe le numéro. Une demi-heure plus tard, la liste étant épuisée, elle met de l'ordre sur sa planche, va chercher son manteau et ferme le bureau. Au pied de l'escalier, son vélo Peugeot est attaché aux barreaux par un solide U. Le passage est pittoresque, mais le sens de la propriété l'est tout autant.

*

— Léotard, je te dis !

Aude ouvre des yeux ronds.

— Le ministre ?

— Mais non, le comédien !

— Ah !

Les amours de Valentine sont toujours aussi improbables. À en croire Paul, elle est sortie successivement avec le maire d'une commune de quatre-vingt mille habitants, le fils d'un sénateur apparenté socialiste et un très jeune acteur échappé d'un film de Rohmer.

Aude secoue la tête : sa fille est un peu folle, mais elle ne peut croire ce qu'elle entend. Les cousins passent leur temps à colporter des rumeurs. D'autant plus que, depuis trois mois, Valentine s'est forgé une petite notoriété dans une matinale sur France Inter intitulée « Arrière, pensée ! », émission dans laquelle elle manie la rumeur politique avec beaucoup d'humour.

— Comment vont les enfants ? demande Delphine en sortant son paquet de cigarettes.

— Rien de particulier. Stanislas ne pense qu'au tennis,

il est passé -2/6, il joue désormais dans l'équipe première du club, il va évidemment rater son bac. Louise commence à se maquiller, je suis totalement désemparée avec ces ados. Tu sais que nous allons déménager ? C'est devenu trop grand, depuis le départ de Valentine. Et mon père aimerait reprendre l'appartement.

— Ça barde, dit Delphine en allumant sa cigarette. J'ai lu des trucs dans la presse. Pas vraiment encourageants.

Aude se crispe. Il y a deux ans, le groupe SBS a revendu la tour BP de La Défense avec une plus-value nette de quatre cent cinquante millions de francs, on a parlé de trafic d'influence, de commissions occultes, de mafia des Hauts-de-Seine. Et Sébastien – son frère – a été inculpé.

— Je ne suis pas trop inquiète. Le groupe possède de très solides appuis politiques. Et si la droite passe aux législatives, il va s'en tirer, comme d'habitude.

Delphine s'abstient de commenter. L'immobilier de bureaux est devenu une véritable gangrène, il n'y a plus que le fric qui compte, l'argent fou détruit tout, même la gauche.

— Tu vas habiter où ? demande-t-elle.

— À Perpète-les-Oies, avenue de Versailles, près de la porte de Saint-Cloud. Stan sera à côté de son club, Harry près de son cabinet.

— Ça se passe bien ?

— Pas mal. Et Valentine n'est plus là pour nous faire la guerre. À ce propos, je me demande comment elle tient encore, rue de Vaugirard. C'est minuscule et on se gèle.

— Je connais, dit Delphine en souriant. J'y ai vécu pendant des années, au tout début des années 1960.

C'était la Sibérie. Mais si j'ai bien compris, elle prend la suite de Paul à la villa Godin ?

— Oui, il part quand ?

— Fin juillet, pour deux ans chez Christie's. Le traducteur de papa habite Brooklyn, une grande maison, il est d'accord pour accueillir Paul pendant deux ans. Gratuitement. À charge de revanche quand son fils viendra à Paris. Bon. Qu'est-ce qu'on mange ?

— Je ne sais pas. Tout a changé ici, même les serveuses.

Delphine détaille la carte, se décide pour un poulet aux morilles.

— Et toi ?

— Comme toi. Ça va me réchauffer. Je me demande aussi comment tu peux te balader en vélo par ce temps !

— C'est fou ce que tu te demandes comme trucs, aujourd'hui !

Delphine réclame un cendrier, éteint sa cigarette en esquissant une grimace de dégoût. Et merde ! Pourquoi continue-t-elle ? Il y a douze ans, ici même, elle s'était juré qu'elle fumait la dernière.

— Je suis allée dîner l'autre soir avec Olivier chez ton ex, rue des Rosiers, dit-elle. C'est drôlement bien ce qu'il a fait.

Le visage d'Aude se crispe à nouveau. L'évocation de François est toujours un peu douloureuse.

— Ils ont ouvert une seconde salle, poursuit Delphine, Julien a rameuté tout le milieu de la pub, ça ne désemplit pas.

— Julien ?

— Il va bien. Il vient de publier un petit opuscule, *La Ménagère de 50 ans et 3 jours*, dans lequel il se fout gentiment de la gueule des pubards, c'est vraiment très drôle.

— Toujours rue de Lancry, dans son trou à rats avec terrasse ?

— Oui. Mais il déménage, lui aussi. Je ne sais pas ce qui se passe en ce moment, tout le monde a la bougeotte.

— Et il va où ?

— À deux pas, rue Dieu, ça ne s'invente pas, à cent mètres du canal Saint-Martin. Avec Juan, ils ont acheté une boutique désaffectée qu'ils comptent transformer en appartement. Ça se fait beaucoup, paraît-il.

La serveuse dépose les deux assiettes sur la table, le pain, le vin et une carafe d'eau.

— Bon appétit, dit-elle.

Aude hoche la tête. Polie. Elle n'a jamais compris comment l'on pouvait souhaiter bon appétit à quelqu'un. L'appétit, on l'a ou on ne l'a pas. Et il n'est ni bon ni mauvais.

— À quoi penses-tu ? demande Delphine.

— À François. C'est quand même un enfoiré.

— Enfoiré de quoi ? Parce qu'il t'a larguée ?

— Ouais ! Vous êtes des grands largueurs, dans la famille Ormen. François et moi. Toi et Sébastien…

Delphine hausse les épaules.

— Mais ma pauvre fille, tu dérailles. Pour larguer ton frère, il eût fallu au préalable que je l'eusse arrimé ! Heu… C'est comme ça qu'on dit ?

— Tu as raison, chacun sa vie. Je suis très heureuse avec mon petit chauve à lunettes. Instable et nerveux, raisonnablement juif et névrosé, c'est exactement ce qu'il me fallait… Tu sais la dernière de ton frère, l'enfoiré ?

— …

— Non content de faire un enfant, comme s'il n'en avait pas déjà assez avec les nôtres, il me demande si je veux bien être la marraine de sa fille. Tu te rends compte ?

— Raphaëlle ? Quel amour !

— Faudrait pas me prendre pour une conne !

Delphine sourit et fouille dans son sac. Elle en sort un téléphone tout en rondeur, le tend à Aude.

— T'as vu ça ?

— C'est quoi ? Un Bi-Bop ? Ça marche ?

Delphine compose un numéro, lui passe l'appareil.

— C'est qui ? murmure Aude en tendant la main.

— Devine !

Aude porte l'appareil à son oreille, reconnaît la voix de François.

— C'est Aude, dit-elle. Devine d'où je t'appelle !

— Je m'en fous, dit la voix. Tu appelles, c'est ça qui est important. Alors c'est d'accord ? Dis-moi que c'est oui !

— C'est non !

Aude rend l'appareil à Delphine.

— Tiens. Il s'en fout, de ton Bi-Bop ! Et moi je me fous de son baptême !

Tandis que la serveuse débarrasse la table, Delphine range l'appareil dans son sac.

— Deux cafés, s'il vous plaît !

— C'est curieux, reprend Aude, je voulais t'en parler, et puis j'ai oublié. C'est de parler à ton frère qui m'y fait penser.

— Quoi donc ?

— Je ne voudrais pas me mêler de ce qui ne me

regarde pas, mais il paraît que Pierre a revu son frère. C'est Valentine qui me l'a dit. C'est vrai ?

Delphine détourne la tête, sort une cigarette de son étui, l'allume calmement avec un Mini-Bic rouge.

— Pourquoi tu me dis ça ? En quoi ça me concerne ?

Aude se trouble, décontenancée.

— Excuse-moi, je ne voulais pas… Je… je pensais que cela pouvait te faire plaisir… Il s'agit de ton oncle, après tout…

— Après tout quoi ? Papa fait ce qu'il veut, mais qu'il ne compte pas sur moi pour échanger un seul mot avec ce… avec ce type. Je n'en reviens pas ! Comment a-t-il osé le recevoir chez lui ? Après tout ce qu'il a fait durant la guerre !

Le cœur de Delphine bat la chamade. Cette ordure franchissant la porte de l'appartement… Que s'est-il passé pour que son père accepte une chose pareille ?

— Tu ne devrais pas en vouloir à ton père, dit Aude. C'est un beau geste.

Delphine émet un petit rire désolé. Pauvre Aude, si elle savait ! Son père, son vrai père… La découverte du dossier bleu remonte à la surface, la mort d'Amélie, la gifle dans la galerie. Amédée l'infâme. Même vingt-cinq ans plus tard, elle souhaiterait le voir mort. Dissous dans l'acide jusqu'à la dernière molécule.

*

(Samedi 24 juillet 1993)

Le pavillon de la villa Godin dispose d'une petite courette dans laquelle le buffet a été dressé. La courette se prolonge par un jardin de dimensions modestes où les plantations, prises en charge par Jules dès son entrée dans les lieux, ont pris de l'ampleur : un olivier trapu qui passe fort bien l'hiver, deux petits sapins, du romarin, du lierre à profusion et un *Robinia pseudoacacia*, sorte de mimosa des quatre saisons qui, selon Jules, dépassera un jour le record de longévité de celui du square René-Viviani planté il y a près de quatre siècles par Jean Robin.

Au grand regret de Paul, il n'a pas été possible d'établir si la maison était celle des Ormen au début du siècle, la maison où son grand-père est né. Lors de la crémaillère, Pierre a vainement exploré les lieux et sa mémoire. La petite impasse, les maisons ouvrières, l'énorme zeppelin allemand lâchant ses bombes sur le quartier, il se souvenait fort bien. L'odeur des copeaux de bois que l'on ramassait en fin de journée pour alimenter le poêle. Mais était-ce cette maison-ci ou une autre, il ne savait plus, d'autant que tous les pavillons avaient subi des modifications.

— Tu pars quand, exactement ?

— Dans deux semaines. Je viens d'obtenir mon visa.

— Comment va-t-on faire sans toi ?

Valentine et Paul se sont assis sur les trois marches de l'entrée, observant le ballet des préposés au barbecue. Pour fêter son départ aux USA, Paul a invité largement : amis, amis d'amis, famille et voisins de l'impasse. Valentine, fidèle à ses habitudes, est venue seule.

— Ça va, les amoureux ? demande Jules en venant s'asseoir entre eux.

— Vava va pas, explique Paul. Elle blues.

— Mais qu'est-ce qu'elle a ? C'est ton départ ?

— Non, elle s'est fait sérieusement remonter les bretelles. Ils n'ont pas apprécié sa chronique sur la mort de Bérégovoy, les rumeurs d'assassinat et le climat de fin de règne à l'Élysée.

— Ah bon ? C'est pas un suicide ?

Paul secoue la tête avec commisération. Sorti des préoccupations sociales de la Goutte d'Or, l'Américain plane complètement.

— Laisse tomber, Jules, la politique, ce n'est pas pour toi. Dis-nous plutôt où tu en es avec tes ouailles.

Jules a sorti son petit matériel : le tabac, le papier, le briquet pour amollir la résine. D'une main experte, il a confectionné un cône confortable en moins d'une minute.

— Ça n'avance pas, dit-il en enflammant la chose, je ne parviens pas à obtenir le statut de banque. Pour l'instant, j'aide financièrement les familles en difficulté, je leur prête de l'argent pour qu'elles s'en sortent mais un prêt personnel, ce n'est pas une solution. Je veux créer une vraie banque des pauvres, comme la Grameen Bank de Muhammad Yunus au Bangladesh ou Maria Nowak en Afrique, mettre en place un microcrédit pour les petites entreprises familiales du quartier.

— J'ai le slogan, dit Paul : « La banque à Jules : une petite goutte d'or pour s'en sortir. »

— Imbécile ! Tu ferais mieux de t'occuper de ta fiancée, on va te la piquer.

Paul jette un coup d'œil vers Juliette.

— D'abord, ce n'est pas ma fiancée. Ensuite, elle va être seule dans pas longtemps, il faut bien qu'elle s'entraîne…

Jules tend le pétard à Valentine, qui aspire calmement puis le passe à Paul.

— Elle est vraiment mignonne, dit-elle. Qu'est-ce qu'elle fait ?

— Elle travaille dans un département spécialisé de France Télécom. Ne m'en demande pas trop, c'est très compliqué, mais je crois savoir qu'il s'agit de créer un réseau Internet français.

— C'est quoi ? demande Jules.

— C'est comme le Minitel, mais mondial. Américain, évidemment. Une grande toile d'araignée accessible depuis ton ordinateur, sur laquelle tu peux attraper des tas d'informations. Un truc comme ça.

— Balèze, la petite ! Tu bosses toujours avec son père ?

— Oui, mais avec mon départ, ça va prendre fin. J'aimais bien travailler avec lui. Surtout sur la mise en place du fichier Treima.

— Et c'est quoi encore, ça ?

— Thésaurus de recherche électronique et d'imagerie en matière artistique. Il s'agit d'un fichier international, d'une base de données qui sert à recenser tous les objets volés ou disparus. On entre dans l'ordinateur la description physique de l'objet, les circonstances de la disparition, et surtout la reproduction photographique. Ce devrait être l'arme fatale de l'OCBC. Seul bémol : huit collectionneurs volés sur dix sont incapables de fournir aux policiers la photographie de leurs œuvres !

— Comme les tableaux de ton mémoire, intervient Valentine. La collection Bronstein.

— Exact. Sauf que pour les Bronstein, c'est un cas spécial : l'appartement a été complètement vidé.

Il existait peut-être des photos des tableaux qui se sont perdues dans la tourmente. D'après papy, Isaac, l'ami de son père, était très méticuleux.

— Dali l'a lu ? demande Jules.

— Quoi ?

— Ton mémoire !

— Évidemment. Ça l'intéresse beaucoup, cette histoire d'*Heure bleue*. Nous avons introduit le tableau dans le fichier Treima, c'est grand-mère qui a établi le descriptif du portrait d'Olga Khokhlova. Parfaitement détaillé. Dali en était sur le cul.

— Et ta petite fiancée, elle viendra te voir ?

— Je ne sais pas trop. Excusez-moi, il faut que j'aille surveiller le barbecue.

Jules et Valentine se regardent d'un air entendu. Ce n'est pas le barbecue qu'il va surveiller.

— Tu t'installes quand ? demande Jules en se rapprochant de sa cousine.

— Le jour de son départ. J'emménage avec quelques meubles et je pars aussitôt pour Saint-Jean-de-Luz voir mes grands-parents, mamy ne va pas fort.

Jules allume deux cigarettes, en tend une à Valentine.

— Tu vas être bien ici, dit-il, ça va te changer la vie. Ce n'est pas comme au Donjon ; tu pourras y ramener tes proies sans avoir à te soucier des lames de parquet qui grincent…

Valentine se cabre. Il est clairement stipulé dans les statuts du G3 que sa vie sentimentale est classée secret défense.

— Jules, s'il te plaît, ne me cherche pas !

— C'est fini, avec le « ministre de la défonce » ?

— Fais pas chier ! Je te demande avec qui tu baises, moi ?

— Justement. Je voulais t'en parler. Tu n'aurais pas une copine pour moi, je ne trouve personne, dès que je parle de la Goutte d'Or, elles se barrent en courant.

— C'était mieux quand tu étais au Ritz ?

Jules réfléchit.

— Non, pas vraiment. Elles ne pensaient qu'à mon fric.

— C'est l'avantage de Barbès, dit Valentine. Les amours y sont plus pures. Ne t'inquiète pas, Julot, ça va venir.

*

Tandis qu'*Ordinary World* de Duran Duran succède aux *Sultans* de Dire Straits, les invités se pressent autour du buffet, à l'affût du renouvellement d'un punch des îles particulièrement sévère. Deux verres à la main, Juliette Salvador s'avance vers Paul.

— Tiens, chéri…

Telle une huître boudeuse, le visage de Paul se ferme.

— Cesse de m'appeler chéri, ça fait mauvais genre.

Juliette hoche la tête. Oui chéri, songe-t-elle, comme tu veux, chéri.

— On parlait de ton job, poursuit Paul. Avec Jules et Vava. J'ai eu du mal à expliquer.

— C'est tout le problème : je dois rendre le complexe accessible à tous.

Paul regarde autour de lui, étonné du nombre de personnes qui lui sont inconnues.

— Ton père va passer ? demande-t-il distraitement.

— Il a dit qu'il essaierait.

— Super.

— Au fond, dit-elle en souriant, c'est de lui que tu es amoureux, pas de moi.

— N'importe quoi…

— Mais je ne t'en veux pas… Je suis amoureuse et tu ne l'es pas. C'est la vie, c'est ainsi. Je ne me plains pas : il est beaucoup plus intéressant d'aimer que d'être aimé.

— Vraiment ? Et pourquoi ça ?

— Parce qu'on n'a pas besoin de l'autre pour être heureux, voilà pourquoi.

— Tiens donc ! Je croyais qu'aimer, c'était essentiellement vouloir être aimé.

— Chez Lacan peut-être, mais pas chez moi. C'est ta cousine qui s'installe ici pendant ton absence ?

— Oui.

— Tu aurais pu me le proposer.

— Pas question, répond Paul. On n'a pas besoin de la villa Godin pour être heureux. De toute façon, j'avais déjà promis à Valentine.

— On va te regretter. Mon père et moi.

Paul la prend par la taille, lui dépose un baiser dans le cou.

— Pourquoi est-ce qu'on n'y arrive pas ? Toi et moi ?

Juliette se dégage doucement. Gonflé, le « toi et moi », songe-t-elle.

— Moi, j'y arrive, pas toi. Il doit te manquer quelque chose quelque part.

— Du genre ?

— Genre la vie est belle, je me laisse aller, je ne me

pose pas de questions, c'est en forgeant qu'on devient forgeron, c'est en aimant qu'on devient amoureux, etc.

— Laisse-moi vieillir un peu. Deux ans, c'est vite passé.

Juliette tourne la tête pour masquer une larme.

— Tu as raison, dit-elle, ça va passer…

5

(Lundi 8 novembre 1993, 08 h 02)

From : 15417896.7693@compuserve.com
To : Traduct.fischer@aol.com

Mon trésor, merci pour ton « e-mail », j'espère que tu es heureux dans la Big Apple, fais très attention, couvre-toi comme on dit, le virus est partout.

Ici, tout va bien. Ton grand-père est ravi : il a percé le mystère du nom du Pas Perdu. Bête comme chou : il y avait à Villecroze au temps de Napoléon III un monsieur venu de la ville qui prétendait ne jamais se perdre dans les collines. On le surnommait le « pas perdu ». Il fit construire une maison et, comme il avait de l'humour, il la nomma le Pas Perdu.

Ton père est comme un môme, il bat des mains : Godard a retrouvé les chutes de Pierrot le fou *dans lequel Olivier jouait du piano sur le ponton près de Raymond Devos. Il les lui a offertes en cassette VHS. Ton père n'avait jamais vu ces images. Il est très bien. Quelle drôle d'idée de les avoir coupées au montage ! Tu sais que c'est à cause de cette séquence qu'il a failli mourir ? Quelle heure est-il ? Tu dors ? Millions de baisers.*

Maman

*

(Mardi 9 novembre 1993, 11 h 12)

From : Traduct.fischer@aol.com
To : 15417896.7693@compuserve.com

Chers vous deux,

Froid de canard sur Manhattan. Je tiens grâce à l'alcool et à une gentille Hillary aux chaudes rondeurs. Larry, le traducteur de papy, est un type formidable, il me pilote partout : peintres, écrivains, cinéastes, il connaît tout le monde, ça tourbillonne, Paris est vraiment un village à côté d'ici. Chez Christie's, ça roule. J'ai participé à la vente d'un Kurt Seligmann (1900-1962), je ne le connaissais pas, ça ressemble à du Dalí, hop ! Cinquante mille dollars !

Mon anglais progresse à vitesse grand V, je suis invité pour les fêtes de fin d'année chez des amis de John-John Kennedy, vous savez, le petit garçon qui faisait le salut militaire devant le cercueil de son père. Il a fait du droit, comme moi, il est aujourd'hui assistant du procureur à NY.

Vous n'imaginez pas à quel point tante Marie est vénérée ici, tant pour le classique que pour le rock. Un véritable mythe. Biz and Biz à vous deux, sans oublier Antivol.

*

(Vendredi 20 mai 1994, 18 h 25)

From : Traduct.fischer@aol.com
To : 24387629.5688@francenet.com

Salut, commissaire !

Ben dis donc, il t'en a fallu du temps pour m'écrire. Faut croire qu'il n'y a pas l'Internet à l'OCBC. Ces flics, toujours fauchés. Ou pas dans le coup. Tu n'aurais pas une enquête en cours de ce côté-ci de l'Atlantique ? Ce serait sympa de se voir après tout ce temps. Alors, Juliette a trouvé un nouveau copain ? Tant mieux, je n'étais vraiment pas une affaire.

À propos d'affaire, nous venons de faire une vente maousse. Il y avait en particulier une toile fauve de Vlaminck, Paysage de banlieue, *qui a été achetée par Steve Cohen (le patron des hedge funds SAC Capital Advisors) pour sept millions de dollars. Je vais te faire un aveu : je me demande si je suis fait pour ce métier. Tout ce fric m'écœure un peu.*

PS : j'ai appris que Georges Marchais n'était plus premier secrétaire du PC. Tu ne peux pas imaginer ma joie !

*

(Mardi 28 juin 1994, 08 h 36)

From : 15417896.7693@compuserve.com
To : Traduct.fischer@aol.com

Mon cœur joli, c'est sans doute le dernier « e-mail » que je t'envoie. Je ne cesse de me battre avec mon modem Novafax, je vais le mettre à la poubelle, ça coupe tout le temps, c'est énervant. Nous sommes remontés spécialement de Villecroze à Paris pour voter aux européennes : à la stupéfaction générale, la liste Tapie a fait douze pour cent des voix, à seulement deux points de la liste du PS conduite par Rocard. Ton grand-père est amer (ha, ha, ha !). Il dit qu'un missile nommé Tapie a été tiré depuis l'Élysée et qu'il a flingué Rocard en plein vol. Pour son Michel, c'est cuit pour les présidentielles de l'année prochaine. Mendès, Rocard : papa est toujours dans les mauvais coups, je pense qu'il porte malheur à la vraie gauche. Tu sais que Stanislas a passé un tour à Roland-Garros en sortant des qualifs ? Battu par Bruguera, celui qui a gagné le tournoi. Il a été élu Prix Bourgeon par la presse, ça s'annonce bien.

Ta cousine chérie, la jolie Valentine, fait toujours les beaux matins de France Inter et demande quand tu rentres.

J'oubliais Jules ! Ça y est, il a son accréditation bancaire, ça s'appelle « Oud'Pouss », comme coup de pouce je suppose, il est passé à la télé, quel acteur ! Il crève l'écran, c'est vraiment incroyable.

J'ai bien noté l'invitation de Larry. Remercie-le. Nous essaierons de venir à NY pour quelques jours fin août.

On t'embrasse !!!

*

(Samedi 8 avril 1995, 17 h 48)

From : 15417896.7693@compuserve.com
To : Traduct.fischer@aol.com

Mon petit loup, je reviens de Noirmoutier avec ton père, beau temps, sorties en mer, c'était absolument génial.

Olivier a vendu Le Joyeux *pour acheter un canott' plus grand. Après avoir écarté Prof, Grincheux, Simplet, Atchoum et Timide, il a choisi de l'appeler « Dormeur », un nom qui correspond assez bien au statut du bateau.*

Moins génial : pendant ce temps, à Paris, on m'a volé mon vélo (tiens, je n'avais pas remarqué, vélo volé, c'est une anagramme !).

À propos de véhicule, ta grand-mère a décidé qu'elle ne conduirait plus (merci, mon Dieu !). Elle me demande de te dire que la Mini sera pour toi à ton retour. Vingt-six ans, moins de vingt mille kilomètres, super affaire ! Il nous tarde de te revoir, le G2 également, bref, tu manques à tout le monde. Juin, c'est bien ça ? Baisers, maman.

PS : on vote dans quinze jours. Balladur s'est effondré dans les sondages, Chirac fait le malin sur le plan social, Jospin fait la gueule comme d'habitude, on s'amuse comme on peut.

*

(Mercredi 24 mai 1995)

Le corps d'Ariane repose dans sa chambre, à Vaugirard. Au milieu des fleurs, des centaines de fleurs multicolores. Pierre et ses trois enfants ont choisi de bannir la moindre touche de noir dans la pièce où elle repose, de l'entourer de vie, de fraîcheur, de couleurs. Son visage est serein, ceint de sa couronne de cheveux tressés, comme elle les aimait. Depuis deux heures, amis et relations défilent, le Tout-Paris de la politique et des lettres, mais également un nombre impressionnant de femmes que Pierre ne connaît pas. Toutes expriment leur gratitude et leur admiration pour Mme Ormen, « une sainte », comme l'a écrit l'une d'elles sur le livre d'or placé dans l'entrée.

Pierre, à moitié étonné, découvre une partie de la vie d'Ariane dont il connaissait l'existence mais dont il ne soupçonnait pas l'ampleur : devant l'hommage amical et respectueux que lui rendent ces femmes, de la plus célèbre à la plus humble, il mesure soudain à sa juste valeur l'ombre portée d'Ariane sur cinquante ans de combat pour l'émancipation féminine. Évelyne Sullerot, Simone Veil, Gisèle Halimi, toutes les grandes actrices du combat féministe sont venues la saluer.

Appuyé sur sa canne, les traits tirés, Pierre reçoit les condoléances avec la distance qui lui paraît nécessaire dans la circonstance. Affecté mais souverain, maître de ses émotions. Il lève la tête, contemple le plafond qui commence à s'écailler. Il faudrait repeindre. Un homme s'approche, lui tend la main.

— Salut, lieutenant Miguel !

Pierre met un long moment à déchiffrer le visage ridé avant de reconnaître le commandant Titus. Son ancien patron du réseau Cervantès semble toujours aussi vif. Une allure de gamin. Un peu trop bronzé. Pierre effectue un rapide calcul. Trois ans de moins que lui. Donc, quatre-vingts ans.

— Comment va, Jacques ?

— Bien, merci. Je suis de passage, j'habite Tahiti désormais. Toutes mes condoléances, la disparition d'Ariane me bouleverse.

— Merci, Jacques, comme nous tous.

— C'était une femme extraordinaire.

— Je sais.

— Si belle, aussi…

Pierre note le teint hâlé, le blanc argent d'une solide chevelure éventuellement agrémentée d'implants de prix. Jacques Lancelot, le beau Jacques Lancelot avec lequel Ariane eut une aventure il y a quarante ans pendant que lui descendait le fleuve Niger. Un doute soudain s'insinue brutalement : auraient-ils continué à être amants après son retour ? Cette pensée concernant d'éventuels errements d'Ariane lui paraît aussitôt particulièrement misérable.

— Tu la voyais souvent ? demande-t-il malgré lui.

— Non, pas vraiment. À part toi, les hommes ne l'intéressaient pas.

Pierre hoche la tête. Merci, Jacques. Il fouille dans ses poches, cherche ses cigarettes. Une main a saisi sa veste par l'arrière, tire dessus vers le bas comme le ferait celle d'un petit enfant.

— Ça va, mon général ?

Pierre se retourne, son visage s'illumine. Paul ! Il serre longuement son petit-fils dans ses bras, puis l'examine avec une tendresse qu'il ne cherche pas à masquer.

— Jacques, dit-il enfin, je te présente Paul, mon petit-fils, le fils de Delphine. Il arrive de New York, où il a passé deux ans.

— Enchanté !

— Jacques était mon supérieur durant la guerre, explique Pierre. Nous étions ensemble dans la Résistance.

Paul acquiesce de la tête, contemple son grand-père avec étonnement. Un parfait maître de maison, recevant avec tact des invités disparates. N'était le corps d'Ariane reposant dans la pièce du fond, on pourrait se croire à une soirée mondaine. Mais peut-être est-ce sa façon de cacher son chagrin ?

— Veuillez m'excuser, dit-il, je vous ai interrompus. À tout à l'heure, je vais saluer mon oncle. Mes oncles.

Paul traverse le salon, rejoint Julien et François qui bavardent à voix basse près de la porte-fenêtre. François accuse quelques kilos en trop qui feraient le plus grand bien à Julien.

— Salut, Paul.

— Salut, Paul.

— Ma mère est là ?

— Oui, répond Julien. Elle veille Ariane.

— Comment cela s'est passé, pour mamy ? Est-ce que… elle a souffert ?

François secoue la tête.

— Il semble qu'elle soit morte en douceur, sous un soleil de printemps au Luxembourg. Ta grand-mère lisait, parfaitement emmitouflée, sur la terrasse du haut, près du bassin. Pierre était assis à côté d'elle, il somnolait, il rêvait d'elle, dit-il. Il s'en est rendu compte lorsqu'il a voulu rentrer. Il a pris sa main, elle était encore chaude, mais elle était morte, probablement un infarctus foudroyant. Elle est partie comme elle a vécu : en souriant, entre les statues d'Anne de Provence et d'Anne d'Autriche.

— Maman était une princesse, reprend Julien. Papa n'a jamais tout à fait réalisé la chance qu'il avait.

— Pourquoi n'y a-t-il personne de la famille de mamy ? Ils sont fâchés à ce point ?

— Ça remonte à très loin, explique Julien. Dans les années 1950, ta grand-mère était déjà plus ou moins bannie. Grosse famille catholique bretonne, limite intégriste. Ils ne supportaient pas son engagement pour la cause des femmes. Lorsqu'elle a signé le « Manifeste des 343 salopes », en 1971, ce fut le pompon. Radiée à vie !

Paul acquiesce, se tourne vers François.

— Valentine va venir ?

— Oui, avec Aude et Harry. On attend aussi Jules. Qu'est-ce que tu vas faire, maintenant que tu es rentré ? Toujours ton projet de devenir commissaire-priseur ? Ils n'ont pas très bonne presse en ce moment, sans oublier l'avis de tempête sur les Savoyards de Drouot.

Paul secoue la tête.

— En fait, je ne sais pas trop. J'ai besoin de réfléchir. Qui est ce monsieur, celui qui parle avec papy ?

— Pierre Joxe, répond Julien, le premier président de la Cour des comptes. En 1974, il a beaucoup soutenu maman lorsqu'elle travaillait avec Hélène

Missoffe pour une IVG non seulement libre, mais remboursée par la Sécurité sociale. Ils étaient très liés.

— Tiens, s'exclame François, voilà la vedette !

Paul se retourne. Jules porte à son revers le pin's de son association. Catogan, barbe d'une semaine. Tous les regards convergent vers lui : trois jours auparavant, sur TF1, il a fait l'ouverture du journal, apostrophant vertement le nouveau président de la République sur les problèmes des sans-logis en France. Jules embrasse rapidement son grand-père, salue Jacques Lancelot d'un signe de tête et se précipite vers son cousin. Les deux hommes se dévisagent pendant un long moment avant de tomber dans les bras l'un de l'autre. Il semble à Paul que Jules a les yeux humides.

— Cela fait si longtemps, murmure Jules.

— Presque deux ans, répond Paul. Comment vas-tu ?

— Comme un double orphelin, amigo. La mère de ma mère. Viens, accompagne-moi, je voudrais la voir.

— Non, pas tout de suite, François et Julien y vont d'abord. Allons sur le balcon, j'ai des millions de choses à te raconter.

Tandis que les garçons ouvrent la porte-fenêtre, les jumeaux se concertent. Oui, ce doit être leur tour, Delphine doit les attendre. Dans la chambre du fond, assise près de sa mère, elle griffonne. Elle lève la tête, esquisse un vague sourire. Son visage est marqué, creusé par les larmes. François s'approche, lui caresse la joue du dos de la main. Sa sœur semble porter tous les chagrins du monde. Est-ce parce qu'Ariane n'était pas sa mère biologique qu'elle ressent aussi douloureusement la perte de celle qui fut une maman aimante ? Les secrets de famille, vieilles carpes fatiguées, remontent à la surface : ils viennent respirer, songe Julien, c'est le moment ou jamais de faire éclater toutes ces bulles.

— Tu peux le dire, maintenant.

— Quoi ? demande Delphine, surprise.

— Ta mère. Qui c'était.

Le visage de Delphine se tend comme un arc.

— Qu'est-ce que ça peut te faire ?

— Du bien, répond François. Ça nous ferait du bien à tous.

Delphine hésite. En quoi cela leur ferait-il du bien ? De quoi ont-ils souffert ?

— Vous n'avez pas la moindre idée ? demande-t-elle.

— Non.

— Jamais demandé aux parents ?

— Non, on n'osait pas. Ils disaient que tu étais une enfant trouvée, mais on n'y croyait pas.

— Jamais écouté derrière les portes ?

— Si. Mais sans succès.

— En quoi est-ce si important ?

— C'est important, répond Julien, parce qu'on t'aime. Parce que notre mère est morte, que nous avons cent vingt ans à nous deux et, comme dirait Vian, qu'on n'aimerait pas crever sans connaître la vérité. Aujourd'hui n'est pas un jour comme les autres. Aujourd'hui est un jour à part, durant lequel on peut tout se dire. La mort de maman agit comme un talisman, elle ouvre toutes les portes, tu comprends ?

Delphine hésite un long moment.

— Amélie, finit-elle par dire. Tante Amélie. C'était ma mère.

Les jumeaux se figent.

— Pardon ? s'étrangle François.

— Tu as très bien entendu. Je suis la fille d'Amélie. Je ne suis pas votre sœur, je suis votre cousine.

Julien et son frère se regardent, éberlués. Delphine leur adresse un sourire triste.

— Alors, les garçons, vous vous sentez vraiment mieux ? Cela vous fait du bien de connaître la vérité ?

— Oui, répond Julien, on sait désormais que tu n'es pas la fille que papa aurait eue avec une maîtresse. Ça fait du bien.

Delphine contemple le visage de sa mère. Souriant. Si doux. Lui a-t-elle fait un signe, un signe de tête pour lui signifier qu'elle restait sa mère, la vraie ? Elle en jurerait.

— Qui est au courant ? demande Julien.

— Personne, à part papa et Olivier.

— Ton fils ?

— Non. Il ne sait rien.

— Mais le père, demande François, on peut savoir qui est le père ?

Delphine le regarde fixement dans les yeux, secoue la tête. Jamais.

— On ne sait pas, répond-elle. On ne le saura jamais.

*

Les derniers visiteurs sont partis il y a bien longtemps. Ne restent que Delphine, Olivier et les jumeaux, qui se relayeront toute la nuit pour veiller le corps. Et Paul, qui ne se décide pas à partir et qui dormira au Donjon.

Mains derrière le dos, Pierre passe de pièce en pièce

en songeant aux rites funéraires africains et en particulier aux rassemblements joyeux près du fleuve Niger en cas de « bonne mort » : tout se passait comme si la société voulait se prouver à elle-même que la disparition d'un être aimé ou admiré n'altérait en rien l'unité communielle du groupe, que la mort échouait dans sa tentative de diviser, de laisser chacun seul face au chagrin. Il contemple les bouteilles vides, les cendriers pleins, songe à sa propre mort. Il vivra vieux, il le sent. Mais comme disait son père, il ne faut pas mourir trop vieux, parce qu'à partir d'un certain moment, lorsque l'on disparaît enfin, on n'est pas regretté, on débarrasse. Demain, Ariane reposera dans le caveau familial, avec Valentin, Marie-Thérèse, Amélie et Mme Farge. Il faudra s'arranger pour que sa place à lui, la dernière, soit à côté d'Ariane.

Dans la cuisine, Delphine et Paul sont attablés devant une bouteille de vin. Un Clos Valmer, qui vient de recevoir pour la première année son appellation d'origine contrôlée.

— Mon frère n'est pas venu, dit Paul en faisant cul sec. Il est un peu gonflé, avec son Hermine.

— Il est malade, répond Delphine, au fond du lit.

— Je sais. Mais quand même. J'ai toujours eu un problème avec Serge, c'est comme les verres à demi remplis, je n'ai jamais su si j'avais un frère à moitié vide ou un frère à moitié plein. Pas comme toi avec François et Julien. C'est fou ce que vous êtes soudés.

— C'est quoi, être soudés ?

— Je ne sais pas. S'aimer, pouvoir tout se dire.

Delphine fronce les sourcils. Il lui semble avoir perçu une forme de reproche dans la voix de son fils.

— À quoi penses-tu, mon Paul ?

— Tu le sais bien, maman. La rançon.

Delphine repense à ses deux frères, à son aveu concernant Amélie. Pourquoi pas ? Ce sera la journée des bulles éclatées.

— D'accord. Je vais te dire ce qui s'est réellement passé.

D'un débit monocorde et rapide, Delphine raconte à son fils le rôle d'Angelo. Ses conseils dans la gestion de la négociation. Son intervention dans le pavillon de Bobigny. Sa fuite à l'étranger, après le dénouement.

— C'est qui, cet Angelo ?

— Un ancien amoureux, avant ton père. Tu l'as rencontré une fois, au Luxembourg, tu avais deux ans.

— Tu avais confiance en lui au point de prendre le risque de ne pas payer ?

— Oui. Et il avait confiance en moi quand il m'a demandé de garder le secret.

— Papa est au courant ?

— Il a deviné.

— Cet Angelo, c'est lui qui m'a ramené à la gare de l'Est ? Un gros type massif ? Une voix rocailleuse ? Les deux coups de feu, c'est lui ?

Delphine acquiesce d'un mouvement de tête.

— Oui. Je suis sans nouvelles de lui depuis dix ans. Je ne sais même pas s'il est vivant.

— Il y a prescription, non ?

— Non, il faut vingt ans.

— J'aimerais bien le rencontrer, pour le remercier, dit Paul.

— Moi aussi.

— Maman, pourquoi me dis-tu cela aujourd'hui ?

— Je ne sais pas, chéri. Il y a un moment où les choses doivent sortir. Il faut croire qu'aujourd'hui était le bon jour. Nous tous auprès d'Ariane. Auprès de ma mère, tous ensemble, soudés. Tu comprends ?

Paul se lève et fait le tour de la table pour embrasser sa mère. Oui, il comprend.

— Je te laisse un moment, dit-elle, je retourne la veiller, j'ai besoin de lui parler.

*

Pierre contemple son visage. Toujours aussi beau, toujours aussi doux. L'hommage rendu à sa femme l'a plongé dans une grande perplexité. Il s'en veut soudain de s'être si peu impliqué dans ce qui a été une grande part de la vie d'Ariane.

Lorsqu'ils se sont rencontrés, avant la guerre, elle était créatrice de costumes pour le théâtre. Audiberti, Anouilh, Salacrou, Sartre… Elle avait ensuite monté sa maison de couture, une grande carrière s'ouvrait devant elle. Puis, un jour, tout avait basculé. La contraception, la défense de l'avortement, le planning familial. Comme si c'était un devoir. Comme si le viol d'Amélie avait décidé de son destin.

Il avance une main, caresse le froid visage.

— Je t'ai aimée, murmure-t-il, mais peut-être pas à la mesure de ce que tu méritais, de tout ce que tu me donnais. Tu n'as cessé de me protéger, moi l'homme fort. Des intrigues politiques, des critiques littéraires, de mes déprimes égoïstes. Tu as veillé sur moi tout en avançant dans tes combats. En gérant au mieux une impossible famille. Quand Delphine est arrivée dans notre vie, nous avions déjà Marie, cette étrange petite fille incapable de communiquer autrement qu'à travers la musique. Elle a conquis le monde, elle était ta fierté. Je le sais. Son suicide t'a dévastée. Nous a tous dévastés. Mais crois-moi, chérie, tu n'y es pour rien. Marie, Julien, François, Delphine : tu n'imagines pas à quel point ils t'ont aimée. Et admirée. Salut, ma reine. J'aimerais tant pouvoir dire qu'on se retrouvera un jour, dans quelque temps…

*

(Vendredi 23 août 1996)

Jules s'est réveillé vers cinq heures du matin. Banderoles et slogans couvrent les grilles. Tout semble calme. Autour de l'église, beaucoup de gens veillent ; à l'intérieur, on dort encore.

Depuis le 18 mars, il n'a pratiquement pas quitté les sans-papiers africains. Ils ont occupé Saint-Ambroise en avril, et il est resté auprès d'eux lors de l'expulsion musclée requise par l'archevêché, les a accompagnés à la Cartoucherie de Vincennes puis rue Pajol, et, en mai, dans des entrepôts désaffectés de la Sernam. Après avoir largement contribué à la nomination des médiateurs, à la rédaction des préconisations pour sortir de la crise, il a enfin reçu le 26 juin la réponse du ministère de l'Intérieur : sur deux cent cinq dossiers, seuls vingt-deux ont été retenus, auxquels il a été généreusement octroyé une carte de séjour de un an. Les autres se sont vu signifier un délai de un mois pour quitter le territoire. Après tant d'efforts, la déception a été immense. Les manifestations de soutien se sont succédé, mobilisant le MRAP, la Ligue des droits de l'homme, SOS Racisme, le Secours catholique, les associations et délégations de collectifs venues de Nanterre et de Bobigny et surtout Droits devant, l'association que Jules a lancée avec Léon Schwartzenberg en compagnie des « Jacques » : Albert Jacquard, Jacques Gaillot, Jacques Higelin.

Aujourd'hui, sous son impulsion, trois cents hommes, femmes et enfants occupent depuis cinquante-cinq jours l'église Saint-Bernard afin d'obtenir leur régularisation. Durant ces deux mois passés à attendre l'expulsion par les forces de l'ordre, la vie s'est organisée comme elle le pouvait, un bébé est même né à l'intérieur de l'église. Touré, le cuisinier, a concocté quotidiennement le repas destiné aux familles, un seul repas, le soir, dans de vastes gamelles en fer-blanc, grâce aux collectes réalisées auprès des foyers africains du quartier.

Berger de haute taille, aux vêtements noirs, « l'Américain », comme on le surnomme amicalement à la Goutte d'Or ou « l'héritier rouge », comme le désigne la presse de droite, se prépare à affronter une matinée difficile : l'intervention des gardes mobiles est imminente ; ils seraient plus d'un millier rassemblés autour du métro La Chapelle.

Avec le père Coindé, la gestion de l'inévitable expulsion a été soigneusement préparée. On lira des textes, on passera de la musique, tout se déroulera dans le calme. Le ministre de l'Intérieur a promis que l'opération se déroulerait « avec cœur et humanité ».

Léon Schwartzenberg est assis sur les marches entre Marina Vlady et Emmanuelle Béart, entourées d'une nuée de photographes. Il a passé la nuit avec les grévistes de la faim, pour les réconforter et leur donner des conseils.

— Les flics arrivent, dit Jules. Il faut se préparer.

Tandis que les deux femmes et l'ancien ministre se lèvent et partent se concerter avec les journalistes de la télévision, Jules rejoint le curé à l'intérieur de l'église. Il est temps de réveiller ceux qui ont veillé tard, d'expliquer la situation et la marche à suivre. Comme chaque matin, les matelas sont repliés et rangés par les hommes, les femmes nettoient soigneusement le sol.

— J'ai verrouillé la porte, annonce le curé, ils ne pourront pas entrer, il leur faudra parlementer.

— Votre Dieu vous entende, répond Jules.

Durant une heure, les familles se regroupent et se préparent, donnent des consignes aux enfants, rangent leurs affaires. Puis tout le monde se rassemble au milieu de la nef afin de chanter. Peu avant huit heures, on commence à entendre des cris à l'extérieur : les flics ont pris position. Le père Henri Coindé traverse lentement la foule et, micro à la main, commence à lire le discours de Luther King, « J'ai fait un rêve ». Au même moment, des coups sourds et violents semblent ébranler toute l'église. Après avoir brisé la lourde porte à coups de hache, de masse et de merlin, une centaine de policiers se ruent à l'intérieur et se mettent à tabasser indistinctement hommes et femmes. Un policier arrache le micro des mains du curé, un autre balance une grenade lacrymogène au milieu de la foule. Aussitôt, c'est la panique. Les flics empoignent les sans-papiers qui refusent de sortir et les traînent par les pieds vers l'extérieur, les enfants pleurent, à la recherche de leurs parents, les gaz lacrymogènes rendent l'atmosphère irrespirable. Jules se précipite vers les journalistes, alors que quelques habitants du quartier tentent vainement d'intervenir.

— Cœur et humanité ! hurle-t-il. Debré avec nous !

Les caméras de télévision se précipitent. Jules est un excellent client. Charismatique et photogénique.

— Il faut que les gens comprennent, explique Jules, la différence entre clandestins et étrangers vivant en France depuis des années et auxquels les préfectures refusent un titre de séjour. Il faut que les gens comprennent que les lois Pasqua sont aussi bêtes qu'inhumaines. Que la « bienveillance » et « l'humanité » promises par Matignon ne sont que des mensonges éhontés, regardez ce qui se passe ici. Aujourd'hui, à nouveau, l'égalité et la fraternité sont en deuil. Prendre d'assaut une église à coups de hache, voici ce dont la France est capable. Tournez, les images, tournez, et faites le tour du monde des journaux télévisés : bienvenue au pays des droits de l'homme, bienvenue en France, à Paris !

Tandis que la foule applaudit, Jules assiste, impuissant, à l'arrestation des Africains. Où vont-ils les emmener ?

*

Jules tourne la tête. Une jeune femme longiligne entourée par deux flics tient dans ses bras ce qui doit être un bébé enveloppé de chiffons. Leurs regards se croisent, Jules sent son cœur faire un saut dans sa poitrine. Il n'a jamais vu une femme aussi belle.

Tétanisé, il ne parvient pas à détacher son regard. Qui est-elle ? Comment s'appelle-t-elle ? Pourquoi ne l'a-t-il jamais remarquée ?

*

(Vendredi 11 octobre 1996)

À droite ou à gauche ? Paul referme la grille métallique en se demandant où il a laissé la voiture. Rue des Pyrénées ou rue de Bagnolet ? Pestant contre la pluie, il retrouve enfin la petite Austin rue de la Réunion au terme d'un long périple tout en zigzags dans le quartier.

Pour se rendre rue Keller, où habite Laura, il faut à peine dix minutes. La jeune femme l'attend au coin de la rue de la Roquette, imperméable bleu sous parapluie rouge. Paul se penche, ouvre la portière côté passager.

— Hello ! Grouille, grouille, c'est la fête à la grenouille !

— Salut mon ange, dit Laura en fermant son parapluie puis en le balançant sur la banquette arrière, bonne journée ?

— Ça y est, j'ai presque terminé l'article sur Manet.

En septembre 1995, quelques mois après son retour des États-Unis, fort de son stage chez Christie's, Paul est entré chez Jacques Tajan, le plus célèbre et le plus important commissaire-priseur de Paris, afin, notamment, de préparer le catalogue de la succession Vernes. La vente prévue en décembre à l'hôtel George-V comprenait le fameux et sulfureux *Jardin à Auvers*, acquis par le banquier du RPR pour cinquante-cinq millions de francs. Vrai ? Faux ? La vente du Van Gogh s'était révélée un fiasco, le prix de réserve n'ayant pas été atteint. Paul avait ensuite préparé une vingtaine de ventes puis, en avril, il avait décidé de quitter Tajan. Et le métier. Il n'en éprouve aucun regret. New York, déjà, l'avait plus ou moins écœuré. À Paris, c'était encore pire : ce monde totalement clos, trop souvent faisandé, protégé par son monopole et bénéficiant d'invraisemblables privilèges, a fini par le révulser. En attendant de savoir ce qu'il veut vraiment faire, il joue les multicartes en rédigeant des articles pour *Beaux Arts magazine*, en effectuant des recherches iconographiques pour des éditeurs de beaux livres et en établissant des fiches pour l'OCBC.

Bastille, gare de Lyon, la Mini rejoint le pont d'Austerlitz, traverse la Seine, se dirige vers la place d'Italie. Le commissaire Salvador habite rue Vergniaud, en face de l'appartement qu'occupait Mesrine lorsqu'il fut arrêté en 1973 par le commissaire Broussard.

— Et toi, demande Paul, ton rendez-vous à la galerie ?

Laura est un peintre au style hyperréaliste spécialisé dans le nu féminin. Ses couleurs sont chaudes, sensuelles : des ocres ensoleillées, des rouges sourds, des bleus intenses, des verts profonds. Elle travaille l'huile au couteau, lissée, sans épaisseur de matière, tout en transparence. Depuis un an, ses tableaux commencent à se vendre convenablement, essentiellement à des étrangers et plus particulièrement à des Japonais. Paul apprécie le tour de main, un peu moins la peinture : manque de personnalité, manque de spontanéité. Mais Laura est belle, drôle et italienne.

— Ils m'en prennent douze, répond-elle. Et cinquante pour cent au passage.

— Normal, dit Paul.

De la main, Laura efface la buée, colle son nez contre la vitre et tente de repérer une boutique ouverte.

— Il faudrait peut-être qu'on achète des fleurs, tu ne crois pas ?

— J'ai apporté du vin, répond Paul. C'est moins joli, ça dure moins longtemps, mais je sais qu'il préfère ça. Surtout celui-là.

— Quand j'y pense, c'est particulier, quand même : tu ne m'as pas présentée à tes parents et tu m'emmènes chez le père de ton ex. Tu ne serais pas un peu pervers sur les bords ? Je suis sûre qu'elle est toujours amoureuse de toi !

Paul secoue la tête.

— Mais non, ma puce, Juliette a un Roméo, il sera là ce soir. Un duc ou un comte, quelque chose comme ça. Pierre Bidault de Villiers, il travaille dans la presse, ils vont se marier.

— N'empêche. Emmener sa fiancée chez une ancienne fiancée, ça ne se fait pas !

Tout en cherchant une place, Paul observe du coin de l'œil la moue boudeuse de Laura. Jamais il n'aurait dû l'emmener à ce dîner.

*

Le commissaire Salvador adore faire la cuisine : italienne aujourd'hui, en l'honneur de Laura. Carpaccio de bœuf, foie de veau à la vénitienne, tiramisu. Tandis que sa fille se rend à la cuisine pour mettre le café en route, Dali lève son verre, sourit à Paul.

— Merci, mon petit père, il est parfait, ton vin. Raconte l'histoire ? J'ai oublié.

Dali adore les histoires de famille.

— C'est trop compliqué, dit Paul.

— Vas-y quand même.

— Ça n'intéresse personne !

— Moi, ça m'intéresse, dit Laura.

— Bon, dit Paul en prenant son élan, comme vous voulez : ce vin est un côtes de provence, un Clos Valmer. Les terrains de La Croix-Valmer sur lesquels sont implantées les vignes appartenaient à mon arrière-grand-père, qui était donc marié avec ma grand-mère paternelle. Celle-ci a rédigé un faux testament, qui a spolié mon grand-père. Ensuite, ma grand-mère a déshérité mon père au profit de mon demi-frère, dont la femme a mis la main sur les terrains. Voulant faire de la promotion immobilière, elle a failli se faire dépouiller par le père de la première femme de mon oncle, mais heureusement, au dernier moment, la loi littoral l'a obligée à faire du vin plutôt que des lotissements. Vous avez compris ?

— Absolument rien, répond Dali. Mais ce vin est très bien.

— Et toi, Juliette, demande Paul pour changer de sujet, tu en es où ? Quoi de neuf chez France Télécom ?

Laura réprime une mimique d'humeur. Ces deux-là se cherchent, ils ont encore envie d'accomplir une petite ronde, elle en mettrait sa main au feu. Juliette surprend son regard et pose sa main sur celle de son compagnon.

— En janvier dernier, répond-elle, le département dans lequel je travaillais a intégré une équipe qui doit développer l'offre multimédia. C'est passionnant. Wanadoo est devenu le *provider* du groupe.

— C'est quoi, ça ? demande Laura.

— Excusez-moi, *provider*, en anglais, cela veut dire fournisseur d'accès.

— D'accès à quoi ?

— À Internet.

— Ah ! Et c'est quoi, Internet ?

Juliette et Pierre se consultent, désemparés.

— Je t'expliquerai, dit Paul. Wanadoo, quel drôle de nom…

— On a hésité entre Hublot, Pass'tek et Wanadoo.

— Alors vous avez bien fait. Ça fonctionne ?

— Mais oui ! Nous avons fêté notre premier client le 2 mai dernier, Serge Soudoplatoff, un type assez connu qui bossait dans les années 1980 au centre de recherche d'IBM.

— Ces trucs d'ordinateur, dit Laura, je n'y comprends strictement rien.

— Vous préférez la peinture, dit Dali.

— Oui.

— Moi aussi.

— Tu travailles sur quoi en ce moment ? demande Paul.

Faire la cuisine et relater ses enquêtes sont les deux grands bonheurs du commissaire Salvador. Remarquable conteur, il peut tenir un auditoire pendant des heures.

— Je travaille sur l'affaire Ellen Bergen, à Linazay : il y a deux ans, un couple avait réussi à produire en toute impunité des Chagall, des Klimt, des Magritte, des Botero, des Miró, avec des certificats d'authenticité dactylographiés sur de vieilles machines à écrire et sur du papier d'époque. Ils produisaient des catalogues raisonnés complètement bidon avec, parfois, l'appui tacite de galeries françaises, belges et suisses ayant pignon sur rue. On pense que sept cents tableaux ont été écoulés. Une véritable usine.

— Hou là là ! s'exclame Laura. Bien joué !

Le visage de Dali se ferme brusquement.

— Ne me dites pas cela ! Pas vous, un peintre !

— Le fraudeur-copieur, explique Paul en se tournant vers Laura, te dira toujours qu'il ne fait rien de mal, qu'il travaille avec un pinceau, pas avec une pince-monseigneur ou un revolver. C'est sympathique, un fraudeur, c'est une sorte d'artiste. Mais il ouvre la porte à tous les trafics : drogue, blanchiment d'argent, fraude fiscale, trafic d'armes. Tu piges ?

— Merci, Paul, dit le commissaire. Vous savez à combien on estime le nombre de faux Dali dans le monde ?

— Je ne sais pas, dit Bidault. Dix mille ?

— Un million, cher ami. Un million de faux en tous genres, peintures, lithographies, sanguines, encres, dessins, ce qui représente plus de trois milliards de dollars !

— J'aimerais bien qu'on m'imite un jour ! s'exclame Laura.

— Je vous le souhaite, dit Bidault.

— Vous vous intéressez à la peinture ?

— Oui. J'envisage de lancer un magazine spécialisé.

— Comme *Beaux Arts* ? demande Paul.

— Je ne sais pas trop. Je n'ai ni le nom, ni le positionnement. En fait, je n'ai rien, sauf l'envie.

— Je peux y réfléchir avec vous, si vous le souhaitez, s'empresse Paul.

— Pourquoi pas ? Excellente idée.

— Qu'y a-t-il comme magazines dans votre groupe de presse ?

— Groupe, c'est un bien grand mot. J'édite des trucs assez pointus dans le domaine du tourisme, de la photo, de la cuisine et un magazine dédié aux collectionneurs. Pour une clientèle plutôt classique.

Paul hoche la tête. D'après ce qu'il sait, Bidault bénéficie d'une bonne réputation. Gestionnaire avisé et amoureux du beau. Un projet avec lui pourrait être intéressant.

— Passons au salon, propose Dali, je vais vous raconter une autre histoire, encore plus étonnante que des faux tableaux. L'école de Leningrad, Pierre, vous connaissez ?

— Non.

— Paul connaît cela par cœur, évidemment. Eh bien, ce n'est pas l'histoire d'un faux tableau, mais l'histoire d'une fausse école de pensée soviétique inventée de toutes pièces, des chefs-d'œuvre qui auraient été cachés par le régime communiste et qui seraient sortis de l'ombre après la chute du mur. Drouot en a vendu plus de dix mille entre 1991 et 1992. Venez, je vais vous raconter cela.

*

(Jeudi 17 octobre 1996)

Isabelle Bronstein s'est figée devant la page 3. Le titre s'étale sur deux colonnes : « Un corps retrouvé en forêt de Fontainebleau. »

— Et voilà ma petite dame !

Négligeant son café, le cœur battant, Isabelle

parcourt l'article. Depuis la disparition de David, inlassablement, elle examine de près toutes les « réapparitions de corps », épluchant chaque jour la presse populaire. Cette fois-ci, les faits concordent. La mort remonterait à une vingtaine d'années. L'homme, dans la cinquantaine, aurait été tué d'une balle dans la tempe et enseveli à cinquante centimètres de profondeur dans la forêt de Fontainebleau, tout près de la route du Mont-Chauvet. Selon la police, un examen dentaire – une dent en or, en particulier – pourrait en permettre l'identification.

Isabelle relit trois fois l'article, replie *Le Parisien* et sucre son café. C'est lui, elle en est persuadée. L'âge, la date, la dent en or. Pourtant, les circonstances de sa mort lui semblent inconcevables. Tué par balle ! Elle en tremble, ses jambes ont du mal à la porter. David était un homme tranquille, sans histoires, sans ennemis. Elle s'interroge. Connaissait-elle vraiment son mari, avait-il une double vie ?

Dix minutes plus tard, rentrée chez elle, elle compose le numéro du Quai des Orfèvres noté au stylo bille rouge sur une feuille dans l'entrée, en dessous de celui des pompiers.

— Bonjour, je voudrais parler à l'inspecteur qui s'occupe du mort de Fontainebleau, celui dont on a retrouvé le corps dans la forêt.

— Lieutenant de police, Madame, il n'y a plus d'inspecteur, ne quittez pas…

— Lieutenant Brochard, j'écoute !

Isabelle se présente et fait part de son hypothèse. Il pourrait s'agir de son mari, David Bronstein, disparu en juin 1977. Avec la denture, il devrait être facile de l'identifier, le dentiste qui le soignait est toujours en activité. Peut-elle passer ? Elle n'a pas d'obligations.

— Maintenant, si vous voulez. 36, quai des Orfèvres, lieutenant Brochard. Je vous attends.

Isabelle raccroche.

— C'était qui, maman ?

Rebecca dirige un œil interrogateur sur sa mère, dont l'extrême tension est palpable.

— La police, chérie.

— Et qu'est-ce qu'ils voulaient ?

— C'est moi qui voulais. Je crois qu'ils ont retrouvé ton père.

Rebecca se fige.

— Où ça ?

— Enterré dans le sable, à Fontainebleau.

Rebecca va s'asseoir dans l'un des deux fauteuils crapaud. Elle a du mal à respirer. Elle n'avait que quatre ans lorsqu'il a disparu, mais elle en garde un souvenir très net. Son père la prenant sur ses genoux, son père lui racontant une histoire avant qu'elle s'endorme…

— À Fontainebleau ? Mais comment est-ce possible ? On est sûr que c'est lui ?

Isabelle va s'asseoir près de sa fille et la prend dans ses bras. Oui, comment est-ce possible ? Elle n'ose pas parler à sa fille de cette balle dans la tempe. Un assassinat.

— J'espérais et je redoutais ce moment, murmure Rebecca. Tu as des détails ? Les raisons de sa mort ?

— J'en saurai plus ce soir. Cela va aller ?

— Je ne sais pas, je me sens vide et en même temps, je pèse cent kilos.

— Il t'aimait à la folie, murmure Isabelle au bout d'un long moment. Il ne vivait que pour toi, en attendant le jour où tu ferais des enfants, et reconstruirais la famille qu'il avait perdue pendant la guerre.

— Tu sais, maman, j'en rêve parfois. J'imagine la scène du Vél' d'Hiv, la petite Sarah et le bébé, Rebecca, je rêve que c'est moi qu'on emmène à Birkenau dans un wagon à bestiaux.

— Je ne voulais pas t'appeler Rebecca. Mais pour ton père, c'était très important.

Elles sont toutes les deux collées l'une à l'autre, Isabelle berce sa fille comme un petit enfant.

— Il faut que je me prépare, dit-elle enfin en se dégageant, j'ai rendez-vous à la police.

— Tu veux que je vienne avec toi ?

Isabelle hésite.

— Non, ce n'est pas ta place.

— Je t'attends, dit Rebecca, je ne bouge pas.

— Mais le bureau ?

— Je n'y vais pas. Je téléphonerai.

Sur le buffet du salon, la photo de son père est encadrée par une ménorah en laiton et deux bougeoirs de shabbat. Rebecca saisit la photo, l'embrasse rapidement. Pourvu que ce soit lui. Pourvu qu'on en finisse, que sa mère puisse enfin faire ce deuil qui lui a été volé si longtemps.

*

(Mardi 25 novembre 1997)

Les bureaux du groupe Altimag occupent tout un étage dans l'immeuble mitoyen du centre des impôts de la cité Paradis. Pierre Bidault de Villiers – surnommé PBV – examine la maquette de la une dans le bureau de Paul. Beau travail. Ce numéro zéro est une réussite.

— Tu déjeunes avec moi ? demande-t-il.

— Non, j'ai un rendez-vous.

Après une étude de marché plutôt succincte, PBV et Paul ont élaboré un magazine original, positionné sur les peintres méconnus et les petits maîtres à découvrir. Le nom de code – Artmag – a finalement été retenu comme titre définitif.

— Aline ?

— Non, c'est fini.

PBV secoue la tête. Ce Russier est une énigme. Pas vraiment un collectionneur-papillonneur, l'animal semble sincère dans sa quête féminine, mais le résultat est toujours le même. La fuite. Élégante mais déterminée. Juliette était amoureuse, Laura était amoureuse, Aline était amoureuse… Et il vient selon toute vraisemblance de l'envoyer balader.

— À tout à l'heure, dit Pierre.

— Je serai là vers 15 h 30.

Paul sourit à la standardiste et descend les escaliers en négligeant l'ascenseur. Il rejoint le boulevard de Strasbourg par la rue des Petites-Écuries, se dirige vers le Châtelet, empruntant le chemin qu'il avait parcouru seize ans plus tôt lorsque l'homme à la 4 L l'avait libéré devant la gare de l'Est. Arpenter ce boulevard qu'il a évité pendant des années ne lui fait plus ni chaud ni froid. Ne subsiste de son enlèvement qu'un sentiment d'étonnement nimbé d'irréalité. Était-ce vraiment lui, dans cette villa de Bobigny ?

Parvenu à Étienne-Marcel, devant le ciel menaçant, Paul décide de poursuivre en métro. La fille assise en face de lui porte des baskets ultra flashy et un casque audio aux couleurs assorties d'où s'échappent les échos d'un Florent Pagny déchaîné : « *Savoir sourire, / À une inconnue qui passe, / N'en garder aucune trace, / Sinon celle du plaisir / Savoir aimer !!!* » Paul se lève, va s'asseoir à l'autre bout du wagon. Savoir aimer : cela lui ferait le plus grand bien. Peut-être son grand-père aura-t-il une petite idée sur le sujet ?

*

Paul n'en revient pas. Un chien, à son âge !

— Comment s'appelle-t-il ?

— Albert.

— Comme Einstein ?

— Non, plutôt comme Camus. Il me manque, celui-là, j'aimais bien discuter avec lui. Sauf quand il se mettait à pleurer, bien sûr ; ça lui arrivait souvent et cela m'intimidait.

Le restaurant La Méditerranée se remplit doucement, les conversations feutrées clapotent gentiment. Pierre et son petit-fils sont installés près de la fenêtre, par laquelle on aperçoit l'entrée du théâtre de l'Odéon. Allongé sous la table, yeux mi-clos, le labrador semble rêver. Pierre se penche, attendri :

— Il rêve qu'il se perd dans les collines du Pas Perdu. Je lui en ai parlé, il a hâte d'y aller, je suis sûr qu'il va adorer.

Paul reste un moment perplexe devant le nouveau couple Pierre et Albert. Finalement, c'est peut-être une bonne idée, le maître et le chien vont bien ensemble. La chanson de Florent Pagny ne cesse de lui trotter dans la tête.

— Je me demandais, dit Paul, pourquoi j'ai autant de mal avec les femmes. Quand ça commence, c'est déjà fini. Tu es resté combien de temps avec Ariane ?

— 1934. Nous avons vécu soixante ans ensemble.

Paul siffle discrètement d'admiration.

— Moi, ça dépasse rarement six mois. Tu expliques ça comment ?

— La chasse, mon petit Paul. Tu n'es qu'un chasseur. Dès que tu es certain de l'amour de l'autre, dès que la flèche est arrivée à destination, tu te désintéresses et tu vas voir ailleurs.

— Mais j'ai envie de m'attacher !

— Ça viendra, fiston, ne désespère pas. Comment va la villa Godin ?

— Très bien. L'olivier a pris douze centimètres.

— C'est vraiment incroyable, la vie. On croit que c'est une ligne droite mais en fait c'est une boucle. Un jour, tu auras un fils, tu l'appelleras peut-être Pierre et il habitera villa Godin, comme moi au début de la Grande Guerre.

— Qui sait. Et toi, comment ça va, grand-père ?

— Je préfère encore papy !

— Comment ça va, général ? Combien sur vingt ?

— À peine la moyenne, soldat Schweik. Tu sais, sans Ariane, je navigue aux étoiles. Je me demande si je ne vais pas prendre son cercueil sous le bras, qu'on aille s'installer tous les deux au Pas Perdu. Avec Albert.

— Qu'est-ce que tu ferais de Vaugirard ?

— Je dis ça comme ça, penses-tu, je ne pourrais jamais quitter Paris. Tu sais que j'ai prêté le Donjon à Jules ? Il s'en sert en cas d'urgence, pour ses sans-abri. La semaine dernière, ils se sont trompés d'escalier, j'avais pourtant fermé la trappe, j'ai retrouvé une mère sénégalaise et ses quatre enfants au milieu du salon !

— C'est bien. Et les stylos, ça avance ?

— C'est dans la boîte. Druon a pris les choses en main.

Pour financer la construction d'un puits dans le village natal d'Iman, sa compagne depuis le coup de foudre qui l'a frappé sur les marches de l'église Saint-Bernard, Jules a eu l'idée de demander à tous les académiciens d'offrir un stylo ayant servi à écrire un roman ou un essai. Les stylos seront ensuite vendus aux enchères lors d'une vente à la Madeleine, dans l'espace Tajan.

— J'ai offert mon porte-plume en nacre, poursuit Pierre, celui avec lequel j'avais écrit *La Lune à moitié*, mon premier Gallimard. Je crois que Druon a offert un stylo en or. Évidemment, il a les moyens, nous n'avons pas les mêmes tirages…

— Jaloux ?

— Parfois.

— Tu écris en ce moment ?

— Sans boussole, c'est difficile. Mais je m'applique. Il y a toujours ce Goncourt qui me turlupine. Je cours après, je m'essouffle, ce n'est peut-être plus de mon âge, tu me diras… C'est idiot de tant en rêver ; au fond, ce n'est qu'une promesse de jeune homme que je m'étais faite.

Le serveur s'est approché, respectueux. Pierre Ormen est un habitué de longue date.

— Messieurs ont choisi ?

— Deux fois six Gillardeau, deux dorades laquées, un pouilly-fuissé, et de l'eau gazeuse, s'il vous plaît.

— Parfaitement, monsieur Ormen.

— Où en étions-nous ? demande Pierre.

— Au Goncourt.

— Ah oui ! Mais parlons d'autre chose. Ton oncle François voulait absolument qu'une « aide à domicile », on appelle ça comme ça, vienne s'installer à demeure dans l'appartement. Il comptait la mettre dans la chambre du fond. Je l'ai envoyé bouler ! Aide à domicile ! Tu te rends compte ? Il me prend pour qui ? Mathusalem ?

— Mme Farge vient toujours le matin ?

— Bien sûr. Cette chère Hélène. Le portrait craché de sa vieille tante. Je l'adorais, tu sais ? Quand je pense qu'elle nous a quasiment élevés, nous, les cinq marmots, à la mort de ma mère.

Paul s'étonne. Pierre, Amédée, Amélie, Jean-Noël…

— Cinq enfants ? C'est qui le cinquième ?

— Ton père, imbécile ! Le petit Russier. Il faisait partie de la famille, non ?

Paul acquiesce.

— Et ton frère Amédée, demande-t-il doucement, il paraît que vous vous voyez ?

Pierre fronce les sourcils.

— Qui t'a dit cela ?

— Je ne sais plus. François, je crois.

— Je le revois une fois par an, toujours au même endroit, on déjeune chez Prunier, près de chez lui. Histoire de dire que nous ne sommes pas totalement fâchés. On fait semblant, c'est d'un triste.

— Et de quoi parlez-vous ?

— De rien, fiston. De l'enfance qui se couche derrière la colline et de la vieillesse qui envahit le ciel.

— Pas très marrant !

— Tu as raison. Mais Amédée n'a jamais été un marrant.

Le serveur s'approche, dispose le plateau d'huîtres au milieu de la table, plonge la bouteille de blanc dans le seau à glace.

— Merci, dit Pierre. Parle-moi de l'enquête sur la mort de David Bronstein, tu as du nouveau ?

— Oui et non. Dali suit l'affaire pour moi. Des cheveux ont été retrouvés sur ce qu'il restait de vêtements, des cheveux qui n'étaient pas les siens, ils ont réussi à identifier l'ADN mais, évidemment, ils ne savent pas quoi en faire. Tu t'intéresses à l'enquête ?

— Je m'intéresse à Isabelle. J'ai une dette envers les Bronstein, je te raconterai peut-être cela un jour. Quand David a disparu, en 1977, elle n'avait pas un sou, tout était bloqué, il faut dix ans pour pouvoir hériter d'un parent disparu. Je l'ai accompagnée dans ses démarches, je l'ai aidée financièrement. Elle et sa fille. Tu la connais ?

— La mère, oui. J'étais passé la voir pour mon mémoire à l'École du Louvre, tu sais, pour la liste des tableaux…

— La fille est ravissante, poursuit Pierre d'une voix neutre. Si tu me parlais un peu de ce que tu fais ? Ce n'est pas tous les jours que j'ai l'occasion de déjeuner avec un patron de presse !

— Moque-toi ! Je me suis juste associé avec le jules de mon ex, Juliette, la fille du commissaire Salvador. On envisage une diffusion payante de cinquante mille, essentiellement des abonnements, on s'entend bien, je suis ravi.

Pierre sourit.

— C'est bien, mon bonhomme. Tu ne finis pas la dernière ?

— Non, vas-y, prends-la papy…

Pierre adopte la voix de Mitterrand qu'il imite si bien :

— Imbécile…

*

Comme prévu, Delphine les a rejoints à 13 h 30 pour le café, qu'elle commande aussitôt en mobilisant deux serveurs d'un simple regard. Pierre contemple sa fille avec admiration. Elle ne doute de rien, le monde lui appartient.

— Je sors de chez Aude, dit-elle, il y avait Valentine, on se disait qu'il serait sympa de fêter ensemble l'anniversaire de François et Julien, on pourrait faire ça à Vaugirard, qu'est-ce que tu en penses, papa ?

— Volontiers, ma chérie, répond Pierre, tout en cherchant désespérément la date anniversaire des jumeaux – janvier 1938, mais quel jour ?

— Tu vas à Villecroze, en avril ? demande-t-elle. Si tu restes à Paris, il faut également penser à ton anniversaire.

Pierre hausse les épaules et se penche pour prendre Albert à témoin.

— Mais pourquoi, grands dieux ? Quatre-vingt-six ans, ce n'est pas un chiffre rond, ça n'a pas d'intérêt ; non, on attendra quatre-vingt-dix… si la providence le veut bien, évidemment.

Paul lève la main pour demander l'addition. C'est lui qui invite. Delphine contemple son père avec ironie.

— C'est nouveau, ça. Tu crois en Dieu, maintenant ?

Pierre sourit de ce sourire enfantin qui faisait fondre Ariane.

— Non, ma chérie. Mais le moment venu, vois-tu, je ne serais pas contre une petite surprise…

*

(Dimanche 12 juillet 1998)

La voix éraillée de Thierry Roland fait trembler l'immeuble, toutes fenêtres ouvertes sur la cour intérieure…

« Emmanuel Petit pour frapper le premier corner de l'équipe de France… Corner rentrant, il est bien frappé au premier poteau… Et buuuuuut !!! Tête de Zinédine Zidane !!! Zidane, qui, sur ce premier corner français, place une tête ma-gis-trale et ouvre le score alors que l'on joue depuis vingt-sept minutes !!! »

Tandis qu'Olivier, Paul et Jules se congratulent en entamant une samba brésilienne, Delphine entraîne Valentine à la cuisine pour préparer les sandwichs.

— Complètement fous ! Pourvu qu'on perde, sinon on ne pourra plus les tenir, dit Delphine. Quoi de neuf, ma chérie ? Tu vas bien ? Ton amoureux mystérieux ?

— Toujours aussi mystérieux.

— Sors le beurre du frigo. Et au journal ?

— Quelques soucis. L'oncle Sébastien défraie la chronique, la justice est saisie, je suis en porte-à-faux. Je t'expliquerai.

Delphine sort la pizza du four, découpe six parts à l'aide de la roulette à tarte.

— Prends le vin, dit-elle. Et l'eau gazeuse.

Du salon proviennent des « Ha ! Oh ! Oui ! Non ! Mais c'est pas vrai ! »

— Allez, dit Delphine, on retourne dans la cage aux lions.

*

Il ne reste qu'une poignée de secondes, l'arbitre, sifflet à la bouche, suit des yeux Djorkaeff qui pose son ballon sur le coin de corner. Centre tendu, cafouillage devant le but.

— Tu vas voir, dit Jules, ils vont en planter un autre. Le même.

L'action est si rapide que Thierry Roland n'a pas eu le temps de s'y préparer.

« Et buuut !!! hurle-t-il avec un temps de retard. Le doublé de Zidane… !!! Juste avant la mi-temps, l'équipe de France mène deux à zéro devant le Brésil au Stade de France !!! »

L'immeuble de la rue Brisemiche explose de joie. Jules et Paul bondissent de leur siège et dansent de façon grotesque sans quitter la télé des yeux.

— Regardez Chirac, s'écrie Jules, il n'en peut plus ! T'as vu, Olivier ?

Olivier a glissé le long du canapé, sa tête est venue frapper doucement le pied de la table basse. Paul, médusé, regarde le corps inerte de son père sur la moquette bleue.

— Papa ! papa !

Valentine se précipite, place son oreille contre son cœur, se redresse, commence un massage cardiaque.

— Vite, dit-elle, appelez les pompiers, le Samu, vite !

*

Delphine, hébétée, sort de l'Hôtel-Dieu. C'est fini. C'était la mi-temps, trop d'encombrements, la foule ne laissait pas passer l'ambulance. Le Samu est arrivé trop tard, Olivier n'a pas pu être réanimé. Durant la nuit, curieusement, son visage a vieilli d'un seul coup. Ses cheveux bruns sont devenus tout blancs, il ressemblait à une vieille dame, comme si, devant son éternelle jeunesse, la vieillesse avait décidé de se venger et de rattraper en une nuit le temps perdu.

Dans l'aube naissante, Delphine s'engage sur le pont Notre-Dame. Sur les quais, des groupes hurlent leur joie. « On a gagné, on a gagné… » Des voitures klaxonnent encore sur la voie sur berge, drapeau tricolore au vent. Pâle soleil. Elle s'accoude, contemple la Seine. C'était quand, la première fois ? Le premier regard ? Elle avait douze ans, guère plus, quand elle l'avait aperçu pour la première fois dans la villa de Fontenay. Elle était à l'époque éperdument amoureuse de son professeur de dessin, mais, en voyant Olivier, elle avait immédiatement su qu'il serait l'homme de sa vie. À douze ans…

Je l'enterrerai à Noirmoutier, se dit-elle, dans le cimetière de L'Herbaudière, ce petit coin de verdure coincé en pente douce entre l'église et la mer, vue imprenable sur l'océan et sur l'éternité. Pour l'enterrement, on fera ça tout doucement, il n'y aura que ses deux fils, Serge et Paul, et son ami Firmin.

Delphine se redresse, contemple les deux tours de Notre-Dame. Les cloches se sont mises à sonner, il lui plaît d'imaginer qu'elles saluent Olivier. Elle traverse le pont, perplexe. Était-il athée ou agnostique ? Et quelle est la différence ? Elle presse le pas, impatiente de retrouver la rue Brisemiche. Rien ne lui semble plus important que de trouver la réponse.

6

(Mercredi 7 avril 1999)

Le Thalys entre en gare du Nord avec cette allure vaguement dédaigneuse qui n'appartient qu'aux grands coursiers. Ce qui n'est pas tout à fait injustifié : une heure vingt-cinq pour faire le trajet, Paul n'en revient pas, à peine le temps de lire *Je m'en vais*, le dernier Echenoz.

Dans le cadre d'un numéro spécial d'*Artmag* consacré à la famille de peintres de Braekeleer – Henri, Ferdinand et Adrien Ferdinand –, il s'est rendu à Bruxelles pour rencontrer le conservateur du musée des Beaux-Arts. Durant son séjour, vaguement désœuvré, il a poussé la porte de l'hôtel de ventes Horta où l'on proposait pour le lendemain un Marie Laurencin intitulé *Jeune fille au bain*, daté de 1914.

En lisant le descriptif, une petite sonnerie intérieure s'est déclenchée. Ce tableau lui était familier. Mais quand et où ? En discutant avec le commissaire-priseur, sa mémoire s'est soudain éveillée. La collection Bronstein ! Passablement excité, il a aussitôt téléphoné à l'OCBC, et Dali lui a donné confirmation de son hypothèse en lui lisant la fiche :

« *Jeune fille au bain*, 1914, provenance possible (non confirmée) d'une collection dérobée le 20 juillet 1942 chez Isaac Bronstein, 38, rue de Vaugirard, Paris 6e. » Le commissaire, après quelques coups de fil, a fait bloquer la vente et s'est enquis du vendeur. En l'occurrence, il s'agit d'une vendeuse, une Argentine de passage à Bruxelles mais qui en est repartie en laissant un prix de réserve tout à fait déraisonnable. Ce tableau vient-il d'Argentine ? Et que faisait-il là-bas ? De nombreux nazis s'étaient réfugiés en Amérique du Sud, mais Paul imagine mal un homme en fuite emportant avec lui une collection de tableaux. Et *L'Heure bleue* ? Est-ce un début de piste ? Surtout, ne pas s'emballer. Il passera demain à l'OCBC pour faire le point avec Dali.

Paul sort de la gare et s'insère dans la file d'attente des taxis, afin de se rendre directement chez Valentine, à Montparnasse. Aujourd'hui est un grand jour : il va enfin découvrir l'amoureux de sa cousine. Il s'agit d'un directeur commercial de chez Purina PetCare, chargé des marques Felix et Fido, ce qui lui a valu, avant même d'avoir été présenté, d'être aussitôt surnommé « Croquette » par la fraction masculine du G3.

*

— Il y a vraiment un snobisme chez les mites parisiennes. C'est toujours la petite jupe Isabel Marant qui est trouée et pas le tee-shirt H&M !

Croquette rit.

— Tu veux que je les fasse disparaître comme par magie dans un trou noir ?

— Non, mais j'en ai marre ! À propos d'en avoir marre, tu sais que tu vas avoir dix jours de vacances en rab ? Qu'on va pouvoir partir en week-end ?

Croquette hoche la tête. Il sait. Martine Aubry s'est rangée à l'avis des organisations syndicales. Ce n'est plus par cinq, mais par dix jours de repos supplémentaires par an que les cadres vont pouvoir – au minimum – traduire le passage de la durée légale du travail de trente-neuf à trente-cinq heures. Tu parles ! Comme si on allait compter les heures dans les multinationales de La Défense !

L'appartement qu'il loue depuis six mois est situé au-dessus de La Closerie des Lilas, au cinquième étage. Il dispose d'un balcon tournant, permettant d'admirer le Sacré-Cœur côté Saint-Michel. Valentine adore, comme elle adore ce que dit Croquette, ce que pense Croquette, ce que suggère Croquette. Après avoir alimenté la chronique des rumeurs la liant successivement à un acteur-chanteur, à un ponte de la SFP, à un ancien futur ministre et à un champion du 110 mètres haies, elle a craqué pour Croquette. Pourquoi ? Elle n'en sait rien. Il lui semble qu'elle l'aime, tout simplement.

— Ton cousin Jules vient avec sa femme ? demande-t-il.

— Évidemment. Pourquoi ?

— D'après ce que tu m'as dit, c'est une Peule Woodabé du sud du Tchad. Je suis allé là-bas, il y a dix ans, je serais heureux d'en parler avec elle. C'est le seul peuple radicalement non violent que je connaisse. J'admire. Vin blanc ou champagne, pour l'entrée ?

— Pour toi, rien. Tu as encore cinq kilos à perdre !

Croquette hoche la tête. Il est fou d'elle.
— Oui, Maîtresse. À vos ordres, Maîtresse.

*

— Je regarde le commissaire-priseur, je fais un geste, il croit que j'enchéris ! Dieu merci, on était au début de la vente !
— Et c'était ce Laurencin ?
— Oui, répond Paul. D'après papy, il était accroché dans l'entrée de l'appartement des Bronstein.
— Et les autres tableaux ?
— C'est le premier qui réapparaît.
— Qu'est-ce qu'il va devenir ? demande Jules. Il y a des héritiers ? Des ayants droit ?
— À ma connaissance, il revient à la petite-fille d'Isaac Bronstein, Rebecca Bronstein, mais la route est longue avant qu'elle puisse envisager de le récupérer. J'en saurai plus avec Dali, je le vois demain.
— Vous travaillez avec lui ? demande Croquette.
— Plus ou moins.
En fait, c'est beaucoup plus que moins. Paul intervient de plus en plus souvent comme conseil auprès des officiers de police de l'OCBC se faisant passer pour des amateurs d'art prêts à racheter des tableaux volés.
— J'ai peut-être une ouverture à la télévision, ajoute Paul pour changer de sujet. J'ai présenté chez Arte un projet d'émission, « Vu par », un format bimensuel de trois minutes relatant la rencontre entre une personnalité et une œuvre d'art de son choix. Depuis quand, pourquoi, etc. Pour le pilote, c'est Philippe Séguin et un bouddha Akshobhya du XVIe siècle qui s'y collent.

— Et notre « héritier rouge », comment va-t-il ? demande Valentine en se tournant vers Jules.

— Toujours pareil. Je me bats contre des moulins à vent. À Paris, cent trente-six mille logements sont vacants, soit dix pour cent des logements existants. Et il y a dix mille sans-abri. Mais ces deux mondes restent hermétiques l'un à l'autre. C'est surréaliste.

— Jules est triste, intervient Iman. Son père est venu à Paris, pour une rétrospective John J. Johnson à la Cinémathèque, sur les Grands Boulevards. Ça s'est mal passé.

— Tout avait bien commencé, précise Jules. J'avais réussi à lui arracher un rendez-vous au bar du Lutetia, en lui disant que je lui présenterais ma femme. L'enfoiré ! Quand il l'a aperçue, il m'a regardé avec horreur et a quitté le bar. Comme dit Iman, pour lui, on est « wara dubbaan » !

— C'est quoi ? demande Croquette en se tournant vers Iman.

— C'est un terme injurieux qui signifie « après les mouches ». Au Tchad, les mouches sont les êtres les plus méprisés de la création, les derniers animaux créés par Dieu. Mais comme Dieu s'ennuyait, il a ensuite créé les Peuls nomades, juste pour s'occuper, ce qui veut donc dire que ceux-ci ont moins de valeur qu'une mouche.

Jules hausse les épaules.

— On s'en fout, dit-il, c'est lui, la mouche à merde !

— Et vous, Cro… Jean-Louis, vous êtes dans les aliments pour chiens, je crois ?

Paul et Jules échangent un regard de soulagement. Olé ! Ce n'est pas passé loin.

— Chiens et chats, répond Jean-Louis. Mais vous pouvez m'appeler Croquette, si ça vous fait plaisir.

Jules rougit. Comment sait-il ?

— Jean-Louis a un petit talent, dit Valentine en souriant. Il est magicien et il sait lire dans les pensées. Directeur commercial, c'est une couverture. En réalité, c'est un extraterrestre, il étudie l'esprit humain pour voir si l'homme mérite d'être sauvé.

— Très intéressant, dit Paul. Vous pouvez vraiment lire dans mes pensées ?

— On va essayer, répond Jean-Louis. Pensez très fort à un poète.

Paul se concentre, hoche la tête.

— C'est fait.

— Bien, dit Jean-Louis.

Il tend la main, saisit une orange dans la corbeille de fruits.

— Je prends cette orange, je la pose sur mon verre. Examinez-la bien : c'est une orange comme vous et moi. Bon. Je pose ma serviette sur l'orange, voilà, puis je prononce les mots magiques : « Éluard, Éluard… »

Paul sursaute. Le poète qu'il avait choisi !

— Mais…

Jean-Louis a posé un doigt sur ses lèvres :

— Chut, chut, ce n'est pas fini… Imaginez que cette orange représente la Terre…

Jean-Louis retire très lentement la serviette. L'orange a changé de couleur. Elle est bleue.

*

(Samedi 1er janvier 2000)

Ni la fin du monde, ni le grand bug informatique n'ont eu lieu, mais la petite Austin a refusé de démarrer, comme si elle rechignait à passer le cap de l'an 2000. Le deuxième millénaire a chèrement vendu sa peau avant de disparaître : d'après les infos, la tempête du week-end précédent a transformé le Père-Lachaise – qui a été fermé au public – en parc de désolation. Les marronniers n'ont pas tenu le coup, près de deux cents arbres ont été déracinés, pulvérisant tombes et caveaux.

Paul contemple la petite voiture bleue. Que va-t-il en faire ? L'idée de la mettre à la casse le fait frémir. Peut-être pourrait-il la descendre à Villecroze, où un petit garagiste la remettrait en état ? Oui, c'est une bonne idée, il en parlera à Pierre.

En longeant le Père-Lachaise, Paul songe au jour inéluctable où son grand-père disparaîtra. Bientôt quatre-vingt-dix ans. Quand le moment viendra, du carré magique de son enfance, il ne restera plus que sa mère. Le souvenir de son père glissant lentement sur la moquette le prend à la gorge. Alors que la France entière basculait dans l'hystérie, Olivier quittait le grand stade de la vie avant le troisième but. Paul retient une larme. Lorsqu'il avait douze ans, la simple évocation de Georges Marchais le faisait trembler. Aujourd'hui c'est le foot, toute allusion à l'équipe de France lui oppresse le cœur et il lui est impossible de regarder un match. Olivier, son père… Dans un mois ou deux, il se rendra à Noirmoutier avec

Delphine pour fleurir la tombe et tailler le rosier au pied du marbre.

À l'entrée du métro Père-Lachaise, une pauvresse fait la manche. Paul sort une poignée de pièces de sa poche, la dépose dans sa main. Et elle, combien de temps va-t-elle tenir ? Où dort-elle ? Où sont ses proches ? Et pourquoi n'y a-t-il pas un peu de Jules Ormen dans chaque Parisien ? République. Sacré Jules, bientôt père d'un petit Balthazar. Et Valentine qui parle de s'y mettre elle aussi. Temple, Arts-et-Métiers. Ce Croquette est vraiment un drôle de type, à mille lieux de l'étiquette du beauf que Paul et Jules lui avaient gentiment épinglée avant de prendre la mesure du personnage. Ses numéros de divination musicale sont insensés. Durant le dernier dîner, mis à l'épreuve par Jules, il a répondu après un court moment de concentration :

— Vous pensez à *Si j'avais un marteau*, de Claude François. Et le plus curieux, c'est que Paul y pense en même temps que vous.

Au fond, songe Paul, peut-être Valentine a-t-elle raison. Peut-être s'agit-il d'un extraterrestre, d'un monstre gentil visitant l'île aux enfants des humains. Malheureusement, même les magiciens ne peuvent faire ressurgir les tableaux disparus. Encore que. Il faudrait le lui demander.

*

— Je vous remercie d'avoir accepté ce rendez-vous.

— Mais je vous en prie. Vous avez piqué ma curiosité.

— Vous venez souvent en Europe ?

— Deux fois par an. Auparavant, c'était beaucoup plus fréquent. Mon mari était diplomate, nous naviguions perpétuellement entre Buenos Aires, Berlin et Bruxelles, où je possède toujours un pied-à-terre. Mon mari avait d'ailleurs la double nationalité.

Paul contemple le visage de son interlocutrice. Très maquillé, probablement lifté. Quel âge a-t-elle ? Ce pourrait être aussi bien cinquante que soixante-dix.

— Ma démarche est strictement personnelle, explique-t-il. Comme je vous l'ai dit, je ne suis ni policier ni agent du fisc ou quoi que ce soit, je suis historien d'art et je travaille sur une collection de tableaux disparus, dont le vôtre faisait partie. Pourriez-vous me dire comment vous avez acquis ce tableau ?

La femme a posé négligemment un manteau de vison sur la banquette. Elle détaille le café avec une moue amusée, les mégots à terre au pied du bar, les fausses affiches anciennes pour Coca-Cola. Elle sort un paquet de Dunhill, le tend à Paul.

— Non merci.

La femme allume sa cigarette à l'aide d'un petit briquet guilloché or, boit une gorgée de thé.

— Volontiers, dit-elle. J'ai eu le temps d'y penser, après avoir reçu votre courrier. Il me semble que mon mari a acheté ce tableau à Genève, il y a très longtemps, sur ma demande, il me plaisait beaucoup.

— Très longtemps ?

— Je dirais il y a vingt-cinq, trente ans.

— Dans une galerie ? Une salle des ventes ?

— C'était dans une galerie de Genève située près du Grand Théâtre, rue Bovy-Lysberg, je m'en souviens très bien car mon frère a longtemps habité juste à côté.

Paul note l'adresse sur un petit carnet noir.

— Et… vous souvenez-vous du propriétaire de la galerie ?

— Vaguement. Il s'agissait d'une femme, de forte corpulence. Le genre de femme à aimer les femmes, à mon humble avis.

— Votre mari était-il un grand amateur d'art ? Un grand collectionneur ?

— Il aimait l'art abstrait, Kandinsky, Delaunay. Le Laurencin, c'était pour moi, pour mon studio de Bruxelles. À la mort de Juan, j'ai décidé de tout bazarder. Si j'ai bien compris, il s'agirait d'un tableau volé ?

Paul sort une liste de sa poche.

— Voici la collection dont je vous parlais. Parmi ces œuvres, y en a-t-il une qui vous dise quelque chose ?

Après avoir examiné longuement la liste, la femme rend le papier à Paul.

— Non, désolée, ça ne me dit rien. Que va devenir mon Laurencin ?

— Je ne sais pas. La législation belge est très différente de celle de la France dans ce type de situations. Je vous promets de me renseigner et de vous tenir informée. Vous restez longtemps à Paris ?

— Non, je repars demain matin pour Bruxelles. Je suis descendue au Crillon.

— Belle adresse, dit Paul.

— Oui, dans le petit matin, devant la place de la Concorde encore déserte, c'est magique, on se croirait dans un film publicitaire pour parfum. Votre histoire m'intéresse, mais je dois vous quitter. Que penseriez-vous de reprendre notre conversation ce soir ? Nous pourrions dîner à l'hôtel…

Paul rougit. L'idée de faire l'amour avec une femme sans âge l'excite et le terrifie simultanément. Et qui paiera le dîner ? Si c'est elle, il passera pour un gigolo. Et si c'est lui, ses finances ne s'en relèveront pas.

— Vous avez mon numéro de portable, dit-elle. J'attends votre appel. Pas trop tard, je l'espère.

Paul songe à Jeanne, sa nouvelle compagne, qui l'attend à la villa Godin. Comment a-t-il pu envisager une seconde d'accepter cette invitation ?

— Je suis désolé, dit-il, mais je suis attendu.

— Vraiment ?

— Merci encore, bafouille Paul en se levant et en déposant un billet sur la table. Excusez-moi, mais je dois vous quitter.

Les yeux de la femme, jusqu'ici rieurs, s'assombrissent.

— Ainsi soit-il, dit-elle.

*

(Mercredi 3 mai 2000)

Vent froid sur Paris. De gros nuages noirs s'annoncent vers l'ouest. Dali, comme d'habitude, conspue ses congénères automobilistes.

— Raconte, dit-il en allumant son cigare et en abaissant sa vitre.

Paul consulte rapidement son petit carnet noir puis le range dans sa poche. Ces deux jours à Genève passés en compagnie de Jeanne dans un petit hôtel donnant directement sur le lac Léman ont été divins. Et fructueux.

— La galerie est toujours là, rue Bovy-Lysberg, près de la banque Gonet. Le propriétaire est un homme d'une soixantaine d'années, un Grec du nom de Karamalis. Très fébrile devant mes questions, je me demande s'il ne me prenait pas pour un inspecteur du fisc. Il me dit avoir acheté le bail en 1988 à une SCI commerciale domiciliée à Paris. Lors de la signature, il a eu l'impression d'avoir affaire à un prête-nom, le type n'y connaissant absolument rien en peinture. La dénomination sociale de la SCI est la SIPG, Société d'investissement Paris Genève. Il sera facile d'en retrouver la trace, mais ce ne sera peut-être pas nécessaire.

La voiture s'engage dans l'avenue de la République.

— Raconte la suite, répète Dali. Tu racontes bien.

— Le Grec m'a dit connaître cette galerie depuis toujours. Lui-même en tenait une quelques rues plus loin quand il était jeune, beaucoup plus petite, il a toujours envié cet emplacement. Il m'a dit qu'au début des années 1970 la galerie était parfois tenue par une grosse dame qui venait de Paris. Et qu'on y voyait tous les quinze jours un monsieur distingué d'une cinquantaine d'années, souvent accompagné d'une jeune et jolie femme, jamais la même. Le vrai propriétaire de la galerie, à son avis.

— Et alors, grogne Dali, ça nous donne quoi ?

— Une de ces jeunes femmes, m'a-t-il dit, aurait fait une petite carrière au cinéma sous le nom de Natacha Chevalier. Il la trouvait éblouissante. Pas comme actrice, comme femme.

Place de la République, le trafic semble bloqué.

— Et merde, dit Dali en posant son gyrophare sur le toit, qu'est-ce qu'ils foutent ici à cette heure, tous ces cons !

— Et nous, commissaire, qu'est-ce qu'on fait, à cette heure ?

— On fonce, Alphonse ! Natacha Chevalier, ça devrait pouvoir se trouver…

— J'ai déjà trouvé, confie Paul en ouvrant à nouveau son carnet. J'ai obtenu l'information par un ami de ma cousine, un agent artistique. Natacha Chevalier, quarante-sept ans, née le 5 mars 1953, date de la mort de Prokofiev, soit dit en passant.

— Et de Joseph Vissarionovitch Djougachvili, dit Staline, ajoute Dali en arrêtant le gyrophare. Alors, la suite ?

— Habite 6, rue Parrot, près de la gare de Lyon. A joué dans une série télévisée des années 1980 qui n'a pas trop mal marché mais ensuite, pas de bol, elle a toujours couché avec le mauvais producteur. Actuellement en tournage pour un film d'entreprise dans le Périgord, rentre lundi. J'ai réussi à la joindre là-bas.

Dali écrase son cigare dans le cendrier.

— Tu la vois quand ?

— Mercredi prochain.

— Bien joué, petit.

— Vous en avez parlé à Darties ?

Bernard Darties est le numéro deux de l'OCBC, le supérieur hiérarchique de Dali.

— Non, un coup comme celui-là, surtout à l'étranger, je le joue perso. C'est pour toi, mon coco. Quand je pense que tu as plaqué ma fille, une cuisinière hors pair et qui adore faire le ménage, je me demande encore pourquoi je te fréquente.

— Bien forcé, c'est la femme de mon associé. Je vous signale qu'elle est très bien avec lui. Il est grand, il est beau, Bidault. De quoi vous plaignez-vous ?

— Je me plains, c'est tout.

— Ce n'est pas une raison pour rouler sur la voie de gauche.

— T'as raison, Léon, je m'énerve, je m'énerve. Je te dépose ?

— Philippe-Auguste, ce sera parfait.

Cinq minutes plus tard, la Mégane pile devant la bouche du métro. Paul sort de la voiture, se penche à la portière.

— Au revoir, commissaire,

— Salut. Tu m'appelles mercredi, après ton rendez-vous. Sans faute.

— Bien sûr.

Dali a remis le gyrophare en marche. Sans la sirène. Paul agite son index. Niet. Interdit. Aucune urgence ne le justifie.

— Tu me fatigues, Paul, tu ne sais pas à quel point tu me fatigues. J'aurais dû te coffrer, la première fois que je t'ai vu. Bon, rien d'autre ? demande-t-il en faisant ronfler le moteur.

— Non, commissaire.

— Alors bien le bonjour chez toi !

La Mégane déboîte, force une priorité et effectue un demi-tour acrobatique sur le boulevard. Paul suit la voiture des yeux. Il adore ce type. Et déteste ses manières.

*

(Mercredi 10 mai 2000)

— Miroir, miroir, dis-moi que ce n'est pas moi… Un cadavre, songe-t-il en détaillant dans la glace sa nudité triste et pendante. Quand on n'aime que le beau, comment peut-on devenir si laid ?

Amédée pousse un soupir de désolation. Depuis la vente de la galerie Beaurepaire, chaque année qui passe accentue sa dégradation physique. Il s'ennuie, malgré sa fortune qui ne cesse de croître. L'éclatement de la bulle spéculative du marché de l'art contemporain, il y a dix ans, ne l'a guère échaudé. Dès 1995, il a changé son fusil d'épaule et investi dans les nouvelles technologies, spéculant sur le Nasdaq et sur le nouveau marché parisien. Nouvelle bulle, il en est conscient, mais peu importe. Il vendra avant l'été.

La découverte du cadavre de David Bronstein l'a occupé pendant un moment. Vaguement inquiété. Mais rien n'indique, quatre ans plus tard, que la police dispose du moindre indice. La disparition d'Ariane ne l'a guère ému, si ce n'est qu'elle a avivé l'idée très désagréable de sa propre mort. Mais la crise cardiaque d'Olivier l'a réconforté : le bel Olivier, l'éternel jeune homme qu'on croyait immortel, est parti avant lui. Ça fait du bien, ça équilibre les destins.

Amédée rentre son ventre, se tire la langue, passe sa robe de chambre et contemple la fille aux membres éparpillés aux quatre coins du lit. Dix heures et quart. Il a hâte qu'elle s'en aille et que l'on tire un trait sur ce nouveau fiasco. Malgré les petites pilules bleues, tenir son rang devient de plus en plus difficile. Et, il faut le dire, de moins en moins jouissif. Il n'y a guère que le fouet pour l'exciter. Et encore : les filles ne prennent même plus la peine de jouer la comédie, elles pourraient se faire les ongles en attendant que ça se passe.

Qu'elle s'en aille. Qu'il puisse aller faire un tour dans son « musée ». Qu'il puisse respirer. Saisi d'une rage subite, il retire le drap d'un geste sec, claque une des fesses dodues légèrement striées par les jeux de la veille.

— Mille balles si tu disparais dans les trois minutes, dit-il en regardant sa montre.

— Mais…

Amédée sort quatre billets de sa poche.

— Deux mille. T'as trois minutes, je chronomètre.

La fille saute du lit, enfile sa petite culotte, s'habille en vitesse. Amédée réunit sac, chaussures, manteau, écharpe, les lui colle dans les bras, la pousse vers l'entrée.

— Allez, tu finiras sur le palier.

La fille saisit les billets, lui jette un regard noir.

— Et toi, le peine-à-jouir, tu finiras d'un infarctus, d'une rupture de canalisation d'égout dans ton cerveau de gros porc !

Amédée ricane, la propulse dehors et claque la porte. Saperlipopette ! Où a-t-il pêché une traînée pareille ?

Le téléphone s'est mis à sonner. Amédée saisit le combiné portatif et se rend dans la cuisine.

— Oui ?

— …

— D'accord, Pierre, pas de souci, je t'attends à 13 h 30.

Amédée coupe la communication, note d'appeler

Prunier pour décaler la réservation, fait un peu de rangement en redressant la pile des revues – *L'Œil*, *Artmag*, *Beaux Arts* – qui s'est écroulée. Il n'a pas vu son frère depuis dix-huit mois et, à vrai dire, cela ne lui a pas franchement manqué. Pourquoi persiste-t-il à l'inviter à déjeuner ? Pourquoi, surtout, a-t-il fait la bêtise de revenir à Vaugirard sous le coup de la colère ? Désormais, prisonnier de l'habitude, il lui faut continuer, sourire, faire semblant. Son frère est sinistre… De quoi vont-ils parler ? Delphine, c'est tabou. Ariane, à éviter, Amélie, n'en parlons pas. Restent l'Académie, son œuvre littéraire et les bonheurs d'enfance. Amédée récapitule mentalement la liste des souvenirs à évoquer, sans qu'Amélie y soit rattachée trop directement : les virées en Chenard et Walcker, les vacances de neige à Abondance, l'arrivée d'Olivier dans la famille, les cachettes de chocolat de Mme Farge, le train électrique qu'ils montaient dans le jardin. Avec ça, il devrait pourvoir tenir au moins une heure.

*

Avec son décor Second Empire, ses hauts plafonds, son parquet ciré et ses boiseries, le restaurant Le Train Bleu évoque un autre monde, celui – suranné – des lourds bagages en cuir et des cartons à chapeaux. Son bar, très confortable, joue les British blasés attendant le départ pour la Côte d'Azur dans de grands fauteuils club. Paul aime y donner rendez-vous, de même qu'au Lutetia, au Select, au BDM de la rue de Buci ou au Harry's Bar de la rue Daunou. Natacha Chevalier habitant à deux cents mètres, le choix s'est imposé de lui-même.

Paul a pris le temps de se renseigner. Des petits rôles au cinéma et, surtout, des doublages de séries américaines. A priori, elle gagne assez bien sa vie. Une silhouette s'immobilise à l'entrée du restaurant, hésite, s'avance vers lui.

— Monsieur de Villiers ?

Paul n'a pas hésité à emprunter le nom de son associé. Il sonne rond et en impose sans trop de prétention.

— Enchanté, dit Paul en se levant pour serrer la main tendue. J'ai eu l'occasion de vous voir dans *Les Demoiselles de Saint-Malo*, vous y étiez très bien. Et ravissante.

Natacha Chevalier sourit poliment, s'assied avec précaution.

— Merci. C'est de l'histoire ancienne. Mon agent m'a signalé votre appel, je n'ai pas très bien compris, vous êtes dans le cinéma ?

— Pas tout à fait. Je travaille pour l'OCBC. La police de l'art, pour dire les choses simplement.

— Mon Dieu, la police…

— N'ayez pas peur, dit Paul, il s'agit d'une enquête de routine. Je recherche une femme d'une certaine corpulence qui s'occupait de la galerie de la rue Bovy-Lysberg, à Genève, vers le milieu des années 1970. Est-ce que cela vous dit quelque chose ?

Natacha pâlit. Madame Ghislaine. Les voyages en Suisse et les perversions sexuelles de monsieur Charles. Et ce fric-frac avenue Victor-Hugo, avec Odette Russier. Que c'est loin, tout cela. Il y a certainement prescription.

— Alors ? insiste Paul.

— Avant de faire du cinéma, j'ai travaillé pour cette femme, cette femme corpulente, comme vous dites. Elle s'appelait Ghislaine Dombasle. Mais ce n'était pas la patronne, elle était associée avec le principal actionnaire, dans la galerie de Genève et dans celle de Paris.

— Où cela ?

— Du côté de la Concorde, la galerie Beaurepaire.

Paul fronce les sourcils. Ce nom lui dit quelque chose. Une galerie rue du Faubourg-Saint-Honoré, près de la rue Royale. Également autre chose, qu'il ne parvient pas à définir.

— Elle se rendait souvent en Suisse ?

— Assez souvent.

— La galerie marchait bien ? Elle vendait beaucoup ?

— Je ne sais pas, il me semble.

— Cette dame s'occupe toujours de la galerie Beaurepaire ?

Natacha secoue la tête.

— Non. La galerie a fermé il y a longtemps, je passe parfois devant, c'est aujourd'hui un magasin de vêtements.

— Vous y êtes restée longtemps ?

— Pendant neuf mois, en 1974, je venais le matin trois jours par semaine.

— À Genève, on m'a parlé d'un monsieur distingué souvent accompagné de jeunes et jolies femmes, de qui s'agit-il ?

— Mais je vous l'ai dit, son associé !

— Comment s'appelle-t-il ?

— Mais Beaurepaire, voyons ! Charles de Beaurepaire, le propriétaire, ils ne cessaient de se chamailler. Je ne sais même pas s'il est encore vivant, on m'a dit qu'il avait acheté un château, qu'il s'était retiré à la campagne. C'est lui que vous cherchez ? Il a fait quelque chose ?

Paul appelle le serveur. Un porto flip pour elle, une bière pour lui. Porto flip ? N'est-ce pas ce truc dégueulasse avec un jaune d'œuf ?

— Vous étiez en quels termes avec ce… propriétaire ?

Natacha se raidit.

— Mais… en très bons termes.

— Quand vous alliez à Genève, était-ce en avion, en train ou en voiture ?

— En avion. Parfois en voiture mais je n'aimais pas ça, je me demandais s'il ne faisait pas passer des choses en Suisse.

— Que pensez-vous du *dripping* de Jackson Pollock ?

— Comment ? Qui ça ?

Paul soupire. Manifestement, cette femme n'y connaît rien en peinture. Elle devait servir de bibelot décoratif, tenir la galerie Beaurepaire aux heures creuses.

— Vous avez quarante-sept ans, c'est cela ?

— Si vous le dites…

Paul effectue un rapide calcul. Si le Laurencin a été vendu il y a trente ans, comme le suppose l'Argentine, Natacha Chevalier avait à peine dix-sept ans. Aucune chance.

— Très bien. Je vous remercie pour tous ces renseignements. Ce Charles de Beaurepaire, vous n'avez pas ses coordonnées ?

Natacha hésite un bref instant.

— On m'a dit qu'il habitait en Sologne. Dans un

château. Mais quand je sortais… quand je travaillais pour lui, il habitait avenue Victor-Hugo, un grand appartement au-dessus d'un marchand de fourrures. Les Fourrures Maurice.

— Merci, dit Paul.

Il lève son verre, sourit à sa voisine.

— À la santé de Marie Laurencin !

— Pourquoi pas à celle d'Apollinaire, tant que vous y êtes ? Vous me prenez pour une cruche, c'est cela ?

Paul secoue la tête.

— Non, pas du tout, veuillez m'excuser pour Pollock. Merci pour vos renseignements, ils me sont très précieux.

— Ce… ce M. de Beaurepaire, demande-t-elle timidement, il aurait fait quelque chose de mal ?

Paul ne répond pas. Beaurepaire, Beaurepaire… Il connaît ce nom.

*

Au bout d'un long quart d'heure, la porte du 130 s'est enfin ouverte, découvrant une très grosse dame tenant en laisse un minuscule chihuahua. Paul traverse l'avenue Victor-Hugo en se faufilant entre les voitures et se glisse dans l'immeuble quelques secondes avant la fermeture du battant. La liste des propriétaires et locataires – une quinzaine de noms – a été tapée sur un traitement de texte et soigneusement scotchée sur une vitre, à l'intérieur de la loge. Paul s'avance, se penche, se met à déchiffrer. Beaurepaire, Beaurepaire… En vain. Mais un nom le fait sursauter : A. Ormen ! Ce qu'il pressentait confusément se mue en une évidence chargée d'interrogations : Charles de

Beaurepaire et Amédée Ormen ne sont qu'une seule et même personne.

*

— Ouais !!!

— Bonjour, commissaire.

— Dépêche-toi, Paul, j'ai une réunion.

— Ghislaine Dombasle et Charles de Beaurepaire. Une galerie de peinture située près de la rue Royale, rue du Faubourg-Saint-Honoré, vendue il y a sept ou huit ans, vous pouvez vérifier dans le fichier ?

— D'accord. Je te rappelle.

Paul coupe la communication et appelle sa mère pour s'assurer qu'elle est chez elle. Elle y est. Il range son portable, cherche la ligne Météor, cette nouvelle ligne automatisée qui met quelques minutes à rejoindre Châtelet. Les jets d'eau de la fontaine Stravinski sont encore en panne, L'Oiseau de feu, immobile et bariolé, surveille les serveurs du restaurant Dame Tartine.

— Bonjour, mon Paul.

Il se penche, se laisse embrasser plus qu'il n'embrasse.

— Je t'offre un verre de vin, mon chéri ? Tu veux déjeuner ici ?

— OK pour le vin. Mais j'ai rendez-vous chez Arte.

Paul s'avance dans le salon, regarde le téléviseur, cœur serré. Il n'est pas revenu dans l'appartement depuis trois mois. Dans la cour, la table a disparu, mais son vélo d'enfant est toujours là, amputé de sa selle et d'une pédale. Il rejoint sa mère dans la cuisine, s'assied devant la minuscule table bistrot.

— Comment vas-tu ? demande-t-il. Je ne vois plus Apolline dans *L'Obs*.

— Normal. Terminé. Plus d'Apolline. Cela ne m'amuse plus. Je vais continuer Zaza, un album de temps en temps, mais c'est tout. Et puis, je vais m'installer à L'Herbaudière. Près d'Olivier.

— Tu es sûre ? Tu ne vas pas t'ennuyer là-bas ?

— Je garderai un pied-à-terre, mon bureau du passage Lemoine, c'est amplement suffisant.

— Et ici ?

Delphine sort un pâté de sardines, du pain et du vin.

— Je vais le louer, cela me permettra de boucler les fins de mois. Car côté retraite, que ce soit ton père ou moi, c'est la peau de chagrin. Et toi, comment ça va ? Toujours avec la petite Sophie ?

— Non, elle a changé de prénom, elle s'appelle Jeanne, désormais.

— Tu es bien le fils de ton père ! Tu n'es pas fatigué de courir après les femmes ?

— Mais maman, ce n'est pas moi, ce sont elles qui me coursent !

Delphine hausse les épaules puis sert le vin précautionneusement. Petit prétentieux !

— Ton frère m'a appelé, dit-elle. Il voudrait venir à Noirmoutier, un jour ou deux, en juin.

— Ce n'est pas mon frère, corrige Paul d'un ton pincé. C'est mon demi-frère, nuance. Qu'est-ce qu'il raconte ?

— Hermine a décidé d'aller vivre au domaine, à La Croix-Valmer. Serge va vendre L'Heure Bleue – enfin, le Blue Night –, j'en ai le cœur serré, ça va faire une pizzeria de plus et une époque en moins à la Contrescarpe. Heureusement qu'Olivier n'aura pas vu cela.

— Je voulais te demander, dit Paul.

Le front de Delphine se plisse. Le ton faussement détaché de son fils n'augure rien de bon.

— Je voulais te demander… Charles de Beaurepaire, tu connais ?

Delphine s'est figée. Long silence. Que sait-il ?

— Tu veux parler de ton grand-oncle ? D'Amédée Ormen ?

— Exact.

— Qu'est-ce que tu veux savoir ? demande Delphine en remettant son chignon en ordre.

Paul contemple sa mère. Pourquoi est-elle si mal à l'aise ?

— Une chose, répond-il. Une chose très importante : durant la guerre, a-t-il été impliqué dans la disparition de la collection Bronstein ?

Delphine soupire de soulagement. Ouf. Le coup n'est pas passé loin.

— Je ne suis pas au courant mais c'est possible. Je crois que ton grand-oncle est capable de tout. De toutes les saloperies.

— Il a dénoncé les Bronstein ?

Delphine hésite. Que dire ?

— C'est un bruit qui a couru dans la famille. À la Libération, il a été condamné à cinq ans d'indignité nationale pour faits de collaboration. Mais pas spécifiquement par rapport aux Bronstein. Pourquoi t'intéresses-tu à Amédée ?

— Un tableau de la collection est remonté à la surface. Un Marie Laurencin. J'aide l'OCBC à titre officieux, tu sais, mon ami Dali, le commissaire Salvador.

Delphine acquiesce d'un hochement de tête. Parfaitement. Le père de la petite Juliette. Elle l'aimait bien, celle-là.

— Et alors ?

— Il se pourrait que ce soit lui ou son associée qui ait vendu ce tableau par l'intermédiaire de leur galerie de Genève, au début des années 1970. Si c'est le cas, mais c'est pratiquement certain, la coïncidence serait vraiment troublante. Tu crois que je peux interroger papy sur le sujet ?

Delphine secoue la tête :

— Non, s'il te plaît. Tant qu'il n'y a rien de tangible, laisse mon père à l'écart de cette histoire. Il y a entre les deux frères des querelles de famille qu'il vaut mieux ne pas remuer. Et il a quatre-vingt-huit ans, ne l'oublie pas.

— Tu parles ! La belle affaire ! Il termine un nouveau roman et il construit des boîtes à secrets dans le style de Prosper-Guillaume Durand, l'ébéniste de Louis-Philippe ! On fait mieux, comme vieil homme fatigué.

Le portable de Paul se met à chanter *Le Pont de la rivière Kwaï*. Delphine secoue la tête. Ridicules, ces engins.

— Excuse-moi, maman…

La voix de Dali est toujours aussi bougonne.

— Paul ?

— Je vous écoute.

— Tu te fous de moi ?

— Non, qu'est-ce qu'il y a ?

— Charles de Beaurepaire, c'est le frère de ton grand-père !

— Je sais, commissaire, je sais. Et la femme ?

— Ghislaine Dombasle. Fille d'un ministre des Colonies sous Albert Lebrun, lesbienne notoire, très introduite dans les milieux politiques et le Milieu tout court dans les années 1950. Impliquée dans le scandale des Ballets roses. Plusieurs casseroles aux mœurs dans les années 1960, mais aucune condamnation. S'est installée comme antiquaire à Antibes en 1994. Y est morte l'année dernière. Cancer.

— Rapport avec la collection Bronstein ?

— Rien. Si ces deux-là l'ont écoulée à l'étranger, rien à faire, terminé, on peut plier les gaules.

— Merci, Dali.

— Tu comptes rendre visite à ton oncle ?

— Mon grand-oncle !

— Ouais, c'est ça.

— Qu'est-ce que vous en pensez ?

— Que si jamais tu en avais l'intention, ce ne serait pas la pire idée qui aurait pu te traverser l'esprit. Tiens-moi au courant !

Delphine regarde son fils fermer son portable et le glisser dans sa poche.

— Toujours aussi déterminé, à ce que je vois. Faire ta thèse sur la collection Bronstein ne t'a pas suffi. L'OCBC s'occupe du dossier ?

— Non. Dali me donne un coup de main, c'est tout.

— Et que dit-il ?

— Il n'est pas contre une petite visite avenue Victor-Hugo.

Delphine sent une lame de couteau s'insérer entre ses côtes. L'idée que Paul puisse rencontrer Amédée la terrifie. Et si l'autre lui dévoilait tout ? Par perversité. Ou pour se venger de la famille ?

— Ça me fait peur, Paul. Laisse tomber, c'est de l'histoire ancienne.

Elle aimerait lui dire. Se débarrasser une fois pour toutes de ce fardeau qu'elle porte depuis trente-cinq ans. Que penserait-il s'il apprenait qu'il est le petit-fils d'Amédée ? Que sa mère est née d'un viol, d'un viol incestueux ? Il se sentirait sali, comme moi, songe-t-elle. Trompé. Dépossédé. Éclaboussé de honte.

Paul se tient devant elle, immobile.

— Ne t'inquiète pas, maman. Que veux-tu qu'il arrive ?

*

(Mardi 6 juin 2000)

La minuterie vient de s'éteindre. Éclairé par un mince filet de lumière, Amédée ressemble à un acteur du muet un peu trop grimé, Paul ne serait pas étonné d'entendre quelques notes aigrelettes et joyeuses égrenées par un piano.

Après avoir longuement hésité, il s'est décidé à prendre rendez-vous avec son grand-oncle, en se faisant passer pour un jeune lieutenant de l'OCBC. Peu d'espoir d'aboutir à quoi que ce soit, mais on ne sait jamais. Et puis, la curiosité l'a emporté.

— Bonjour, l'accueille Amédée. Vous êtes ponctuel.

Il ouvre grand la porte, prie son visiteur d'entrer. Sa ressemblance avec Pierre, pas vraiment évidente, se manifeste par quelques détails disparates : la rectitude du nez, les longs doigts, l'ourlé des oreilles. Mais le teint est cireux, la bouche mince et cruelle.

Paul s'avance, salue d'une légère inclinaison du buste.

— Pierre Bidault, OCBC.

Amédée examine son interlocuteur avec attention. Une trentaine d'années, grand, légèrement voûté malgré sa jeunesse. L'allure et le visage lui rappellent quelque chose. Où l'a-t-il rencontré ? Rue de Richelieu ? À Drouot-Montaigne ? Peu probable, il y a bien longtemps qu'il ne fréquente plus les salles des ventes.

— Entrez, je vous prie.

Les deux hommes se rendent dans le petit salon, s'installent avec une synchronisation parfaite dans les deux fauteuils club Chesterfield en cuir vert qui se font face. Paul, fasciné, ne quitte pas des yeux ce vieil homme fatigué qu'on évoquait en chuchotant lorsqu'il était enfant. Le banni, le pestiféré. L'oncle Amédée, immensément riche, l'ancien collabo, coupable d'avoir dénoncé les Bronstein aux Allemands. Et, comble d'horreur, d'être impliqué dans la mort de son frère Jean-Noël, un des grands noms de la Résistance. Paul observe la pièce, le mobilier, les tableaux. De l'argent et du goût, évidemment.

— Je peux voir votre carte ? demande Amédée.

Paul exhibe un faux spécimen barré de tricolore, spécialement conçu pour ce rendez-vous. Dali deviendrait fou s'il était au courant. Amédée y jette un rapide coup d'œil.

— Café, jus de fruits ? propose-t-il.

— Rien, merci.

Amédée se cale dans son fauteuil. Pas vraiment une tête de flic, ce Bidault. Mais il est vrai que l'OCBC est un corps particulier. Quelles sont les raisons de sa présence ? Le meurtre de David ? Il ne voit pas bien en quoi l'OCBC serait concerné.

— En quoi puis-je vous être utile ? demande-t-il au terme d'un long silence.

— J'y viens, répond Paul. Permettez-moi de récapituler les informations dont je dispose. Amédée Ormen, né le 13 décembre 1920 à Fontenay-aux-Roses. Quelques petits ennuis à la Libération. Grosse fortune, ancien maire d'Angerville. Vous étiez galeriste, associé à Mme Ghislaine Dombasle. Connu dans le milieu sous le nom de Charles de Beaurepaire. Une galerie à Paris et une galerie à Genève. Je serai bref, monsieur Ormen. Nous avons appris il y a peu qu'une *Jeune fille au bain* de Marie Laurencin a été présentée à l'hôtel de ventes Horta, à Bruxelles, en avril 1999.

Amédée cherche des yeux la boîte à cigares.

— Fort possible. En quoi cela me concerne-t-il ?

— Ce tableau est répertorié au fichier Treima. Il faisait partie de la collection dite Bronstein, collection volée à une famille juive pendant la guerre. La vente a été aussitôt suspendue.

— Et alors ?

— Il semblerait que ce tableau ait été vendu au début des années 1970 à un Argentin par votre agence de Genève. En avez-vous le souvenir ?

Amédée réfléchit rapidement. Il se souvient parfaitement de cette vente. Un tout jeune diplomate argentin. Mais c'était il y a trente ans ! Et en Suisse de surcroît ! Qu'est-ce que c'est que cette histoire ?

— Je n'ai aucun souvenir de ce tableau. Un Laurencin, dites-vous ? Comme vous le savez, c'est assez courant. Peut-être mon associée aurait-elle pu vous renseigner. Mais elle est décédée l'année dernière, un cancer généralisé qui l'a emportée en quelques mois.

— Je sais, monsieur Ormen.

Amédée ne peut s'empêcher de sourire. Merci Ghislaine, bonne initiative.

— Et les autres tableaux de la collection, reprend Paul après un long silence, vous les connaissez ?

Nous y voilà, songe Amédée. Soixante ans plus tard ! On le lui avait dit, les flics de l'OCBC ne lâchent jamais leur os. Le Laurencin n'est évidemment qu'un cheval de Troie. Ils ont immédiatement flairé l'odeur picassienne.

— Pas du tout.

— S'il vous plaît, monsieur Ormen, soyons sérieux. Vous savez parfaitement ce dont je parle. La collection Bronstein, volée en juillet 1942. Comportant en particulier un certain tableau intitulé *L'Heure bleue*. Faut-il que je vous rafraîchisse le mémoire ?

Quel con, songe Paul. Le mémoire ! Quel lapsus ! Mais Amédée n'a pas relevé. Il s'est levé, est allé chercher la boîte à cigares. Il tend la boîte à Paul qui décline de la main. Amédée prend son temps pour allumer son Montecristo n° 4.

— Quand je vous disais que je ne la connaissais pas, je faisais allusion à ce qu'elle a pu devenir. Sinon, bien évidemment, je connaissais cette collection. Les Bronstein étaient des voisins et des amis de la famille.

— Vous n'avez pas la moindre idée de ce qu'elle est devenue ?

— Pas la moindre, ce serait exagéré. Je vais vous dire ce que je sais. Quand j'ai rencontré Ghislaine Dombasle, en 1942, elle avait dix-huit ans. À l'époque, elle aimait plutôt les hommes. C'était la maîtresse de

Jean Ziegler, l'un des lieutenants de Bony, spécialiste distingué du pillage des biens juifs sous la haute protection du général von Behr. Mais pas uniquement : il menait également des opérations tout à fait légales, à travers un bureau d'achats pour le compte de la Wehrmacht. Les Bronstein, à l'époque, s'appelaient les Bronville et j'ai fait une connerie. Au cours d'un dîner, par inadvertance, je les ai appelés par leur nom. Ziegler les a fait arrêter. Et la collection de tableaux a disparu.

— Et ce Ziegler…

— Mort à la Libération. Fusillé par les FFI.

— Et les tableaux ?

— On n'en sait rien.

— Pensez-vous que votre ancienne associée ait pu en hériter, à la mort de son amant ?

— Aucune idée. Mais ce que vous m'avez appris sur le Laurencin peut le laisser envisager. Il est fort possible qu'elle ait écoulé quelques tableaux en Suisse à mon insu.

— Le Picasso ?

Amédée hausse un sourcil et penche la tête de côté. Amusé. Quelque chose ne va pas. Si ce petit flic est venu chez lui plutôt que de le convoquer, c'est qu'il a quelque chose à lui proposer.

— Non, répond-il, ça me semble exclu. Trop gros morceau, je l'aurais appris. Vous recherchez vraiment cette collection Bronstein ? Soixante ans après les événements ?

— Exact.

— Pour l'État français ? s'amuse Amédée.

— Pas tout à fait, monsieur Ormen. Pour tout vous dire, je suis ici à titre… officieux.

Paul se tortille sur son siège. C'est le moment, songe-t-il. C'est gros comme une maison mais je suis venu pour cela.

Le regard d'Amédée brille de malice.

— Officieux ?

— Oui. Comment dire cela…

— Dites-le simplement, lieutenant…

— Vous avez raison. Eh bien, voilà. Comme vous le savez, pour remonter les filières, nous nous faisons souvent passer pour des vendeurs ou des intermédiaires. Je connais un amateur – richissime magnat russe – qui serait prêt à payer une fortune pour ce Picasso. En toute discrétion.

Amédée sourit. Très amusant. Ce petit lieutenant le prend vraiment pour un imbécile.

— Je sais, poursuit Paul, que Christie's New York va mettre en vente à la fin de l'année *Femme aux bras croisés*, un période bleue plutôt sinistre datant de 1902. Les experts s'attendent à voir franchi le cap des cinquante millions de dollars. Je vous laisse imaginer ce que vaudrait *L'Heure bleue*. Mon collectionneur serait prêt à offrir quinze pour cent de la valeur. Soixante-quinze millions de francs.

Amédée lève la tête vers le plafond et, la bouche en cul de poule, parvient à former un cercle de fumée presque parfait.

— Et moi, réplique-t-il, je vous offre l'occasion de cesser d'être ridicule. Vous ne travaillez pas à l'OCBC, vous n'êtes pas flic et, si vous persistez, j'appelle les flics, les vrais. C'est un grave délit que de se faire passer pour un policier.

Paul hoche la tête. Pas si gâteux, le grand-oncle.

— D'accord, dit-il, je ne suis pas flic. Mais ma proposition est sérieuse.

— Qui êtes-vous ?

— Je vous l'ai dit. Mon nom est Bidault. Bidault de Villiers.

— Eh bien, monsieur de Villiers, si vous le voulez bien, nous allons en rester là. Je vous raccompagne.

— Mais…

— N'insistez pas, nous n'avons plus rien à nous dire.

Amédée précède Paul, ouvre la porte d'entrée. Bidault de Villiers. Comme le visage de son visiteur, ce nom lui rappelle quelque chose. N'est-ce pas ce patron de presse qui a lancé *Artmag* ? Avec lequel s'est associé… Nom de Dieu !

— Pierre Bidault de Villiers, m'avez-vous dit ? N'êtes-vous pas en lien avec le producteur de « Vu par », sur Arte ?

Paul se trouble.

— Oui, c'est exact.

— Mais dites-moi, mon cher Bidault de Villiers de je ne sais où, en venant me voir, n'avez-vous pas déshabillé Pierre pour habiller Paul ? Ne seriez-vous pas plutôt… Paul Russier ?

*

Perplexe, Amédée referme la porte. Le fils de Delphine a dévalé l'escalier sans dire un mot, comme s'il avait le diable aux fesses. Sait-il qu'il est son petit-fils ? Serait-ce pour cette raison qu'il est passé le voir ? Peu probable. Alors, ce Laurencin ? Découvert à Bruxelles et retracé à Genève, cela fait beaucoup, même pour un journaliste. L'OCBC serait-elle réellement sur sa piste ?

— Je n'aime pas ça, dit-il à haute voix, je n'aime pas ça…

Mû par un besoin soudain, il se précipite vers la chambre, entre dans le dressing et pianote la combinaison d'ouverture de la chambre forte. Entre la coupe de poires de Bonnard et les falaises d'Étretat de Courbet, nimbée de bleu, Olga Khokhlova lui sourit. Amédée détaille son Picasso avec tendresse.

— Ne t'inquiète pas, murmure-t-il, je maîtrise. Ce Sherlock Holmes à la manque n'est pas prêt de découvrir que tu es là. Aucun danger qu'il nous sépare…

7

(Dimanche 3 septembre 2000)

La villa Godin a retrouvé son ambiance familière d'enfants jouant au ballon, de concert de scies sauteuses, perceuses à béton et autres coups de marteau. Depuis deux ans, le passage n'est plus qu'un immense chantier de réhabilitation, les « maisons d'architecte » remplaçant peu à peu les pavillons 1900. Pour fêter l'intronisation de Louise au G3 – qui devient le G4 avec présidence tournante – Paul a commandé des pizzas chez Luigi et une tarte aux fruits chez Mme Claude. Avec les obligations professionnelles de chacun, les réunions s'espacent d'année en année. Désormais, la norme admise et respectée est d'un sommet par semestre, à date fixe ; chacun s'y soumet au traditionnel « je viens, je vais, je veux ».

Paul referme le clapet de son téléphone. La voix de Rebecca lui est indispensable, il interroge sans cesse sa messagerie pour réécouter son dernier message, tel un poisson remontant périodiquement à la surface pour respirer. Comment peut-on tomber amoureux fou d'une femme contemplant une œuvre de Jérôme Bosch ? Il l'avait conviée à l'exposition du Grand

Palais et, à sa façon de regarder le tableau, il avait chaviré. Avait compris qu'il était pris. Amoureux pour la vie. *The big one !* Il en avait tremblé, avait remercié le ciel et le peintre flamand. Après l'exposition, ils s'étaient promenés sur les bords de la Seine, main dans la main, sans prononcer la moindre parole.

— Tu es avec nous, Paul ?

— Oui, oui, je pensais à Jérôme Bosch.

— On peut y aller ?

— On peut.

Valentine frappe sur la table avec une fourchette.

— Jules, tu commences, déclare-t-elle en ouvrant la séance.

Depuis les événements de l'été 1996, Jules a parfait un look désormais immuable. La veste noire un peu trop courte, les Dr. Martens, l'anneau d'argent dans l'oreille, les petites lunettes rondes, rien n'a été laissé au hasard. Et il s'est créé un geste fétiche, les deux poings serrés côte à côte se transformant en oiseau. La bataille se gagne par les médias, soutient-il. Donc par l'image, immédiatement identifiable, inlassablement répétée. Coqueluche des télés, Jules arpente les plateaux, apostrophe les politiques, tente de rallier des artistes à ses causes.

— Mes hommages, présidente. Tout d'abord, le « je viens ». Je viens de Sangatte, à Calais, c'est vraiment dur. Il y a de la place pour deux cent cinquante personnes, mais ils sont près de mille entassés là-dedans, à attendre la nuit pour essayer de passer. Le mois dernier, deux bébés sont nés dans le hangar. C'est la Croix-Rouge qui s'en occupe, elle fait ce qu'elle peut, mais ça va mal finir. Pour le « je vais », c'est tout simple : je vais être à nouveau père, je vais ouvrir un second guichet de microcrédit dans l'Est parisien et je vais demander à Gayssot et Bartolone s'ils ne se foutent pas du monde dans l'application de la loi de 1998 sur l'exclusion et les sans-papiers. Quant à « je veux » – je vous signale qu'on dit je voudrais –, je voudrais savoir quand on bouffe !

— Élégant, lâche Valentine. Louise ? C'est à vous, mon enfant…

Louise vient d'avoir vingt ans. Ou presque. Son goût pour la photo s'assortit désormais d'une passion pour le cinéma. Avec sa caméra Hi8, elle a déjà réalisé et monté un mini-court métrage sur les abeilles à Paris. Aussi brune que sa sœur est blonde. Aussi réservée que sa sœur est expansive. D'une voix légèrement troublée, elle débite à toute vitesse :

— Je viens de terminer mon Deug, j'ai obtenu ma bourse Erasmus et je vais partir pour Cuba, à l'École internationale de cinéma. Je veux devenir cinéaste.

Jules et Paul la dévisagent affectueusement. Un peu timide, la cousine.

— Court mais intéressant, commente Valentine. Monsieur Paul ?

— À vos ordres, Madame la présidente. Je viens de tourner un « Vu par » avec Véronique Jannot, elle parlait très bien de *La Jeune fille à la perle*, de Vermeer, c'était épatant. Je viens également d'acheter une Twingo, j'en ai marre du métro. Et je viens, je viens, je viens, je viens… je viens de rencontrer la femme de ma vie !

— Raconte ! s'écrie Jules.

— Plus tard, coupe Valentine d'un ton sec, l'ordre du jour d'abord.

— Pour les « je vais », poursuit Paul, c'est assez

simple. Pour Noël, chez Hazan, je vais sortir un beau livre sur les impressionnistes. Je vais également demander à Arte si on ne peut pas passer en émission hebdomadaire. Et voilà pour moi !

— Et ton je veux ?

— Ah oui. Mon « je veux ». Voyons voir. Oui, j'y suis. Un, je veux Rebecca, c'est ainsi qu'elle se nomme. Deux, je veux savoir si le frère de papy est mouillé dans le pillage de l'appartement des Bronstein pendant la guerre. Et, en conséquence, je veux savoir ce qu'est devenue *L'Heure bleue*.

— Très bien, merci, conclut Valentine. Le G4 apprécie cette constance et cette opiniâtreté sur un sujet qui nous concerne tous les quatre. C'est à moi. Au canard, je viens d'être affectée à Chevènement. Toujours au journal, Christian Barbier va passer directeur adjoint de l'info, c'est une bonne nouvelle, je m'entends bien avec lui. Autre « je viens » : je viens d'apprendre qu'Aubry songe à démissionner, elle veut préparer les municipales de Lille, elle serait remplacée par Guigou. Pour les « je vais », je n'en ai qu'un seul, mais il est de taille. J'ai vu un spécialiste, il m'a confirmé je ne peux pas enfanter sans aide médicale. Je vais donc faire appel à une fécondation in vitro. Sacré parcours du combattant. Quant au « je veux », vous l'avez compris, je veux un enfant. Nous voulons un enfant.

Le tintement de la cloche retentit au-dehors.

— C'est Luigi, dit Paul, j'y vais.

Louise se tourne vers Jules.

— J'aurais pu dire « je veux le Donjon ». Tu remarqueras que je n'ai rien demandé. Tu t'en sers toujours ?

— Non, très rarement. Je pense que ça dérange grand-père, même s'il dit le contraire. Tu peux si tu veux. Il serait ravi.

— Je m'y installerai quand je reviendrai de Cuba. Je ne vais pas le monopoliser pendant deux ans pour rien.

— Et quatre pizzas, quatre !

Paul dépose les cartons sur la table, sort le vin, l'huile d'olive et le tabasco.

— À table, dit-il. Deux reines et deux siciliennes. On va partager. Louise, tu fais le service.

— Ton Chevènement, demande Jules à Valentine, il ne vient pas de claquer la porte ?

— Si, la semaine dernière, à cause de la Corse. Il avait déjà démissionné en 1991, à cause de l'Irak. C'est un style chez lui. D'après Croquette, il va se présenter à la présidentielle en 2002.

— Qu'est-ce qu'il en sait, Croquette ?

— Son petit doigt. Il est très fort, son petit doigt. Et il se trompe rarement.

— Tu ne pourrais pas lui demander où se trouve *L'Heure bleue* ? questionne Paul.

— Il ne faut rien lui demander. Ça lui vient comme ça, d'un seul coup. Parle-nous plutôt de ta fiancée.

Les yeux de Paul se mettent à briller.

— Donc, elle s'appelle Rebecca. Elle ressemble à Évelyne Bouix, vous voyez ? Et c'est la petite-fille d'Isaac Bronstein.

Silence étonné.

— Celui des tableaux pendant la guerre ? demande Louise.

— Oui.

— Mais alors, dit Jules, c'est la fille du notaire, celui qui… celui qui a été…

— Oui. Assassiné en 1977 ou 1978. À l'époque, elle avait quatre ou cinq ans.

— C'est vraiment incroyable ! s'exclame Valentine. Le père de papy, Valentin Ormen, était – paraît-il – le meilleur ami d'Isaac Bronstein. Ça fait comme une boucle. Je comprends pourquoi tu t'intéresses autant à cette histoire de tableau.

— Je m'y intéressais déjà avant de la connaître. Et je vous rappelle que mon mémoire portait sur la spoliation des biens juifs, les biens juifs culturels dérobés pendant la guerre.

— Où l'as-tu rencontrée ? Elle travaille ?

— Je l'ai rencontrée chez elle, en allant rendre visite à sa mère. Elle s'occupe de la communication d'une start-up, Minikoo, une boîte qui organise des achats groupés sur Internet. Elle cherchait une agence, on a bavardé, je l'ai aiguillée sur Julien, il lui a trouvé le slogan qui tue.

— C'est quoi ? demande Louise.

— C'est d'enfer : « Plus on est beaucoup et moins ça coûte trop cher. »

— Bizarre, comme slogan, murmure Jules.

— Pardon ?

— Non rien.

— Je vous assure, mon cher cousin, que vous avez dit bizarre !

— Non, je retire, c'est très bien. Et pour la fille de Serge, qu'est-ce qu'on décide ? À parler franchement, je ne suis pas très chaud. Elle se fait appeler Diane de Charnacé, comme si le nom de Russier sortait du caniveau. Elle suit des cours dans une école de relations publiques et elle tient une rubrique dans un journal féminin, un truc du genre « Comment se tenir dans le monde ». Elle ressemble à une gravure de mode, avec un sens de l'humour moyennement développé. Ambitieuse comme sa mère. Si elle entrait au G4, qui deviendrait le G5, elle casserait l'ambiance.

— On verra, dit Valentine en saisissant une part de pizza, on a le temps d'y penser. Tu veux une fille ou un garçon ?

— Iman voudrait une fille. Alors je veux une fille. Et toi ?

— Croquette veut une fille. Alors je veux une fille.

Depuis le portemanteau, le pont de la rivière Kwaï égrène sa petite musique horripilante.

— Ton téléphone, Paul !

Paul se précipite, fouille dans sa veste, ouvre le clapet de son Nokia.

— Oui ?

— …

— Ne quitte pas un instant.

Paul s'éclipse dans la pièce voisine, poursuivi par des commentaires acides sur les usages du téléphone portable.

— Tu crois que ça va tenir, avec sa fiancée ? demande Jules.

— M'étonnerait, répond Valentine. On verra. Depuis Laura, le record, c'est cinq mois.

— Moi, intervient Louise de sa petite voix, je suis sûre que ça va marcher.

— Et pourquoi ? demande Jules, intéressé.

— Parce que c'est comme dans un film, un film dans lequel le destin fait le malin, vous verrez…

*

(Mercredi 6 septembre 2000)

En sortant de la Fnac, Paul s'est dirigé vers Le Père Tranquille, a traversé la rue Saint-Denis puis le boulevard de Sébastopol. Sur l'esplanade du Centre Pompidou envahie de soleil et de touristes japonais, un guitariste folk tente désespérément de couvrir les accords cuivrés d'un groupe latino œuvrant en ponchos et bonnets de laine. Alors qu'il approche de la fontaine Stravinski, la petite merveille de quatre-vingt-un grammes signée Ericsson qu'il vient d'acheter émet une sonnerie « à l'ancienne », qui remplace avantageusement le pont de la rivière Kwaï.

Paul s'assied sur la margelle du bassin, face à Dame Tartine, et consulte sa messagerie. Isabelle Bronstein s'inquiète de savoir si elle pourra un jour récupérer son Laurencin. Il referme l'appareil, le glisse dans sa poche. Pas évident du tout, il faudra en parler à Dali.

— Tiens, tu es là, toi ? Tu m'attendais ?

Delphine se penche pour embrasser son fils, pose sa valise contre le muret, s'assied près de lui. Un léger vent transforme les jets d'eau en bruine vaporeuse, il ne manque que l'air iodé pour se croire en Vendée.

— Tu as de la chance de me trouver, déclare-t-elle, j'arrive à peine, le train avait deux heures de retard.

— Comment va papy ?

— Bien. Mais le médecin lui a interdit de prendre le volant. La semaine dernière, avec la Toyota, il est monté sur le trottoir pour aller saluer le maire du village. Grosse frayeur. Et destruction de lauriers-roses. Désormais, avec François et Julien, nous allons faire en sorte qu'il y ait toujours un des enfants sur place lorsqu'il descend à Villecroze. J'y suis restée trois semaines, j'aime bien la Provence mais mon île commençait à me manquer…

— Il travaille ?

— Mais oui ! Un nouveau roman, qui s'inspire du Pas Perdu. Une histoire de chasse dans les collines. Et toi, l'Irlande ?

— Formidable. Mais un peu court.

Delphine fouille dans son sac, allume une cigarette.

— Rien de neuf pour… Amédée ? demande-t-elle d'un ton neutre.

— Rien depuis juin. Fin de piste, apparemment. Cette Ghislaine Dombasle a emporté son secret dans la tombe, si secret il y avait. C'est tellement loin, tout cela. Je voulais te demander : est-ce que tu sais ce qui s'est passé durant le procès d'Amédée à la fin de la guerre ? Et Dombasle, elle n'a pas été jugée ?

Delphine secoue la tête.

— Je ne sais rien. Ton grand-père a toujours refusé de parler de cet épisode. Quand nous étions enfants, c'était un sujet tabou. Viens, on rentre.

Paul se lève, saisit la valise de sa mère. Ils gravissent la volée de marches qui séparent le bassin du trottoir, pénètrent dans l'immeuble du 2, rue Brisemiche.

— Et Rebecca ?

— Quoi, Rebecca ?

— Tu ne m'as pratiquement rien dit.

— Tout va bien, elle se porte comme un charme.

— Dire que je ne l'ai pas encore rencontrée ! Tu y penses ?

— Mais oui, maman.

L'appartement sent le renfermé. Paul dépose la valise dans la chambre, va ouvrir la porte-fenêtre du salon.

— Tu as du Coca ?

— Je ne sais pas. Du vieux, peut-être. Regarde dans le frigo.

— On va s'installer dehors, propose Paul.

La cour semble coupée en deux. Ombre et lumière. Paul déplace la table pour que sa mère soit à l'ombre et lui au soleil.

— Alors, Rebecca ? Parle-moi d'elle !

— Sa boîte a explosé en vol, répond Paul. Comme la moitié des start-up, d'ailleurs. Minikoo, les achats groupés, je t'en avais parlé. À son introduction en bourse, il y a dix-huit mois, le cours était passé de vingt-huit à soixante-quinze francs dans la seule journée. Aujourd'hui, le titre vaut quatorze centimes !

— Tu te fiches de moi ? Tu as d'autres cours de bourse à me communiquer ?

— Je trouve que c'est une bonne nouvelle, elle va pouvoir s'arrêter de bosser !

— Vous allez vous marier ?

— Je suis invité par Christie's à New York au printemps prochain. Nous nous marierons là-bas.

— Mais pourquoi pas ici ? Une grande fête de famille ?

— Non. Elle ne veut pas.

Delphine fronce les sourcils. Qu'est-ce qu'elle a, cette petite ?

— J'aimerais bien la rencontrer, un jour, avant de m'exiler sur mon océan…

— Ça viendra, maman, ne t'inquiète pas… C'est pour quand, l'exil définitif ?

— Pas avant cet été. Firmin est en train de finir les travaux, une vraie salle de bains et une cuisine américaine. J'ai déjà un locataire pour ici, un vieux copain de *Libé* qui connaît l'appartement depuis toujours et qui n'a jamais cessé de fantasmer.

— Ça veut dire quoi, depuis toujours ?

— Février 1969, tu avais une semaine. Tu ne peux pas imaginer les bruits de pelleteuses, de camions, de grues, de marteaux-piqueurs, ces images de désolation, comme si le quartier venait d'être bombardé. Nous avions acheté l'appartement pour une bouchée de pain, on ne savait même pas si l'immeuble resterait debout ! La démolition des Halles, la construction du Centre et de la fontaine, pendant dix ans, ça a été l'horreur.

— Je sais, dit Paul, j'ai porté des boules Quies toute mon enfance ! Tu repars quand ?

— Je ne sais pas. Pour les grandes marées. J'ai un Zaza en impression et j'ai accepté de rencontrer un journaliste de France 3, un ami de Valentine qui veut me voir pour Olivier, il envisage de tourner un 52 minutes sur les cabarets de la Contrescarpe dans les années 1960.

— Tu avais quel âge, quand papa a ouvert ?

— Treize ans. Je me souviens des premières fois où je suis entrée à L'Heure Bleue. J'étais très impressionnée, il y avait toujours un artiste en train de jouer ou de répéter dans la pénombre. Olivier était très ami avec Truffaut, un Truffaut qui me regardait d'un drôle d'air, je me disais, c'est un satyre, ce type. En fait, il trouvait que mon visage prenait bien la lumière. À l'époque, il n'avait pas encore tourné, il était inconnu, c'était quatre ou cinq ans avant *Les Quatre Cents Coups*. Il y avait aussi un fou furieux qui chantait des chansons incompréhensibles, ou plutôt, qui refusait de les chanter. Boby Lapointe, ton père a été en grande partie à l'origine de sa carrière.

— Ses *Mémoires de cabaret*, tu les as gardés ?

— Il n'a pas eu le temps de s'y mettre vraiment. Mais j'ai les photos dans une boîte à chaussures. Un vrai trésor.

Delphine saisit son paquet, allume deux cigarettes, l'une pour elle, l'autre pour lui.

— Je n'y arrive pas, dit-elle en contemplant avec dégoût son paquet de Marlboro Lights. J'arrête, je reprends, j'arrête, je reprends, une vraie girouette.

— Qu'est-ce que tu fais ce soir ? Tu dînes avec moi ?

— Je suis invitée chez Aude. Pourquoi ? Tu voulais me présenter Rebecca ?

— Non, seulement dîner avec toi…

*

(Jeudi 15 novembre 2001)

Dans la rue Jean-Leclaire chichement éclairée – petite plaisanterie de la mairie ? – la Twingo bleue s'est garée au chausse-pied entre deux énormes 4 x 4 rutilants, visiblement plus coutumiers de l'asphalte que des chemins creux. Après avoir glissé l'autoradio sous son siège et saisi le bouquet de roses sur la banquette arrière, Paul se dirige vers l'immeuble gris et compose le code. Pourquoi Rebecca passe-t-elle tant de temps auprès de sa mère ? Cela fait deux jours qu'elle n'a pas mis les pieds à la villa Godin.

Isabelle Bronstein a changé la carte de visite punaisée sous la sonnette : Isabelle Cordier, probablement son nom de jeune fille.

— Entrez, entrez, Paul.

Rebecca s'approche, Paul se perd un moment dans ses grands yeux noirs aux reflets dorés, tend la main, l'attire vers lui, caresse le ventre rond.

— Bonjour, chérie…

— Paul, minaude Isabelle en déballant le bouquet, il ne fallait pas ! Venez les enfants, allons nous asseoir.

Enceinte de six mois, Rebecca rayonne. Avec un peu de chance, le bébé naîtra le jour de l'anniversaire de son père.

— Il bouge ? demande Paul.

— Il trépigne, plutôt. Déjà impatient de sortir. Comment ça s'est passé avec Bidault ?

— Bien. Il est d'accord pour les parts. Et nous allons quitter la cité Paradis pour nous installer boulevard de Sébastopol, à quelques pas du petit bureau de ma mère. Pour moi, côté métro, c'est aussi bien, et je peux éventuellement garer la Twingo dans la cour.

— Je vous ai vu à la télé, dit Isabelle. Vous présentez l'émission, maintenant ? C'était très bien !

— Merci, Isabelle.

— Des nouvelles de votre mère ? Elle s'acclimate sur son île ?

— Elle va très bien, je vous remercie.

— Avant de passer à table, je voulais vous remettre un cadeau ; je pense que c'est le moment.

Isabelle disparaît, revient avec un paquet plat. Paul défait le ruban, ôte le papier de soie avec précaution.

Un nu féminin. Une sanguine sous verre. Il cherche la signature : Renoir.

— Mais c'est un Renoir !

— Juste une petite sanguine, rien d'original, il y en a des dizaines comme ça.

— Franchement, murmure Paul, je ne sais pas si je peux accepter…

— Je vous en prie, elle était dans ma chambre, je l'ai assez vue, elle est à vous deux… à vous trois.

Paul, immobile, contemple sa belle-mère avec perplexité : il lui semble se souvenir qu'une sanguine de Renoir est répertoriée au Treima, dans la collection Bronstein ! S'agirait-il de la même ?

— Mais… mais ce tableau, d'où vient-il ?

— Je ne sais pas trop. Enfin, si : il a été offert à David par cette dame qui lui a sauvé la vie pendant la guerre. Le destin effectue parfois de curieux trajets, je ne sais pas si vous êtes au courant, mais cette dame, vous la connaissez.

— Vraiment ? Mais qui est-ce ?

— C'était Odette, votre grand-mère. Et également la femme de votre arrière-grand-père Valentin, le meilleur ami d'Isaac.

*

Paul a quitté la rue Leclaire vers vingt-deux heures, après avoir longuement embrassé Rebecca. Oui, il a très bien dîné, oui, il est très content du cadeau. À peine installé dans la voiture, malgré l'heure tardive, il compose le numéro de Noirmoutier.

— Tu charries, Paul, j'étais sur le point de m'endormir au milieu des vagues, le courant m'emmenait doucement jusqu'en Argentine.

— C'est important, maman. Tu as connu Odette, la mère de papa ; es-tu au courant d'un tableau qu'elle aurait un jour offert à David ? Une sanguine de Renoir ?

— Pourquoi ?

— Je suis presque sûre qu'il vient de la collection Bronstein.

— Tu sais, avec Odette, ça n'a jamais accroché. Olivier ne l'aimait pas beaucoup. Elle n'en avait que pour Serge. D'ailleurs, elle a quasiment déshérité Olivier à son profit. Les terrains de La Croix-Valmer auraient dû te revenir !

— Je me fiche de La Croix-Valmer, maman, je veux savoir d'où vient ce tableau.

— Va donc voir Serge. Si quelqu'un peut savoir quelque chose, c'est lui. Embrasse Rebecca pour moi.

— Oui, maman.

— Bonne nuit, mon chéri, je retourne à mes vagues.

*

(Vendredi 16 novembre 2001)

Paul soupire. Jamais il n'aurait dû venir en voiture. Le 84, paraît-il, empruntait la rue Descartes dans les années 1960, jusqu'à son terminus sur la place de la Contrescarpe. Comment pouvait-il manœuvrer dans un univers aussi encombré ? Après avoir tourné une vingtaine de minutes, il parvient à trouver une place dans le haut de la rue du Cardinal-Lemoine. Est-ce vraiment raisonnable de laisser la sanguine dans le coffre ? Il vérifie soigneusement la fermeture de la voiture et se rend au Blue Night. Serge, attablé près de la piste, est plongé dans ses comptes. Il lève la tête, lui fait signe d'approcher.

— Salut, mec.

— Salut, Serge. Tu t'en sors ?

Son demi-frère hausse les épaules, désigne deux béquilles d'un petit geste de menton. Il se remet difficilement d'un accident de moto sur une petite route du Var.

— C'est fait, dit-il. Je signe le compromis dans une semaine.

— Alors, ça y est, c'est le grand départ ? Quel effet ça fait ?

— Rien. Tu sais que j'ai fêté mes cinquante ans en août ? Fêté, c'est un grand mot. Mais c'est le bon moment pour changer de vie, construire autre chose.

— Diane va rester à Paris ?

— Bien sûr. Tu la vois au milieu des vignes ?

Paul acquiesce, ne peut s'empêcher de fixer son regard sur les deux grosses rides qui barrent le front de son demi-frère. Cinquante ans. Pourquoi Serge fait-il nettement plus âgé ? Est-ce d'avoir vécu la nuit et dormi le jour ?

— Tu voulais me voir ? demande Serge.

— Oui. Je t'explique. Tu sais que je travaille occasionnellement pour l'OCBC ?

— On m'a dit cela.

— Je suis entré en possession d'un tableau – une sanguine de Renoir – qui faisait partie de la collection Bronstein.

Serge hausse un sourcil interrogateur.

— Ils l'ont retrouvée ?

— Non, ce n'est pas ça. Ce tableau se trouvait chez Isabelle Bronstein, la femme de David.

— Celui qui...

— Oui. Et d'après ce que je sais, cette sanguine lui aurait été offerte par Odette, ta grand-mère.

— Notre grand-mère, mec...

— Si tu veux. Es-tu au courant de cette histoire ? As-tu déjà vu cette sanguine, chez elle par exemple ?

Serge secoue la tête.

— Non, je ne l'ai jamais vue. Mais je connais l'histoire.

— Raconte...

Serge range ses papiers dans une pochette, observe un long silence puis fixe son frère droit dans les yeux.

— Odette était une femme formidable. Vous, les Ormen, vous l'avez toujours mal jugée. Pendant la guerre, c'est elle qui a sauvé David.

— Je sais, répond Paul, agacé. Et alors ?

— Quand la famille Bronstein a été arrêtée, David a pu s'échapper aux abords du Vél' d'Hiv'. Odette l'a recueilli et caché. Après la guerre, elle l'a entretenu et lui a payé des études. Il lui devait tout. Odette avait une idée fixe : elle était persuadée qu'Amédée Ormen avait dénoncé les Bronstein. Un jour, ne me demande pas comment, elle s'est introduite en son absence avenue Victor-Hugo et elle a vu cette sanguine de Renoir qui, elle en était certaine, avait appartenu à Isaac. Elle n'a fait ni une ni deux, elle l'a embarquée.

— Comment tu sais cela ? Tu avais quel âge ?

— Elle m'a raconté cette anecdote quelque temps avant sa mort, je devais avoir seize ans, en me demandant de ne jamais oublier : Amédée Ormen, l'ordure de la famille. Et en ajoutant : « Voler un voleur n'est pas voler. Et cette sanguine est une preuve. »

Paul se lève, fait quelques pas sur la piste de danse, mains derrière le dos. Ses pensées se bousculent, une sensation d'étouffement lui comprime la poitrine. Selon toute vraisemblance, Amédée est l'instigateur de la déportation des Bronstein. Il a pillé l'appartement, avec ou sans Ghislaine Dombasle. Comment son grand-père va-t-il réagir ?

— Tu penses à quoi ? demande Serge. Assieds-toi, tu me donnes le tournis.

Amédée l'ordure, Amédée le voleur. Paul s'immobilise, en proie à un énorme doute. Existerait-il un rapport entre la mort de David et ce tableau ? Et si l'oncle Amédée ajoutait à la liste de ses multiples qualités celle d'assassin ?

*

Paul rejoint sa voiture, agité par une multitude de pensées. Il sort son portable, compose le numéro de Dali, se ravise, coupe la communication. Si l'oncle Amédée a commis un crime, cela relève plus de la Criminelle que de l'OCBC. Et avant tout des affaires de famille. Si quelqu'un doit continuer à investiguer, c'est lui et lui seul. Il hésite à nouveau : il serait pourtant judicieux d'interroger Dali sur ces histoires d'ADN. J'appelle, j'appelle pas. J'appelle, j'appelle pas… Il glisse le portable dans la poche de son manteau. J'appelle pas.

*

(Samedi 17 novembre 2001)

Les mêmes fauteuils. À la même place. Et ce même sourire moqueur, cette tête à gifler. Curieusement, Amédée n'a pas vieilli depuis leur entrevue d'il y a dix-huit mois, il aurait même rajeuni.

— Pierre ? Non, mon bon ami, il y a bien longtemps que nous ne nous voyons plus. Nous n'avons rien à nous dire. Mon frère, voyez-vous, a un ego plus vaste que la moitié du Loir-et-Cher. Il n'y en a que pour lui. Nous avons déjeuné quelques fois ensemble chez Prunier. Puis, un jour, il a décliné poliment mes invitations. Mais dites-moi, ajoute-t-il en allumant son sempiternel Montecristo, quelles nouvelles du front ? Toujours sur le sentier de la guerre à la recherche de *L'Heure bleue* ? Vous aviez raison, pour *Femme aux bras croisés*, plus de cinquante-cinq millions de dollars…

Paul saisit le carton à dessin, le pose sur ses genoux.

— Je ne suis pas venu vous parler de Picasso, mais de Renoir. Vous aimez Renoir, Monsieur mon grand-oncle ?

Amédée lève la tête, observe son rond de fumée. Totalement raté.

— Qui n'aime pas Renoir, mon jeune ami ?

— Je suis venu vous montrer une très jolie chose. Je voulais votre avis.

Amédée regarde Paul ouvrir le carton avec précaution. Il examine le dessin, fronce les sourcils. N'est-ce pas cette sanguine que cette vieille peau d'Odette lui avait dérobée en laissant une carte de visite épinglée au mur ? Un nu féminin avec signature à gauche… Aucun doute, c'est bien elle.

— Incroyable ! s'exclame-t-il d'un ton enjoué, où l'avez-vous trouvée ? En salle des ventes ?

— Qu'importe. Elle vous appartenait, n'est-ce pas ?

Amédée hésite un très court instant.

— Effectivement, si c'est bien la même.

— D'où la teniez-vous ?

Amédée n'hésite pas une seconde.

— Cadeau, mon cher ! Cadeau d'anniversaire de mon associée, il y a dix ou quinze ans. Et puis, peu de temps après, on me l'a volé.

— Vous n'avez pas porté plainte ?

— Je ne souhaitais pas la mettre dans l'embarras. L'origine de ce tableau est peut-être douteuse, si vous voyez ce que je veux dire.

Paul acquiesce machinalement. Il ment, évidemment. Pas de précipitation, songe-t-il, on ne bouge pas, on ne dit rien. Ce salaud a peut-être tué un homme. Prudence. On trouve juste un moyen de se procurer son ADN.

— Vous êtes venu me la restituer ? demande Amédée.

Paul secoue la tête. L'oncle Amédée ne manque pas d'air.

— Vous savez bien qu'il s'agit d'une œuvre volée…

— Oui, bien sûr, où avais-je la tête ? Dommage. Je l'aimais beaucoup. Sacrée Ghislaine ! Je vous sers quelque chose à boire ?

— Volontiers.

Amédée se lève, se dirige vers le bar.

— Whisky ?

— Non merci, pas d'alcool. Coca, vous avez ?
— Ce n'est plus de mon âge. Un jus d'orange ?
— Oui, je vous remercie.

Tandis que son grand-oncle a le dos tourné, Paul se penche et subtilise prestement le mégot de son cigare dans le cendrier. Maréchal, nous voilà ! L'heure de vérité va peut-être sonner.

*

(Dimanche 18 novembre 2001)

Il aimerait ne plus être immortel, donner sa démission du Quai Conti, repartir à zéro sous un autre nom, comme Romain Gary. Mais cela ne se fait pas. Pire qu'une maison de retraite, l'Académie lui apparaît désormais comme une prison.

Sur le pas de la porte de son bureau, canne à la main, Pierre contemple sa bibliothèque. Sur l'étagère médiane, ses livres sont en bonne place, à hauteur des yeux. Il s'avance, les parcourt du doigt : de *L'Herbe folle* au *Pas perdu*, ils sont tous là, rangés par année de parution. Vingt livres, cinq prix, dont le Médicis et le prix de l'Académie française. Sentiment amer de voir jaunir les couvertures, d'y découvrir de la poussière malgré le plumeau quotidien. Dans vingt ans, songe-t-il, qui lira Pierre Ormen ? Personne. Sur mon petit nuage, je m'interrogerai avec mes compagnons d'infortune – les Morand, Maurois, Mauriac, Montherlant et j'en passe – sur les raisons de notre disparition littéraire.

— Entre, fiston !

Paul embrasse son grand-père, le précède dans le salon, va caresser Albert qui médite allongé près de la cheminée.

— Tu travaillais ?

— Non, je bougonnais. Que se passe-t-il ? Je n'ai pas bien compris au téléphone.

— C'est à propos de ton frère.

Pierre se crispe, frappe violemment le sol avec sa canne.

— Qu'est-ce qu'il a fait, encore ? Assieds-toi.

Paul pose son pardessus sur une chaise, se laisse tomber dans le canapé, face à la cheminée.

— Je croyais qu'on n'avait plus le droit de faire du feu…

Pierre s'est installé dans son fauteuil Louis XIII, bien raide, il ne supporte plus les assises trop molles.

— Alors, qu'est-ce qui lui arrive, qu'est-ce qui nous arrive, plutôt ?

— Je crois que c'est grave… et j'ai besoin de ton avis.

Pierre agite une petite sonnette, Hélène Farge surgit aussitôt de son pas trottinant.

— Du thé, Hélène, s'il vous plaît. Avec des biscuits. Et un jus de fruits pour le jeune homme.

— Tout de suite, Monsieur…

— Je t'écoute, dit Pierre en calant ses fesses tout au fond du fauteuil.

Paul attend qu'Hélène soit sortie.

— J'ai vu ton frère, mon général. Je suis allé chez lui.

Pierre cesse de tapoter l'assise du fauteuil. Sa mâchoire se crispe, ses yeux se ferment à moitié.

— Qu'est-ce que c'est que cette histoire ?

Paul raconte. Le Laurencin à la salle des ventes de Bruxelles, la galerie de Genève, la femme du diplomate argentin, la sanguine de Renoir chez Isabelle, sa dernière conversation avec Amédée, ses soupçons concernant le meurtre de David Bronstein.

— Sais-tu ce qu'est l'ADN ? questionne-t-il.

— Je suis vieux mais pas idiot !

— Pardon, désolé. Je ne sais plus si je t'avais dit que lors de la découverte du corps de David, on avait trouvé sur ses vêtements quelques cheveux qui n'étaient pas à lui. Je n'ai pas pu m'empêcher. Je me suis rendu avenue Victor-Hugo, j'ai bavardé avec ton frère et j'en ai profité pour subtiliser un mégot.

— Et alors ?

— Il est désormais possible de comparer les deux ADN. Mais je suis historien de l'art, pas flic. Et Amédée est ton frère. Deux hypothèses. Je peux refiler ce mégot à Dali et lui raconter tout ce que je sais, afin que nous en ayons le cœur net. Ou je peux ne rien dire, faire disparaître une éventuelle pièce à conviction, afin d'éviter de grosses secousses dans la famille. Que dois-je faire, papy ?

Albert a levé la tête, intéressé. Pierre s'extrait de son fauteuil avec difficulté, se rend à la fenêtre en s'appuyant lourdement sur sa canne. Un temps de neige. Il lève les yeux, contemple le ciel. Salopard d'Amédée ! Pourvu que Dieu n'existe pas. Pourvu que Valentin n'apprenne pas cela, là-haut, il ne s'en remettrait pas.

— Paul ?

— Oui ?

— As-tu réfléchi aux conséquences d'une éventuelle inculpation ? Ton grand-oncle, meurtrier du père de ta femme.

— Oui, papy. J'en ai conscience. Et je te demande conseil.

Paul retourne à son fauteuil, s'assied et fixe son petit-fils intensément.

— Va jusqu'au bout, mon garçon. Et s'il te plaît, ne m'appelle plus papy.

*

(Lundi 10 décembre 2001)

Paul est en train de corriger les épreuves du numéro spécial d'*Artmag* lorsque son téléphone se met à sonner.

— Salut, Paul, c'est Dali, je dérange ?

— Oui.

— Parfait. Je suppose que tu serais heureux d'avoir des nouvelles ?

Paul sursaute. Si vite ? Il avait pensé qu'une analyse ADN pouvait prendre deux ou trois semaines.

— Je vous écoute, commissaire.

— Tiens-toi au pinceau, petit. Les résultats viennent de tomber. Désolé, mais, c'est bien lui.

— Aucune chance de se tromper ?

— Une chance sur dix puissance dix-huit. La même que celle de découvrir l'existence de Dieu dans un paquet de nouilles.

Paul encaisse. Jusqu'au bout, il a espéré le contraire. Pour son grand-père. Pour Isabelle et Rebecca, bien sûr.

— Vous allez l'arrêter ? Il ira en prison ?

— Probable mais pas certain. Il va être mis en examen pour le meurtre de Fontainebleau, il risque les assises. Et je ne vais pas le lâcher sur la collection Bronstein. Pour commencer, une petite perquise, ça ne peut pas faire de mal, le proc' est d'accord.

— Quand ça ?

— Secret défense.

— Vous espérez quoi ?

— Toucher le gros lot, petit gars. Je te fiche mon billet qu'il a une planque chez lui.

— *L'Heure bleue* ?

— Qui sait ? Ce serait le plus beau coup de ma carrière. Mais je n'y crois guère. Toi qui le connais, comment crois-tu qu'il va réagir ?

— C'est un coriace. Il va engager les plus grands avocats de la place, il en a les moyens.

— Je te tiens au courant, évidemment. Le bébé, c'est pour bientôt ?

— Mi-février. Pourquoi, vous souhaitez être le parrain ?

— Amusant… Je te laisse, j'ai un flag sur le feu, une bande qui s'apprête à embarquer tous les tableaux du Louvre.

Paul éclate de rire.

— Vous m'appelez dès que ?

— Promis.

— Merci, commissaire.

Paul raccroche, appuie aussitôt sur la touche « Home ». Rebecca décroche au bout de quatre sonneries.

— Oui ?

— C'est moi, *dear*… Je voulais savoir comment tu allais.

— Tu es cité Paradis ?

— Oui.

— Tu as une drôle de voix. Tu as quelque chose à me dire ?

— Non pas spécialement. Je voulais t'entendre…

— Tu rentreras tard ?

— Je rentre maintenant. Tu nous prépares un thé ?

— D'accord. À tout de suite, chéri.

Paul se lève, va chercher son pardessus. Demain ou après-demain, l'information sur la culpabilité d'Amédée paraîtra dans la presse. Il faut prendre les devants. D'abord Rebecca, dès qu'il rentrera. Puis Delphine, François, Julien. Et surtout grand-père, qui ne pense qu'à cela depuis près d'un mois.

*

(Jeudi 20 décembre 2001)

— Mais mon garçon, comment pourrais-je t'en vouloir ? Tu m'as donné tant de joies. Tu n'imagines pas la chance que j'ai d'avoir un petit-fils tel que toi. Tu es mon bonheur, mon soleil, comme tous mes petits-enfants.

— Sombre soleil. J'ai plongé la famille dans une sacrée tourmente. Tu as lu dans *Le Parisien* ? « L'académicien et l'assassin. » C'est terrifiant.

— Oui. Je traverse les quarantièmes rugissants, on ne me fait pas de cadeaux au Quai Conti. Les journalistes dorment sur le palier, si ça continue, je vais devoir me réfugier à l'hôtel.

— Tu tiens le choc ?

Pierre saisit un morceau de pain, en extrait la mie et confectionne une boulette.

— Le choc est passé. Je m'y suis préparé depuis ta visite, ce fichu dimanche, lorsque tu es venu me demander mon avis. Heureusement, ta mère et tes oncles ont été très présents, nous avons fait front, tous ensemble. Que dit ton commissaire ? Amédée va-t-il faire de la prison préventive ?

— Je ne pense pas, compte tenu de son âge.

Pierre hoche la tête.

— Comment va Rebecca ? demande-t-il.

— Ça va… à peu près, elle tient le coup. Tout cela lui semble quelque peu irréel. Elle aimerait pouvoir ne penser qu'au bébé. C'est pour dans deux mois maintenant.

Pierre se remémore sa première rencontre avec Rebecca. Paul était venu le chercher devant l'immeuble avec sa petite voiture bleue, ils s'étaient rendus villa Godin. En découvrant la fille de David, il avait pâli. Le portrait de sa grand-mère ! Le souvenir du dîner durant l'hiver 1941-1942 l'avait assailli : Esther était enceinte, elle aussi, et Isaac refusait obstinément de fuir en Espagne.

— Vous rêvez, général ?

— On ne peut pas appeler cela un rêve.

Paul examine la salle. C'est la première fois qu'il vient chez Allard. Pierre et Ariane adoraient cet endroit. Son grand-père semble toujours perdu dans ses pensées. Il examine sa main droite, fait jouer les doigts.

— Ta femme… reprend-il, prends-en bien soin. Bon. Tu voulais me parler de quelque chose. Quelque chose d'important…

— Oui, répond Paul. Te souviens-tu de notre conversation du 12 mai 1981 ?

Surpris, Pierre sollicite sa mémoire. C'était deux jours après la Bastille…

— Pas vraiment.

— Nous marchions dans le jardin du Luxembourg. À l'époque, j'étais en sixième à Charlemagne, j'avais une explication de texte à faire, un texte de toi, et tu m'avais parlé de *L'Heure bleue*, des Bronstein, de la rafle du Vél' d'Hiv'.

— Oui. Je me souviens fort bien.

— Ce jour-là, je t'avais fait une promesse, une promesse d'enfant, évidemment, mais je ne l'ai jamais oubliée.

— Qui était ?

— Après t'avoir écouté, je t'avais dit : « Je la retrouverai, je retrouverai *L'Heure bleue*, papy. »

— Et je t'avais interdit de m'appeler papy ! Et alors ?

— Alors c'est fait, papy. Je l'ai retrouvée.

*

Paul a demandé l'addition. Présentée en euros et en francs. Encore un mois et demi et on change de monnaie.

— Dans *Libération*, c'est cela ? demande Pierre, totalement abasourdi par le récit de la perquisition opérée chez son frère.

— Oui, demain matin.

— Vas-y, lis-le moi.

Paul sort un feuillet de sa poche et se met à lire lentement, en articulant :

— « *Au terme d'une longue enquête de l'OCBC,* L'Heure bleue *de Picasso a été retrouvée chez un particulier de l'avenue Victor-Hugo. Ce tableau mythique appelé parfois le "Bleu + 8" a été exécuté en 1918 (huit ans après la fin de la période dite "bleue"). Il s'agit d'un portrait de la danseuse Olga Khokhlova, rencontrée un an auparavant et qui allait devenir sa femme. Sur le tableau, Olga est assise sur le rebord d'une fenêtre, lovée dans une mousseline bleue. Selon la légende, le nom du tableau, très atypique parmi les appellations habituelles du peintre, viendrait du parfum que portait la jeune femme, L'Heure Bleue de Guerlain, qui venait de sortir. La trajectoire de l'œuvre reste très mystérieuse. En 1918, elle figure sur un des murs de Gertrude Stein, comme l'atteste une photographie. Les Stein l'auraient confiée ou vendue à un ami début 1919, un certain Igor Ilivitch, qui est assassiné dans sa villa d'Antibes en novembre 1919. Meurtre assorti d'un vol : le tableau disparaît. Selon nos informations, il serait réapparu en 1922 aux puces de la rue Gracieuse et vendu "pour le prix d'une belle côte de bœuf". L'acheteur est un notaire parisien, Isaac Bronstein, féru de peinture et collectionneur. Vient la guerre ; en juillet 1942, Isaac Bronstein est arrêté et déporté. Son appartement est aussitôt pillé.* L'Heure bleue *disparaît à nouveau, pour ne réapparaître que soixante ans plus tard. La valeur du tableau n'a pas encore été établie, mais il est évident que son évaluation atteindra des sommets, proche de ceux atteints par* Femme aux bras croisés *l'année dernière à New York. La question de la propriété de l'œuvre demeure entière. La petite-fille d'Isaac Bronstein, Rebecca Bronstein, peut-elle espérer récupérer le tableau ? »*

Pierre repose sa tasse de café et contemple son petit-fils avec stupéfaction.

— Je n'y avais jamais songé. Donc, si j'ai bien compris, *L'Heure bleue* pourrait revenir un jour à son fils. À ton fils.

— Pas évident, rétorque Paul. C'est très compliqué. Il faut intenter une action en revendication. En admettant que Rebecca puisse récupérer son bien, l'État français lui proposera certainement une transaction, afin de faire entrer *L'Heure bleue* au patrimoine.

— Et les autres tableaux ? Tu es au courant ?

— Dans la chambre forte, outre le Picasso, la police a retrouvé deux toiles de la collection Bronstein. Un petit Bonnard représentant une coupe de fruits et un Courbet figurant les falaises d'Étretat. Dans l'appartement, il y avait par ailleurs une vingtaine d'œuvres du XIXe qui ont été saisies, des merveilles, mais il est probable qu'il s'agisse d'acquisitions tout à fait régulières. Amédée était un collectionneur avisé.

— Et pour le recel, il risque quoi ?

— Cinq ans maximum. D'ailleurs, le recel n'est pas totalement acquis. Pour qu'il le soit, il faudrait que le vol, en 1942, ait été enregistré. Or, ce n'est pas le cas. Comme tu le vois, c'est très, très compliqué.

Pierre hoche la tête. Oui, fiston. D'autant plus compliqué que, sans lui, sans son impardonnable faute en juillet 1942, beaucoup d'horreurs auraient pu être évitées.

*

(Vendredi 15 mars 2002)

Paul contemple le bébé endormi. A-t-on jamais vu plus bel enfant ? Il ferme doucement la porte de la chambre, rejoint sa femme dans la cuisine du rez-de-chaussée.

— Il dort, dit-il.

Rebecca, en un mois, a retrouvé sa silhouette. Enveloppée dans un immense tablier rouge, elle confectionne une tarte aux poires caramélisées.

— Maman a appelé, dit-elle en programmant le four. Elle veut savoir si nous venons déjeuner dimanche.

Paul épluche une mandarine, en avale un quartier.

— Dis-lui de venir, plutôt. Je peux passer la prendre chez elle et la ramener, on est quand même mieux ici. Et le bébé aussi.

— Tu pars travailler ?

— Je vais à Roissy avec Jules et Valentine afin d'accueillir Louise. Ensuite, j'ai un déjeuner avec maître Lemercier et un type du ministère de la Culture.

— Tu crois qu'on récupérera quelque chose ?

— Oui. Mais quand et combien, c'est une autre histoire.

— Tu auras des informations sur le Picasso ?

— J'espère bien !

— Et ton grand-oncle ?

— Il se bat pied à pied. Ses avocats réfutent l'accusation de meurtre, le dossier est un peu mince : il n'y a que cette histoire de cheveux pour impliquer Amédée, et leur présence peut s'expliquer de mille façons.

— Et pour la collection ?
— Il pourrait bien là aussi passer au travers.
— Mais la déclaration à la Commission de récupération artistique, après la guerre ?
— D'après eux, elle ne vaut pas preuve de vol. Uniquement de disparition.
— Qu'est-ce qu'on va faire ?
— Mais rien, chérie. On va continuer à vivre comme on le faisait avant. On peut très bien vivre sans cinquante millions de dollars. En tout cas, beaucoup de gens y parviennent.

*

(Dimanche 21 avril 2002)

Parfaitement calé dans son fauteuil Louis XIII, mi-amusé, mi-agacé, Pierre contemple l'agitation ambiante. Il n'apprécie guère les messes familiales devant la télévision. Son père est mort dans de semblables circonstances, Olivier aussi.

Albert, toujours aussi discret, s'est réfugié au pied d'un canapé et tente de parfaire sa culture familiale en suivant les échanges qui fusent de toutes parts.
— Valentine va venir ?
— Mais non, je te l'ai déjà dit, elle est de service sur le plateau de France 2, tard dans la soirée.
— Avec Croquette, c'est pratique, elle a déjà les résultats. Je me demande si elle n'a pas fait un mariage de raison.
— Et alors ? Ouvre le vin s'il te plaît, il y a du Clos Valmer au frais.
— Qu'est-ce qu'ils deviennent ?

— Pas de nouvelles. Ils font doucement fortune au soleil, c'est la folie du rosé. Tu connais Diane, leur fille ?

— Pas vraiment…

— On ne voit qu'elle dans *Gala*. Elle épouse un prince, imagine-toi, je ne sais plus lequel, Savoie ou Liechtenstein, ça sent la patte d'Hermine.

— Et le Coca ?

— Tu t'en passeras !

— Albert, bouge tes fesses !

— Et toi, arrête de me parler comme ça !

— Tu parles, tu parles, c'est tout ce que tu sais faire…

Entre Jules, Louise, Valentine et Paul, ça jacasse et ça caquette. Delphine a disposé les assiettes et les plats du dîner sur deux tables basses. Le Parti socialiste (crevettes, tarama, jambon) arrive nettement en tête, suivi des Verts (salade de mâche, concombres) puis des communistes et de l'extrême gauche (gigot froid, poivrons rouges, tomates).

— On a sonné !

— J'y vais, déclare Louise en se précipitant.

François, Anne et Julien s'avancent dans l'entrée. Louise, en parfaite maîtresse de maison, les invite à rejoindre le salon.

— Bonjour, papa…

— Bonjour, papa…

Pierre contemple les jumeaux avec étonnement. Plus ils avancent en âge, moins ils se ressemblent.

— Bonjour, père…

Pierre baisse la tête, ferme les yeux, respire les effluves de N° 5. Il adore qu'Anne lui dise « père ». Il adore qu'elle l'embrasse. Comme disait Paul Morand, elle est belle comme la femme d'un autre.

— Comment allez-vous ? s'enquiert-elle tendrement.

— N'y voyez rien de morbide, mon enfant, mais je songe depuis quelque temps à ce que seront mes derniers mots. C'est important, les derniers mots, beaucoup plus que les premiers. Il faut s'y préparer, sinon, on dit n'importe quoi, ou pire, on ne dit rien. J'y travaille. Il faudrait que ce soit drôle, étonnant, émouvant, modeste, intelligent... Comme vous pouvez le constater, ce n'est pas évident.

— Vous avez le temps, dit Anne. J'ai un cadeau pour vous.

Pierre déchire le papier, examine le petit livre : il s'agit du volume NRF n° 148 bis, comportant la retranscription de deux lettres que Camus lui avait écrites dans les années 1950. Il les avait confiées à Dominique Aury et elles avaient disparu avec elle, en 1998. Ému, il parcourt rapidement la première.

— Merci, Anne, vous n'imaginez pas le plaisir que vous me faites.

— Vous écrivez, en ce moment ?

— Non, c'est terminé. J'ai posé mon stylo après *Le Pas perdu*.

— Je me suis toujours demandé, dit Anne, pourquoi on écrivait. Vous le savez, vous ?

— Fadaises habituelles. L'enfance, le moi profond...

— Mais encore ?

— Parce que les romans, ce n'est pas comme la vie, nous ne sommes pas tous forcés de mourir à la fin, voilà pourquoi on écrit...

— Vous êtes bien noir, ce soir…

— C'est pour mieux vous attendrir, mon enfant. Et pour vous dire le fond de l'affaire : un écrivain, c'est un type qui a juré de se compliquer la vie.

Anne sourit, se lève, chipe une crevette et cherche François des yeux. Près de la porte-fenêtre, verre de rouge à la main, il discute avec Jules, Iman et Paul.

Julien s'est installé sur le canapé, il jette un coup d'œil vers l'écran de télévision. Sur France 2, ça pérore, ça suppute, les abstentions remplissent le vide, encore une demi-heure à tenir.

— Mais c'est Delphine ! s'écrie-t-il en apercevant sa sœur assise à côté de Rebecca, à même le sol. Je ne t'avais pas vue, ma Bécassine !

Delphine hausse les épaules. Son frère devient réellement pathétique.

— Salut, toi. Alors, ça y est ? T'es vieux ? Paraît que tu as raccroché les gants ?

— Ouais. Il vaut mieux que je m'arrête avant de me faire jeter par les agences comme une vieille chaussette.

— Et François, quoi de neuf ?

— Il s'est payé le luxe de refuser une étoile au Michelin. Et toi, toujours en Bretagne ?

— En Vendée, ignare !

— Oui, c'est pareil.

— Pauvre type !

— Paysanne !

— Ça suffit, dit Louise, on regarde, maintenant.

Canapés, fauteuils, chaises, coussins, chacun prend place devant l'immense écran plat que les trois enfants ont offert à leur père pour son anniversaire. Sur fond bleu électoral, David Pujadas semble se tortiller.

— Il n'est pas net, dit Julien.

— Il sait des trucs, renchérit François.

— « … les premières indications que nous avons laissent prévoir des résultats sans précédent à plus d'un titre, impossible d'en dire plus pour l'instant, vous connaissez la règle… »

— Qu'est-ce que ça veut dire ? demande Louise, légèrement inquiète.

— Christine Boutin contre Gluckstein au deuxième tour ! jette Paul.

— Arlette contre Madelin ! propose Jules.

— Fermez-la une minute, crie Delphine, on n'entend rien !

— T'as voté quoi ? lui demande Paul à voix basse. Je sais ! Chevènement !

— S'il te plaît, Paul, ça ne te regarde pas.

— Pas pour le facteur, quand-même ?

— Arrête !

Paul tend la main et attire sa mère contre lui. Venue tout exprès de Noirmoutier pour voter, elle a prévu de repartir le lendemain, après un passage éclair à la villa Godin pour voir petit Pierre.

— Tu reviens dans quinze jours ? demande-t-il.

— Je ne sais pas. Je laisserai peut-être une procuration à François.

— Et pourquoi pas à moi ?

— Maintenant que ta femme va devenir milliardaire, je n'ai pas confiance…

— Chut !

— Taisez-vous, merde, c'est les résultats !

La voix de Pujadas, parfaitement posée, entretient le suspense avec élégance et fermeté.

— « Il est vingt heures… »

Le visage du présentateur s'estompe, laissant place à un patchwork de candidats sur fond élyséen.

— « … voici notre estimation des résultats du premier tour de l'élection présidentielle. »

Une musique appropriée souligne la tension du moment, zoom avant, deux visages apparaissent.

— « … En tête, Jacques Chirac, vingt pour cent des voix… Énorme surprise, Jean-Marie Le Pen semble devoir être le second avec dix-sept pour cent des voix. »

Dans le salon, c'est la stupeur. D'après Valentine, le dernier sondage opéré la veille, privé et confidentiel, donnait l'extrême droite à quatorze et demi pour cent et Jospin à dix-sept.

Insensible aux lamentations et aux ricanements, Pierre contemple l'écran avec consternation. Bande d'abrutis ! Avec ces candidats de diversion, la gauche s'est proprement suicidée. Comble d'horreur, il va devoir voter Chirac au second tour ! Pauvre France ! Et c'est reparti pour cinq ans…

Dans le salon, le chœur des pleureuses s'est formé. Qu'ont-elles voté, ces belles consciences ? Jules a dû mettre un bulletin Hue, Delphine, Chevènement, Paul, sans doute Mamère, les jumeaux Chirac ou Bayrou, évidemment, ça ne fait pas lourd pour Jospin.

— Et Valentine ? demande-t-il. On va la voir ?

— Ce sera un peu tard, papa. Pas avant vingt-trois heures. Tu vas tenir jusque-là ?

— Tu… tu…

Pierre bafouille de colère. Pas spécialement contre eux mais contre les Français. Ce ne sont plus des veaux, mais des vers de terre ! Comment a-t-on pu en arriver là ?

— Tu te fiches de moi ? J'ai tenu jusqu'à quatre-vingt-dix ans, je peux bien attendre quelques heures de plus !

*

(Lundi 22 avril 2002)

Pierre referme la lourde porte, lève la tête pour scruter le ciel, cherche le bras de sa petite-fille et vérifie la laisse du chien.

— Je l'appelle PVC. La promenade du vieux et du chien. Je fais le tour du quartier accompagné d'Albert, de ma canne et de ma mémoire, puis je reviens tranquillement à la maison. Mais j'hésite désormais à l'effectuer seul : la dernière fois, je suis tombé rue Bonaparte, les quatre fers en l'air, j'avais l'air malin !

Louise porte en bandoulière son tout nouveau reflex numérique, une petite merveille signée Canon.

— Il t'ouvre les fenêtres ? demande-t-il en désignant l'engin.

— Je ne comprends pas.

— L'appareil photo. Tu sais, pour Malraux, la culture était une sorte d'immanence qu'il nommait le Tout-Autre, une face cachée du monde que seuls pouvaient percevoir les devins, les voyants, les sorciers et les artistes en ouvrant une fenêtre.

— J'essaie, papy. Mais elles sont souvent bloquées. Ça coince. Tu dois en savoir quelque chose, avec tes romans.

Pierre hoche la tête, jette un coup d'œil suspicieux vers la chose japonaise.

— Est-il exact qu'avec un appareil tel que celui-ci

tu peux prendre autant de photos que tu le veux, les recadrer, même changer les couleurs ?

— Oui, on peut tout faire.

Pierre en reste songeur. C'est un peu comme les mots, mais en bien plus rapide. Et si la sagesse confucéenne dit vrai, si une image vaut mille mots, l'appareil peut cracher un roman en quelques secondes. Sur la petite place face au Sénat, un homme vend les journaux. Sur la une de *Libération*, un énorme « NON » accompagne un visage de Le Pen particulièrement dérangeant. En contemplant le portrait du leader d'extrême droite, l'image de cette terrible banderole sur l'Assemblée nationale durant la guerre lui revient en mémoire. Est-ce le télescopage des mots « Front national » et *« Fronten »* qui a déclenché ce rapprochement ? Surmontée d'un gigantesque V, courant sur toute la façade de la Chambre des députés, la banderole proclamait : « *Deutschland siegt an allen Fronten* », « L'Allemagne gagne sur tous les fronts ». C'était en 1941. Ou en 1942, l'année de tous les malheurs pour les Ormen.

— À quoi penses-tu, papy ?

— À la guerre.

— Tu connais la blague ?

— Non, dis-moi…

— Dieu a inventé la guerre pour apprendre la géographie aux Américains !

— C'est amusant. Mais il ne faut pas plaisanter avec ça. Dieu fasse que la guerre ne revienne jamais en Europe, même si des bruits de bottes ont tristement repris dans les Balkans ces derniers temps. N'oublie jamais une chose, Louise : on a inventé l'euro pour que la guerre soit bannie du Vieux Continent.

— Je m'en souviendrai. Par où passe-t-on ?

— Rue de l'Odéon, rue des Canettes, Saint-Germain-des-Prés. Après, on verra.

— Parfait. *Let's go !* J'en profiterai pour mitrailler un peu.

Pierre contemple le petit square aussi désert que ridicule. Avant la guerre, il y avait à sa place un pâté de maisons avec un hôtel-restaurant assez prisé, Payot, Fayot, quelque chose dans ce goût-là, où Raymond Radiguet prenait pension. Il traverse, jette un coup d'œil vers le théâtre. Sous les arches de l'Odéon, il y a bien longtemps que les bouquinistes ont disparu.

— On va descendre, dit-il en détachant Albert. Tu connais la librairie Shakespeare and Company, rue de la Bûcherie ?

— Bien sûr, tout le monde la connaît.

— Elle a repris le nom d'une autre qui se trouvait au 12 de la rue où nous sommes. Je vais te montrer. Elle était tenue par une femme d'exception, Sylvia Beach. En 1940, les Allemands firent une descente et décidèrent de saisir le stock de livres américains et français. Comme il y en avait des milliers, ils prévinrent qu'ils reviendraient le lendemain matin avec un camion. Dans la nuit, Sylvia et ses copains mirent les livres en sûreté dans une cave voisine, repeignirent le magasin, installèrent une enseigne d'antiquaire et disposèrent quelques meubles à l'intérieur de la boutique. En arrivant au petit matin, les Allemands cherchèrent en vain la libraire dans la rue, courant dans tous les sens comme des abeilles affolées ayant perdu leur reine.

— Je vais prendre des photos !

— Dépêche-toi, nous n'avons pas toute la journée.

Parvenu en bas de la rue de l'Odéon, Pierre entraîne sa petite-fille vers le marché Saint-Germain. Albert suit sagement. Rue des Quatre-Vents, rue Lobineau…

— Regarde-moi ça, peste-t-il. Des fringues et encore des fringues. Dire que c'était l'un des plus beaux marchés de Paris… Viens, on va prendre un café pour se consoler.

— Je préférerais un petit blanc !

— Ah oui ? C'est curieux, moi aussi ! Avec un croissant. J'adore tremper mon croissant dans le vin blanc !

Par la rue Guisarde, il faut à peine une ou deux minutes pour rejoindre Chez Georges, rue des Canettes. Pierre s'est arrêté à la boulangerie afin d'acheter trois croissants, un pour lui, un autre pour Louise et le troisième pour Albert. Sans beurre, celui-là. La porte du café est grande ouverte, comme toujours. Pierre et Louise vont s'accouder au début du comptoir, à la meilleure place, dans le renfoncement.

— Bonjour, monsieur Ormen.

— Bonjour, Jean-Pierre. Deux blancs secs, s'il te plaît.

Tandis que le patron se tourne pour ouvrir une bouteille, Pierre se penche vers Louise.

— C'est le fils, chuchote-t-il, il a pris la suite. Le fils de Georges et de Minouche. Des gens épatants, des amis à moi, qui sont morts, évidemment. Tous mes amis sont morts. Mes ennemis aussi, d'ailleurs.

— Tu avais des ennemis ?

— Beaucoup. Quand on est conseiller du ministre de la Culture, on ne peut avoir que des ennemis. Ceux qu'on oblige trouvent cela parfaitement normal, ceux que l'on recale vous en veulent pour l'éternité. Ici, c'était une de mes escales préférées. L'endroit faisait café, épicerie et cabaret. On y rencontrait des acteurs, des chanteurs, des écrivains et de petites mémés qui venaient acheter une boîte de cassoulet, c'était divin. Le soir, à la cave, c'était de la chanson rive gauche, le père de Paul venait souvent ici… À ta santé, ma grande !

D'un même geste, ils éclusent leur verre cul sec. Sans un mot, Jean-Pierre remplit à nouveau les deux verres.

— Tu n'es pas fatigué, pépé ?

— Pas du tout, mémé !

Dix minutes plus tard, après avoir visité la cave, Pierre et Louise rejoignent le carrefour Saint-Germain par la rue des Ciseaux.

— À droite ou à gauche ?

— À gauche.

Des fringues, encore des fringues. Pierre tente de se souvenir du Royal Saint-Germain, ce café où il avait banni Amédée de la famille en juillet 1942. Curieux café, avec de belles faïences. On y voyait souvent Montherlant, qui se prenait pour le roi d'Espagne. Vingt ans plus tard, au milieu des années 1960, il y eut le Drugstore. Le Drugstore et ses minets qui sonnèrent la fin de Saint-Germain-des-Prés. Puis Armani, vraiment le coup de grâce.

— À quoi penses-tu ? demande Louise.

— À un café disparu. Le quatrième des trois mousquetaires.

— Je ne comprends pas.

— Tu vois le triangle d'or ? Lipp, le Flore, Les Deux Magots ? Il y en avait un quatrième, le Royal

Saint-Germain, sorte de parent pauvre qui a disparu. Je l'aimais bien.

À cette heure, la rue Saint-Benoît reste relativement fréquentable. Dans la rue Jacob, comme d'habitude, les souvenirs de Pierre se télescopent : L'Échelle de Jacob où commença Brel, le restaurant Chéramy qui faisait toujours crédit, Les Assassins, où Ferré poussait la chansonnette, le magasin d'antiquités Why Not qu'il affectionnait et, là-bas, au 38, le cours Désir où se rendait Delphine. N'est-ce pas dans cette rue qu'il avait rencontré Bernard Grasset, en 1950 ? C'était après *La Lune à moitié*. Grasset l'avait agrippé au revers et lui avait déclaré au milieu de la rue : « Je suis le plus grand éditeur de Paris, je viens de faire signer Marcel Aymé, et vous, vous êtes libre ? » C'était poignant. Grasset commençait à devenir fou.

Louise, discrètement, ne cesse de prendre des photos. Suivie de près par Albert, elle papillonne, s'éloigne, revient, se penche, s'agenouille. Curieux métier, songe Pierre, où l'on demande au monde de prendre des poses. Par la rue Bonaparte, ils remontent vers l'église, passent devant chez Lipp et rejoignent la rue du Dragon. Comment s'appelait cette fille qui tapait ses manuscrits à la même époque ? Sur certains sujets, les femmes en particulier, sa mémoire commence sérieusement à prendre l'eau. Aline ? Hélène ? Il s'arrête en pleine rue, comme Grasset, indifférent aux klaxons. Là, à la place du marchand de chaussures, il y avait la librairie Palmero. Tout à côté, des chapeaux et voilettes, remplacés par un restaurant oriental. Et où se trouvait cette parfumerie qui affichait fièrement : « Produits de beauté. Grandes marques connues » ?

Louise le prend par le bras, le conduit sur le trottoir sous le regard sombre d'un automobiliste : ces vieux se croient tout permis.

— *Le Sang noir*, tu connais ? demande Pierre.

— Non.

— Il s'agit d'un roman, tout aussi fabuleux que le *Voyage* de Céline. L'auteur s'appelait Louis Guilloux.

— Et alors ?

— Rien. Il habitait cette rue, dans un minuscule deux pièces sans chauffage. Il n'avait pas un sou, nous nous cotisions pour l'aider financièrement, ce qu'il refusait obstinément. C'était mon ami. Et il est mort, lui aussi. Combien as-tu fait de photos ?

— Cinq cents, six cents…

— Mon Dieu ! Ton appareil doit déborder, on va rentrer… À moins que tu ne veuilles auparavant faire un tour au Luxembourg ?

— D'accord. Si tu me racontes quelques « je me souviens ».

*

Albert batifole. Pierre s'est assis un banc, la canne entre ses jambes. Louise, yeux clos, a posé sa tête contre son épaule.

— Je me souviens, murmure-t-il, de messieurs bien mis venant faire leur partie de croquet. Tout près, il y avait les charrettes pour enfants tirées par des chèvres. Et enfin le manège, celui où ton père et ton oncle Julien ont usé leurs fonds de culotte. D'après ce qu'on m'a dit, au siècle dernier – enfin, le siècle avant le siècle dernier – il n'avait pas de mécanisme. C'était un cheval qui le faisait fonctionner, un vrai cheval qui marchait au même pas que ses petits camarades en bois et qui passait sa vie à tourner, tourner, sans jamais porter le moindre enfant sur son dos. Certains disent qu'il en est mort de jalousie…

Louise sourit, saisit son appareil.

— Ne bouge pas, papy, mets tes deux mains sur la canne, regarde droit devant toi, je vais faire une photo.

Pierre poursuit pour lui-même, d'une voix monocorde :

— Tu sais, je me souviens surtout de mes rendez-vous avec Ariane, dans les premiers temps. Mon Dieu qu'elle était belle et intimidante. Nous nous retrouvions toujours auprès de la même statue, Valentine de Milan, aussi célèbre par sa beauté que par son esprit et son caractère. Une des mieux placées, au-dessus du bassin. J'étais prof, en ce temps-là, au lycée Charlemagne.

— Ne bouge toujours pas !

Louise règle son objectif, les rafales crépitent.

— Ton boîtier infernal sait-il prendre des photos à retardement ? demande Pierre.

— Bien sûr. On va faire ça.

Après avoir programmé l'appareil, Louise vient s'asseoir sans se presser auprès de son grand-père.

— Ça va, papy ?

— Tout va bien, ma chérie.

— Tu sais quoi ?

— Non.

— Tu devrais écrire des livres pour enfants…

*

(Dimanche 7 juillet 2002)

Gare Montparnasse. En descendant du train, Delphine songe à Roger Tallon, le designer du TGV chez qui elle a débuté, boulevard Raspail, il y a plus de quarante ans. C'était bien, cette agitation permanente à l'agence, les idées auxquelles il fallait donner une forme concrète, les illuminations de Tallon… Pourquoi l'a-t-elle lâché ? Elle ne se souvient plus.

Quatre heures plus tôt, elle a quitté l'île avec regret : tout était beauté, tout était en fleur. Mais le dernier album de Zaza entre en fabrication et elle veut être présente pour le bon à tirer.

Elle déteste cette gare, son interminable correspondance pour rejoindre la ligne 4. Elle déteste tous ces types qui font Paris-Nantes en racontant leur vie au téléphone, vissés à leur siège, les toilettes douteuses, les retards réguliers. Au bout du quai, provoquant un bouchon, une foule serrée attend les voyageurs. Deux pancartes en émergent, tenues à bout de bras. Elle s'est toujours moquée de ces scènes rappelant les films muets, les acteurs étant pour la circonstance des congressistes perdus, des touristes égarés, des chasseurs d'hôtels de luxe. Mais aujourd'hui, elle fait partie du film. Non loin de « M. Collignon, Vivendi » écrit au feutre rouge, elle peut lire en lettres bleues « Zaza, t'es là ? ».

Delphine s'approche, s'arrête à bonne distance, examine le porteur de pancarte. Les cheveux ont blanchi, les rides se sont creusées, mais le sourire ironique est toujours le même. Angelo ! Elle pose sa valise, se laisse embrasser. Elle ne l'a pas vu depuis seize ans !

— Comment as-tu su ?

— Tu sais bien que je sais tout…

Rien de changé, songe Delphine. Toujours aussi mystérieux.

— Tu es en France depuis longtemps ?

— Non. J'arrive de Madrid.

— Tu… tu es toujours… recherché ?

Angelo se contente de sourire.

— Que viens-tu faire à Paris ? demande-t-elle.

— On est quel jour ? De quelle année ?

Delphine secoue la tête en riant.

— Non, ce n'est pas possible…

— Si…

— Tu es vraiment fou !

— Peut-être. Mais ça m'a semblé important. Soixante ans, ça se fête. Bon anniversaire, mon ange…

— Angelo… Tu m'as manqué. Un carte postale tous les cinq ans, j'ai failli t'oublier.

— Et ?

— Comment le pourrais-je ? Je te dois la vie. Tu sais où dormir, tu as un point de chute ?

— Ne t'inquiète pas pour moi.

— Qu'est-ce que tu comptes faire ?

— T'épouser, si tu veux bien…

*

(Lundi 20 janvier 2003)

Le métro est arrêté depuis cinq bonnes minutes entre Strasbourg-Saint-Denis et Réaumur-Sébastopol. Le wagon s'impatiente. Le Nokia vibre dans la poche de Paul. Il le colle à son oreille. Ça passe.

— Paul, c'est Dali.

— Je suis dans le métro !

— Eh bien descends à la prochaine, j'ai à te parler en privé ! Et c'est urgent.

— Ça risque de prendre quelques minutes, on est bloqués entre deux stations. Qu'est-ce qui se passe, commissaire ?

— Je déballe maintenant ou j'attends qu'il fasse jour ?

— Déballez, déballez…

— Bon, c'est comme tu veux. *L'Heure bleue*…

— Oui ?

— Je ne sais pas comment te dire…

— Eh bien, chantez-le !

— Je suis désolé, Paul, mais c'est officiel. L'expertise est formelle : c'est un faux.

Alors que le métro se remet en marche, Paul sent son cœur s'arrêter net. Un faux ! Jamais il n'avait envisagé une telle possibilité.

— Vous êtes sûr ?

— Certain. Ils ont tout fait : réflectographie infrarouge, radiographie, examen par micro-fluorescence, c'était déjà douteux. Mais lorsqu'on a effectué l'analyse des composants, la sirène a retenti : il y a dans le tableau un pigment blanc titane qui n'a été inventé qu'en 1924. Il n'existait pas en 1918. CQFD.

Totalement groggy, Paul s'est accroché à la barre de maintien. À Réaumur-Sébastopol, une dame âgée au chapeau à fleurs le bouscule légèrement.

— Excusez-moi, Monsieur, je descends.

— Tout ça pour ça, murmure Paul.

— Pardon ?

— Je disais : tout ça pour ça.

La dame s'empresse de descendre sur le quai, se retourne pour suivre du regard la rame qui s'éloigne. Paul n'a pas bougé d'un centimètre. Statufié.

*

(Mardi 21 janvier 2003)

Vêtu d'une robe de chambre bleu nuit, regard altier, Amédée se tient sur le pas de la porte. Une femme portant une petite mallette s'excuse auprès de lui, contourne Paul et appelle l'ascenseur. Médecin ou infirmière.

— À demain, monsieur Ormen.

Amédée s'abstient de répondre. Il dévisage Paul, attend que l'ascenseur soit arrivé au rez-de-chaussée pour sortir de sa poche un long Montecristo.

— Et revoilà Tintin reporter ! Que me veux-tu encore, tu ne m'as pas assez emmerdé comme ça ?

— C'est important.

Amédée le jauge. Sous ses airs angéliques, le petit Russier est le digne petit-fils de cette vipère d'Odette.

— Tu es un gros malin, monsieur Paul Russier. Tu épouses l'héritière Bronstein, tu me dépouilles de mes biens et hop, passez muscade, par ici la monnaie, à toi le musée !

— Je peux entrer ? demande Paul d'un ton neutre.

— Mais comment donc, fais comme chez toi. Tu seras sans doute heureux de savoir qu'aucune charge ne sera retenue contre moi. Pas même le recel. Mais on peut dire que tu m'en as fait baver.

— Vous préférez qu'on discute sur le palier ?

Amédée hausse les épaules et précède Paul

jusqu'au salon. Les murs sont nus, seuls des rectangles jaunis témoignent de l'emplacement des tableaux.

— Je vais déménager, explique Amédée. Cet appartement m'est devenu insupportable, tu peux comprendre ça ?

Paul hoche la tête. Ce type est fou. Pas le moindre remords, pas la moindre repentance.

— J'ai trouvé quelque chose au Palais-Royal, poursuit Amédée, tout à côté de l'ancien appartement de Colette. Le prix est en conséquence, évidemment, mais quelle importance ? L'argent est fait pour être dépensé, tu ne crois pas ?

Paul s'est accoudé à la cheminée.

— Surtout celui des autres.

— Mais non, Monsieur le redresseur de torts… le mien. Celui que j'ai gagné à la sueur de mon auguste front.

— Et sur le dos des juifs. Vous m'écœurez.

Amédée sourit, allume son cigare, attire un fauteuil à lui.

— Tu n'es pas venu ici uniquement pour m'insulter, je suppose ; tu es trop calculateur pour ça. Si tu as préparé une petite chanson, c'est le moment ou jamais. Je t'écoute.

Paul lui offre son plus beau sourire.

— *L'Heure bleue*, dit-il.

— Oui ?

— *L'Heure bleue*, de Picasso.

— Oui ?

— Le mythique « Bleu + 8 »…

— Tu me fatigues, accouche, s'il te plaît.

— Eh bien, vous allez rire, mon oncle, c'est un faux !

Amédée pâlit.

— Impossible.

— Mais si. Toutes les expertises ont été faites. Il n'y a aucun doute.

Amédée semble sur le point de perdre l'équilibre. Il agrippe le dossier du fauteuil, fixe Paul d'un air hagard, puis se balance d'un pied sur l'autre en accompagnant son mouvement de petits gémissements animaux. Pâle comme un mort, il quitte le fauteuil pour se planter devant le miroir. Paul, impressionné, le regarde faire des grimaces, se tirer la langue, puis, soudainement, éclater d'un rire compulsif se terminant en une sorte de ricanement. Dumoulin et Ghislaine, c'était donc la martingale gagnante ; il aurait dû se méfier. Où se trouve *L'Heure bleue*, désormais ? Chez la petite amie de Ghislaine ? Ce serait vraiment cocasse.

— Tu as raison, dit-il en se tournant vers Paul. C'est à mourir de rire. Un faux ?

— Remarquablement exécuté, mais c'est un faux.

— Je vais te dire : qu'est-ce que tu veux que ça me fasse, maintenant ?

— Quand même. Tout ça pour un faux. N'est-ce pas un peu… désolant ?

— Tout ça quoi ?

— Les Bronstein, David…

Amédée esquisse un large sourire.

— Tu as épousé la fille de David ?

— Oui.

— Alors, c'est toi qui hérites d'un faux ! Trop drôle ! De toute façon, la vie n'est qu'un mensonge, tout est faux. Le Picasso, les méfaits dont on m'accuse, même toi, tu es faux.

— Comment cela ?

— Eh oui, mon petit ami. Tu te crois très futé mais tu ne sais rien, tu ne comprends rien…

— Si la remarque s'applique à vos propos, effectivement…

— Fais le mariole, j'en ai connu des comme toi, et pfffft ! il suffit de deux secondes pour dégonfler les baudruches ; on les ramasse à la petite cuiller. Ceux qui ont voulu jouer avec moi y ont toujours laissé quelques plumes. Pas de raison de faire une exception pour toi, pas vrai ? Même si tu es mon petit-fils. Qu'est-ce que tu dis de ça ?

Paul secoue la tête. Qu'est-ce que ça signifie ?

— Mais oui, poursuit Amédée, je vois que je te l'apprends, Delphine est ma fille.

Paul se fige, éberlué.

— Qu'est-ce que vous dites ?

— Tu as très bien compris. Ta mère est ma fille. Comme elle est la fille d'Amélie. Maintenant, va-t'en, je t'ai assez vu.

— Mais…

— T'es bouché ou quoi ? Tire-toi, je te dis !!!

Amédée s'est mis à hurler. De blanc comme un linge, il est devenu rouge écrevisse. Ses rares cheveux sont hérissés, ses yeux légèrement révulsés.

Poursuivi par un flot d'imprécations, Paul bat en retraite jusqu'à l'entrée, attrape son manteau et claque la porte. Horrifié, il dévale les étages en songeant à sa mère. La fille d'Amédée ! Et la fille d'Amélie…

*

(Mercredi 22 janvier 2003)

Ils vont voir. Ils vont comprendre. Non, ils ne comprennent rien, de toute façon. Cela aurait pu être le contraire, moi dans la Résistance, lui chez les collabos, mais ça s'est joué ainsi. Pile ou face, qui peut prévoir ? Quelle ironie ! C'est tombé du mauvais côté, c'est tout… Je l'aimais, c'est pourtant simple, je l'aimais. Plus que tout. Et elle m'aimait, elle aussi. Mais ça, c'est trop fort pour eux, ça les dépasse. Jamais ils ne pourront l'admettre. Alors ils me salissent. C'est si facile… Pourquoi me l'a-t-on prise ? Pourquoi m'a-t-on laissé seul, sans père, sans mère, sans une bribe d'amour ?

Amédée erre dans l'appartement. Désemparé devant les taches jaunes aux murs. On lui a volé sa vie. Et son *Heure bleue*. Un faux ? Dumoulin l'a roulé dans la farine, il s'est fait avoir par cette raclure ! Un rien du tout piloté par une sorcière ! Ils vont voir. Ils vont comprendre. Il a toujours su faire face. Sans se défiler. Amédée ouvre son secrétaire, sort une feuille blanche et un stylo. Il s'assied, s'applique. Il a une belle écriture, élégante.

« Moi, Amédée Ormen, sain de corps et d'esprit, lègue toute ma fortune au soldat inconnu. Et vous savez quoi ? Je vous emmerde ! »

*

(Samedi 25 janvier 2003)

Passée la porte Férou, petit Pierre a lâché la main de son père et exigé de marcher seul. Emmitouflé sous plusieurs couches de vêtements, la tête protégée par un passe-montagne, il a effectué quelques pas balbutiants. Pierre et son petit-fils suivent à quelques mètres, attentifs à la chute inéluctable sur un derrière bien rembourré.

Ce serait l'été, songe Pierre, il y aurait les martinets noirs venus d'Afrique et les choucas feraient leur nid sur les toits du palais ; les marronniers du Luxembourg se balanceraient doucement sous un léger vent ; il y aurait les joueurs d'échecs, les enfants batailleurs, les jeunes filles gracieuses riant aux éclats sur les courts de tennis. Mais c'est l'hiver et tout est nu, comme son cœur.

— Tu sais, dit-il à Paul, ce n'était pas le mauvais garçon. Mais il n'a pas supporté la mort de notre mère et l'indifférence de notre père. Valentin ne jurait que par son aîné, moi en l'occurrence.

— Mais le… ce qui s'est passé avec sa sœur Amélie…

— Je sais, c'est infâme. Il l'aimait, aucun doute là-dessus. Mais mal, très mal…

Paul prend le bras de son grand-père, règle son pas sur le sien tout en surveillant le bambin. Comment peut-on défendre Amédée ? Voleur, violeur incestueux et assassin. Et sa mère, Delphine, comment a-t-elle pu se reconstruire en portant un tel fardeau ?

— Quand maman a-t-elle appris ? demande-t-il.

— Après l'accident d'Amélie. Une histoire de transfusion, de compatibilité sanguine. Ta mère avait vingt-quatre ans.

— Elle a consulté un… spécialiste ?

— Non. Ta mère a une force incroyable. Elle s'en est sortie seule.

— Ils se sont vus, quand elle a su, elle et Amédée ?

— Je ne sais pas, fiston. Elle n'a jamais été très loquace sur ce sujet.

Petit Pierre est tombé, il braille. Albert s'est approché, compatissant. Paul attrape son fils et, d'un mouvement tournant très étudié, le propulse dans les airs et l'installe sur ses épaules.

— Pour en revenir à Amédée, poursuit Pierre, le noir et le blanc se donnent parfois la main. Dans la vie, vois-tu, il y a certes des moments où il est préférable que les tons soient bien tranchés mais, finalement, il n'y en a pas tant que ça et d'une manière générale c'est quand même le gris qui domine. Ne va pas penser que je suis un relativiste forcené ; Amédée a fait ce qu'il a fait et sa barque est bien chargée. Je ne lui cherche pas de circonstances atténuantes. Jusqu'au bout, il aura suivi son étoile noire. Je l'ai jugé et condamné pour ce que je savais et même pour ce que je ne savais pas, je n'y reviens pas, je ne le regrette pas. Mais, vois-tu, cette fermeté morale que nous nous devons à nous-mêmes, que nous devons surtout à ceux qui ont souffert ou, pire, qui sont morts du mal qu'on a pu leur faire, c'est à la fois notre salut, notre chance d'échapper à la barbarie… et un miroir bien cruel dès qu'on le retourne vers soi. Qui sommes-nous pour juger ? C'est une interrogation qui me survivra…

Malgré le froid, tous les courts de tennis sont occupés. Paul saisit son fils, le repose sur le sol.

— J'ai décidé de quitter Paris, ajoute Pierre. J'ai fait mon temps.

— Le Pas Perdu ?

— Oui…

— Vous désertez, mon général ?

— Depuis un certain temps, j'ai le sentiment que le passé me prend par la main, qu'il me fait signe qu'il faut bouger, qu'il est temps de se préparer au départ.

— Tu sais, papy, Picasso a écrit : « On devient jeune à soixante ans. » Alors, quatre-vingt-dix, on ne peut pas faire plus jeune.

— Oui, mais il me semble qu'il a ajouté : « Malheureusement, c'est trop tard. »

Après avoir longé le bassin, les deux hommes se dirigent lentement vers les chevaux de bois, encadrant petit Pierre qu'ils tiennent chacun par la main.

— Et il y a cette phrase qui me tarabuste, une phrase de Giono qui dit à peu près : « Plus rien ne compte pour moi, ce doit être le bonheur. » Elle me fascine et me fait peur.

— Plus rien ne compte pour toi ?

— Si. Justement. Mais je me sens impuissant. L'accélération du monde, la montée des périls, les dieux brandis comme une hache, la planète qui n'en peut plus… c'est trop pour moi. Viens, asseyons-nous une minute. Jusqu'ici, je me battais avec les mots, mais les mots se dérobent désormais, ils m'échappent, ils partent vivre sans moi…

Depuis le banc, la jambe raide, Pierre regarde son arrière-petit-fils reprendre ses exercices. Marcher, tomber, se relever, revenir vers eux. Bientôt, songe-t-il en écartant un pigeon de sa canne, il ne cessera de répéter : « Et pourquoi ? Et pourquoi ? » Tout comme moi. Pourquoi tout passe-t-il ? Pourquoi dois-je quitter un monde dont j'ai été si curieux ? Pourquoi suis-je incapable de croire en un dieu ?

L'enfant vient vers lui, le fixe de ses yeux si bleus. Le bleu Ormen. Oui, semble-t-il dire en tendant sa petite main, pourquoi ?

Composé par Nord Compo
à Villeneuve-d'Ascq (Nord)

Achevé d'imprimer en octobre 2016
par CPI à Barcelone

POCKET – 12, avenue d'Italie – 75627 Paris Cedex 13

Dépôt légal : novembre 2016
S25805/01